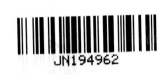

＼作成手順がよくわかる／

ケアプラン事例集

アローチャートで見えるアセスメントの思考過程

編著
石田英一郎、色部恭子、大羽孝児、坂本文典

中央法規

はじめに

「根拠のあるしっかりとしたケアプランをつくろう！」と、日々努力するケアマネジャーの方はたくさんいると思います。

でも、「導き出したニーズは本当に合っているのだろうか」「目標は本当にこの方の望む暮らしの姿を描けているのだろうか」などと手が止まってしまうという方も少なくないのではないでしょうか。

自分なりに利用者の情報を収集し、アセスメントシートにもきちんと記載している。面談も繰り返し、利用者がどうしたいと思っているのかも聞いているつもりだ。なのになぜ？　と、悩んではいないでしょうか。

もしくは、実際には目の前に起きている利用者や家族が「困っている」と訴えることにその都度慌て、サービスを調整し、対応することに追われていませんか？また、在宅の限界と判断した人に対して、どこから支援をしたらよいのかわからないまま、別の住居を探す……そんな「コーディネーター」になっていませんか？

よいケアマネジャーとは「優しい人」「知識のある人」「情報をたくさんもっている人」……なのでしょうか？　今一度、立ち止まって自分たちの専門性を見つめ直し、その誇りを取り戻すときなのではないでしょうか。

ケアプランを作成するために必須のアセスメントは、「情報収集」と、「情報分析」に分けられます。

「情報収集」はフェイスシートなどに記載され、ある意味見える化されています。しかし、「情報分析」はどうでしょうか。ケアマネジャーは利用者と向き合い、支援の方法や手立てについて一生懸命思考をめぐらせ、つまりアセスメントをしますが、その思考過程は他人には見えません。それゆえに利用者やケアチームなどに伝わりにくく、時にブラックボックスとまで表現されています。

でも、もしもその思考過程が「見える化」できたとしたらどうでしょう。

アセスメントの思考過程が見える化できれば、ケアマネジャーが利用者のニーズをどのように分析し、どのように解決しようとしているのかが他者と共有しやすくなります。そうすることで多職種の視点が入り、ケアマネジャーだけでは見過ごしていたかもしれない大事な視点をとらえることができます。

本書では、そのアセスメントの情報分析をやりやすくするために、２点の特徴ある試みをしています。

１つはアローチャートの活用です。

アローチャートは物事の因果関係を○や□、そして←（矢印：アロー）など、いくつかの図や記号を使って表現する手法です。「因果関係」なんて難しく思えますが、例えば「つまずいて足首をくじいた」という状態を以下のように表現するだけです。

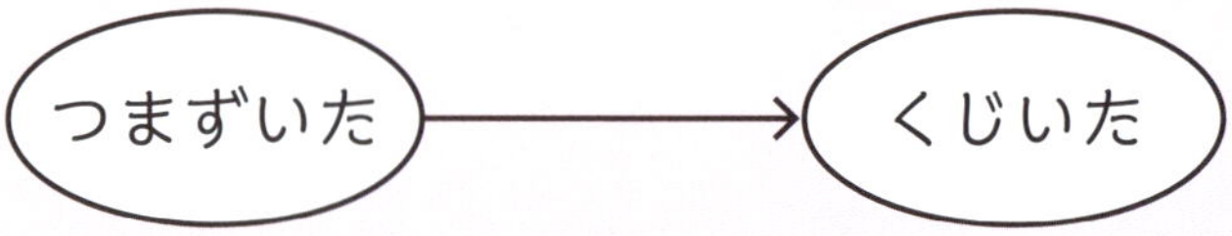

なんだこんなことか？　と思われるかもしれません。実はそうなんです。情報分析の基本はこのように因果関係を考えていくことなのです。

実際の利用者は情報量が多く、考えなければならないことも非常に多くなり、単純にはいきません。そもそも利用者の生活情報を「簡単にとらえること」はできません。なぜならそうとらえられるほど単純ではないからです。

でも、アローチャートには、それを考えやすくするためのメソッドが詰まっています。やり方自体は難しくはありません。なぜなら上記の図のように、集めた情報のなかから、どれが原因で、どれが結果なのかを考えればよいだけですから。そうしていくと「ニーズ」や「長期目標」がわかってきます。アローチャートは、これらをよりわかりやすく見せてくれます。どうしてなのかは、本文をお読みください。

本書のもう１つの特徴は、どうアローチャートをつくってきたか、その手順がわかるような解説を設けたことです。アセスメントの結果をただ単にアローチャートで見せるだけではなく、どう情報分析をしたかがわかるしくみです。

もちろん事例も、法定研修に耐え得るものを意識して収載しました。ケアプランや完成されたアローチャートを読むだけでも、実務に参考にできると思います。

読者の皆様が、本書とともに、見える化したアセスメントからケアプラン作成についての手順を追っていただくことで、日々の業務の振り返りや確認をしていただき、自信と誇りをもって利用者に寄り添ったケアプラン作成とケアマネジメントに向き合う一助となればと思っております。

2019年８月

目 次

I

アセスメントの手順を振り返る

事例集に入る前に、ケアプラン作成に必要なアセスメントについてその手順を振り返ります。

本書はアセスメントをする際に、「最初に何をして」「次に何をして」「最後に何をすべきか」その手順がわかるような構成になっています。

本書で提示する手順が、自らのケアプラン作成にどう当てはめられるかを考えながらお読みいただければと思います。

1 情報分析を見える化する

「情報分析」はブラックボックス

アセスメントはケアマネジャーが行う最も重要で、専門的な作業です。そして、アセスメントを行うには、情報を収集しなくてはなりません。また、それで終わりではなく、適切なケアプランを作成するためにはその情報を「分析する」ことも必要です。

情報収集のときには、情報収集の枠組みをあらかじめ考えておくことで、偏りや漏れを少なく行うことができます。厚生労働省からは課題分析標準項目として、一定の項目が示されています。

では、情報分析についてはどうでしょう。「分析」とは、集めた情報から利用者が望む生活を送るうえで、何が課題となっているのか、そしてそれがどのようなことが原因や背景としてあるのかを明らかにする作業です。しかし、集められた多くの情報のなかで、原因や背景がどのように関係し、今の困りごとに至ったのかや、それが望む生活にどう影響をし合っているのかということは、いまだブラックボックスのなかにあるように感じている人が多いのではないでしょうか。

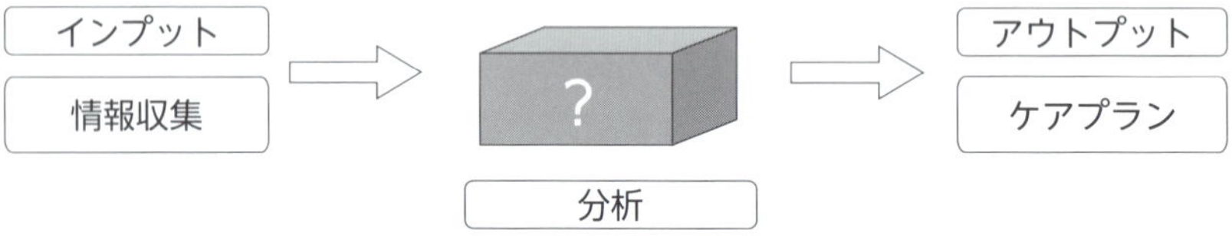

カレーライスの“作り方”

料理にたとえてみましょう。例えば、カレーライスを作るとします。

まず、肉や玉ねぎ、じゃがいも、にんじんなどの材料をそろえます。材料をそろえたからといって、カレーライスができるというわけではないですね。そこには、①材料ごとに下ごしらえをする→②材料を炒める→③煮込む→④カレールーを入れて仕上げる、というプロセスがあります。そして、そのプロセスごとに、さらに細かい作業に分かれています。
　もしそのプロセスを知らなければ、レシピ集で調べたり、その手順を動画で知らせてくれるものもあります。
　切り方や炒め方等について、レシピごとにこだわっていることはあるでしょうが、この①から④のプロセスは、どのレシピにも共通することでしょう。この「プロセス」がわかることで、初めてカレーライスを作るときでも、迷わずに調理することができます。

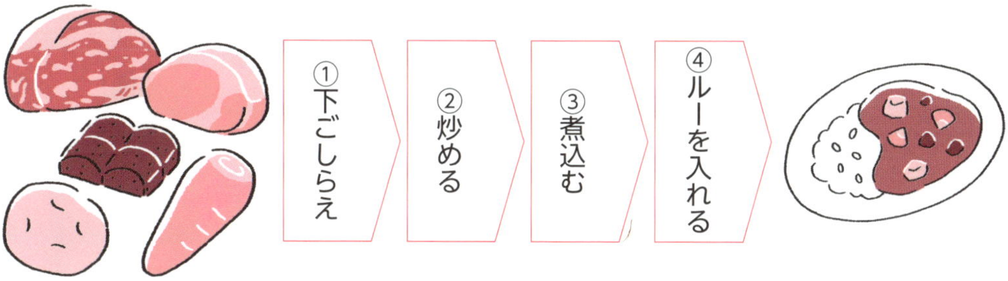

　では、これをケアプランを作成するための手順に置き換えて考えてみましょう。
　カレーライスを作るための材料は、ケアプラン作成のために集められた情報であり、できあがったカレーがケアプランです。
　すると「カレーライスの作り方（①～④のプロセス）」が、分析と考えることができます。では、このプロセスはどのようになっているでしょう。集められた情報を、どう分析することで、ケアプランに必要なニーズや目標を導き出し、サービス内容を検討できるのでしょうか。

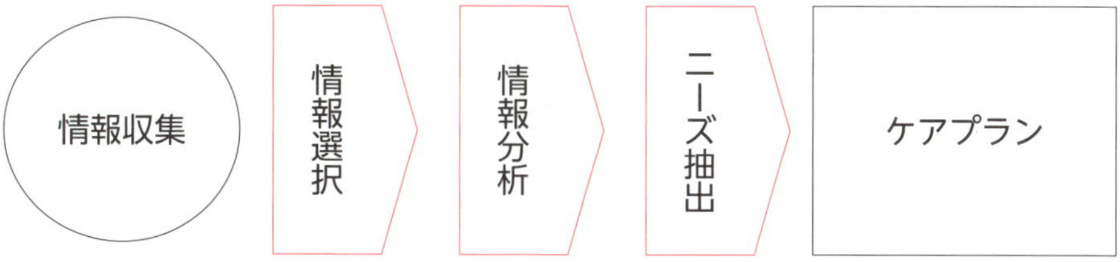

情報分析のプロセス

この情報収集をしてからケアプランを作成するまでがブラックボックスのなかで行われているために、アセスメントがわかりにくく、なぜこのケアプランに至ったのかということの説明がしにくいものとなっているのです。

これでは、いくら「利用者主体の支援を」とか、「その人らしさを大事にしています」と言っても、方針を示しているにすぎず、具体性が伴いません。つまり、「これらの材料を使うことにより、よりスパイシーなカレーが作れます」とだけ言って、そのプロセスや調理方法を示さないレシピのようなものです。

そして、このわかりにくさが、ケアマネジャー自身が「こういうケアプランでよいのだろうか」と不安に思うことになったり、自信を失わせてしまう原因になっているのではないでしょうか。

「見える化」手法「アローチャート」

そこで、本書では、情報分析から目標設定までのプロセスを見える化してみたいと思います。そうすることにより、ケアマネジャーの思考する力を促し、収集した情報からどのようにケアプランを作成するに至ったかを説明しやすくなります。

では、ブラックボックスのなかで行われる分析を、どのようにすれば見える化することができるでしょうか。その１つの方法が「図で考える」というものです。

本書ではその１つの形として「アローチャート」という方法を用います。アローチャートは、集められた情報からケアプランに落とし込むまでの思考を、簡単な図形や記号を用いて表していきます。そして、図を用いることで、思考の足どりを、順を追って説明することができるようになります。

言語に「文法」があるように、アローチャートにも一定のルールがあります。しかし、そんなに難しいものではありません。次章では簡単なケースをもとに、アローチャートを使った情報分析の手順を解説します。

それでは、事例に取り組む前に、①得られた情報をどのようにして図にしていくのか、②作成された図から、どのようにケアプランに展開していくのか、というプロセスを見ていきましょう。

2 情報分析のプロセスを解く【基礎編】

本章では、アローチャートを用い、アセスメントから導き出したニーズをケアプランに展開するまでの手順を解説します。

ここでは直観的に理解がしやすいように、実際の実務に必要なあらゆる手続きなどを省略していることにご留意ください。

ケアマネジャーが実際にアローチャートを使って情報分析をするときは、情報を書き入れたアセスメントシートのなかなどから必要な情報を探し出し、分析のためのチャートを描いていきます。

また、どの情報とどの情報が因果関係にあるのかは、ケアマネジャーの判断による仮の答え（仮説）ともいえます。

最初から完璧な答えを導き出す必要はありません。まずは「描いてみる」ことが大切です。

情報分析 ～ケアプラン展開までの手順

手順1

原因と結果を考える（1）

情報分析は、集めた情報どうしの「因果関係」を考えることから始めます。

まずは、以下のシンプルな情報で実践してみましょう。

情報

段差につまずいた。
足首をくじいた。

- 情報を、原因と結果がわかるように図にします。
- 客観的事実は○で囲みます。
- ○のなかには、キーワードとなる言葉を入れるだけでよいです。

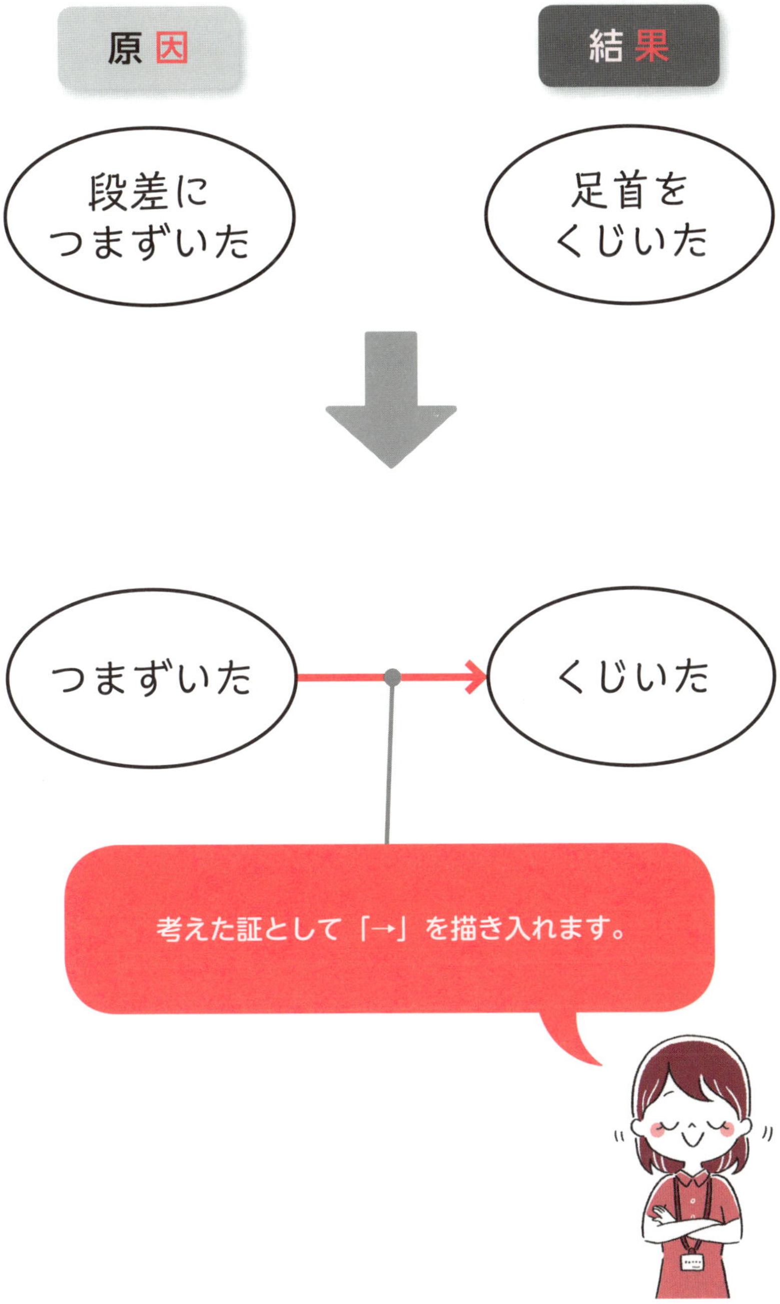
原因
結果
段差に
つまずいた
足首を
くじいた
つまずいた
くじいた
考えた証として「→」を描き入れます。

原因と結果を考える（2）

他の情報に目をやり、さらに因果をひもといていきます。
今回は、色文字になっている以下の２つの情報が加わったとしましょう。

情報

段差につまずいた。
足首をくじいた。
足首が腫れている。
歩けない。

くじいた結果、どうなったでしょう？

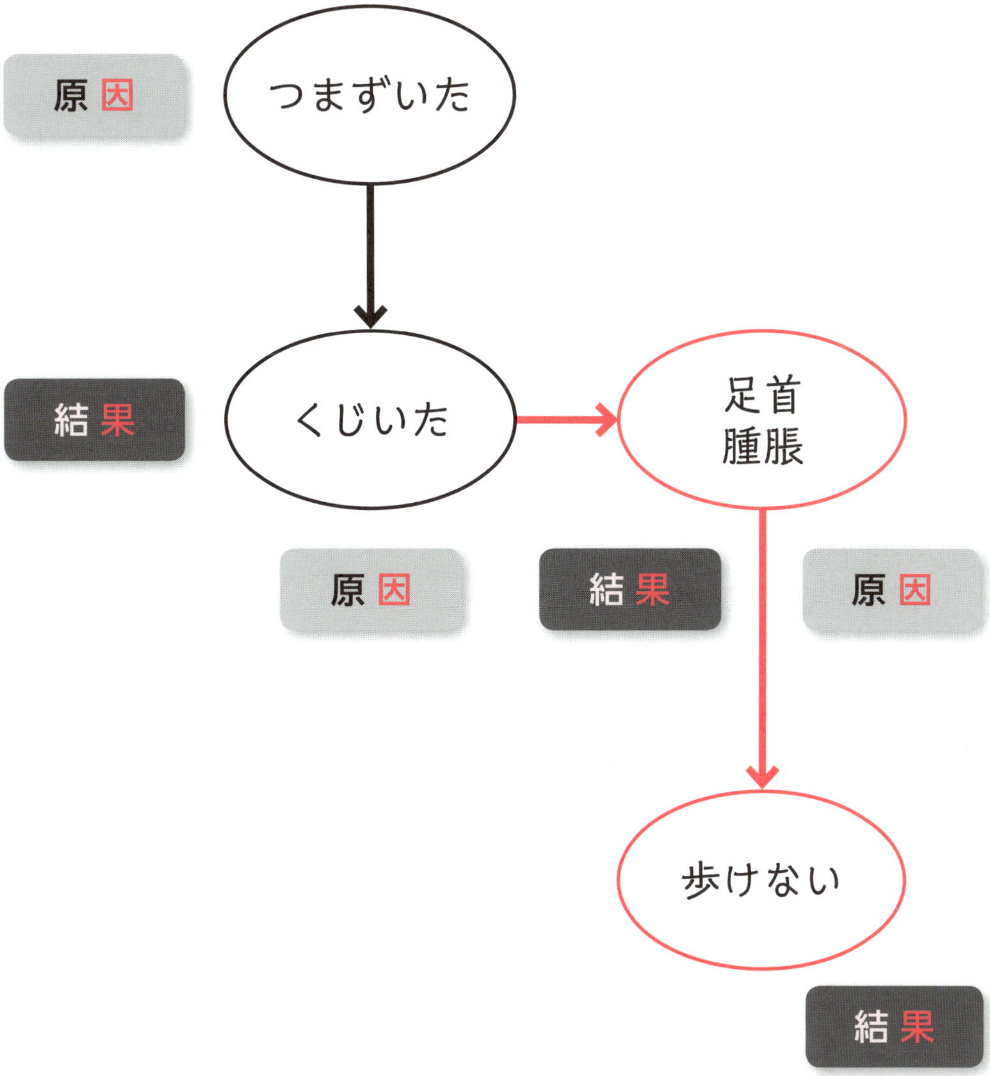

「結果」として生じたことが「原因」として、次の「結果」を生じさせていますね。

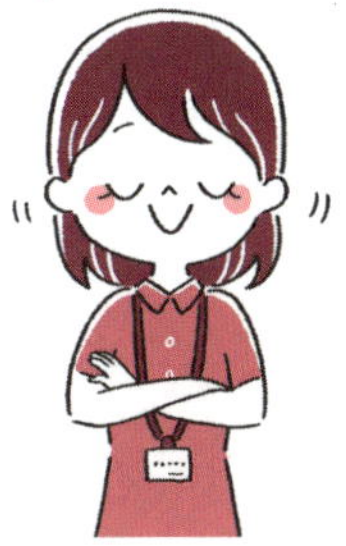

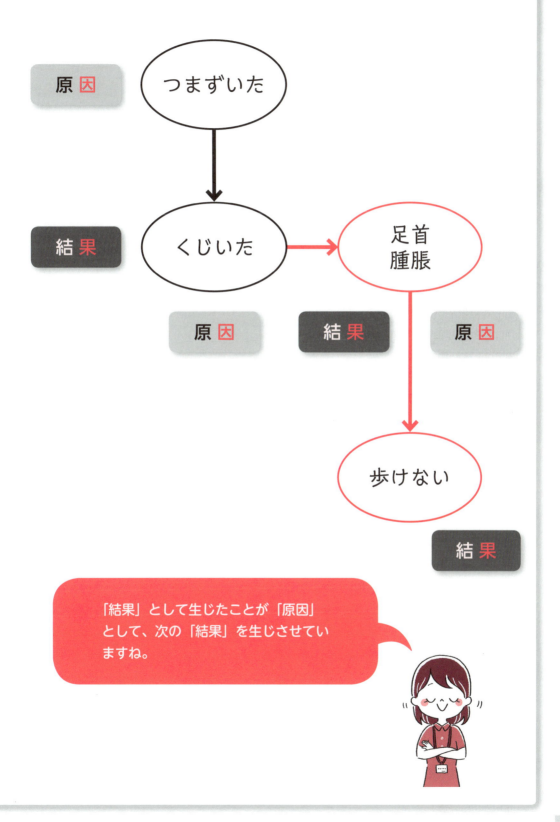

原因と結果を考える（3）
～さらに原因を考えてみよう

情報

歩く機会が減った。

足が上がらない。

段差につまずいた。

足首をくじいた。

足首が腫れている。

歩けない。

原因と結果の間には、時間の流れが生じています。

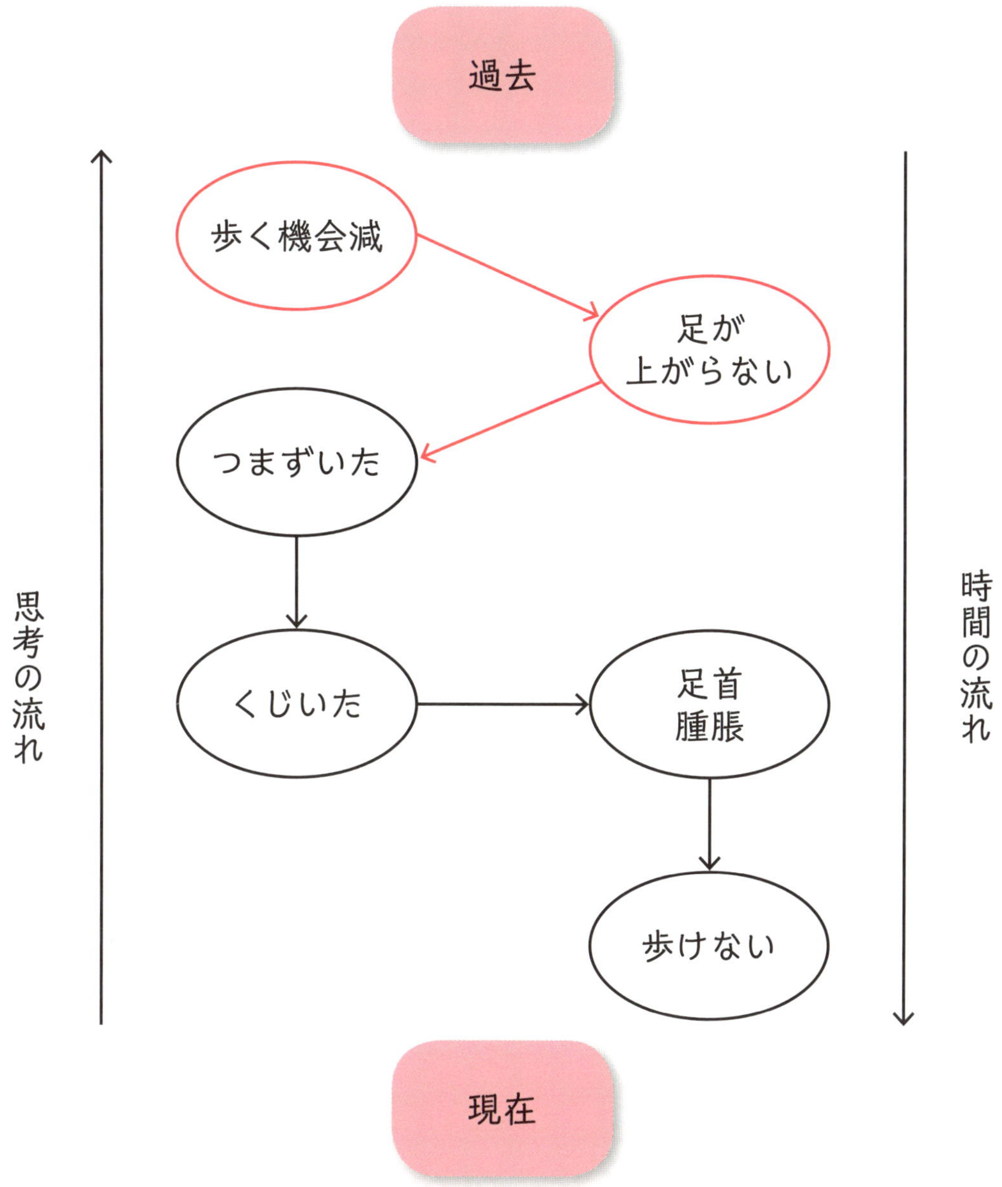

時間を遡《さかのぼ》り、原因を考えることを「遡及推論」といいます。

手順2

利用者が「どう思っているか」を描き入れる

情 報

足の力が弱っていると感じている。

歩く機会が減った。

足が上がらない。

段差につまずいた。

足首をくじいた。

足首が腫れている。

歩けない。

早く治したい。

・主観的事実は□で囲みます。

・今、困っていることについて、「けれど」こうしたいと願っているということは〰（ギザギザ）という記号でつなぎます。

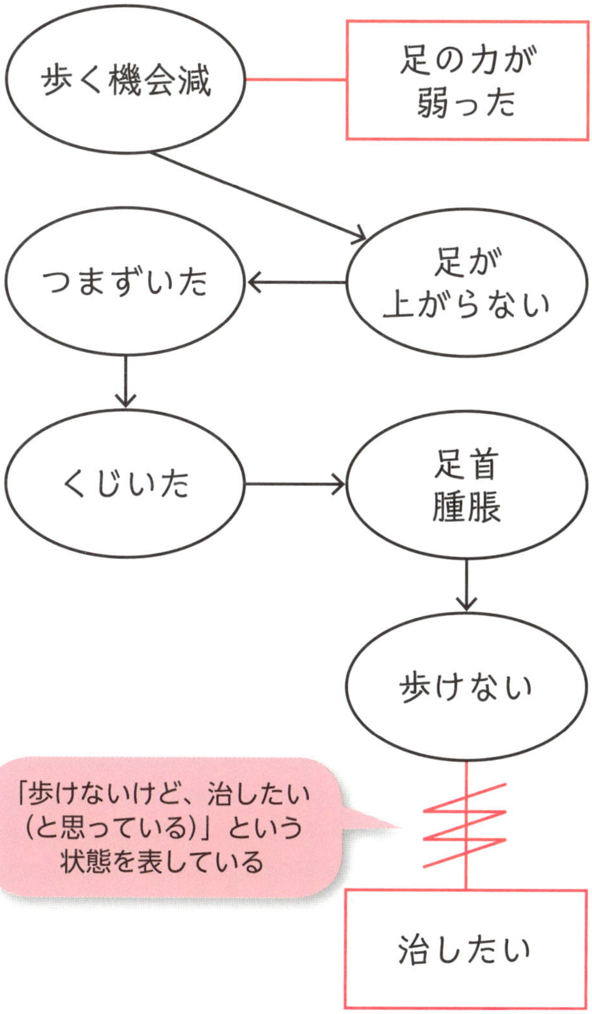

主観的事実と客観的事実の関係（つながり）を考える際、「――（直線）」を使います。
これは、因果関係を表す「→」ほど「いつそうなったか」がはっきりしないときに背景や意味づけとして使用します。

「歩けないけど、治したい（と思っている）」という状態を表している

これで、困りごとの全体像と、問題発生のしくみが見えてきましたね。

手順３

ニーズを探す

突然ですが、夜空に輝く星々を思い浮かべてください。

古代の人は、いくつかの星と星とをつなげて、○○座という星座としてそれぞれ名づけました。

星座は星々を１つずつ眺めるだけでは成立しません。同じように、ニーズも、ポツンとそこにあるのではありません。

いくつかの情報と情報とがつながって生活上の困りごとを生じさせている。けれど「こうしたい」という“願い”とのセットで、ニーズをとらえることができます。

困りごとはマイナス(⊖)の情報。
こうありたいという願いはプラス(⊕)の情報です。
この⊖―WW―⊕の関係を**N構造**（ニーズのN）といいます。

注：ケアプラン第２表に書き表すニーズとして、もう１つA構造というものがあります。A構造については、Ⅱ部をご参照ください（186頁）。

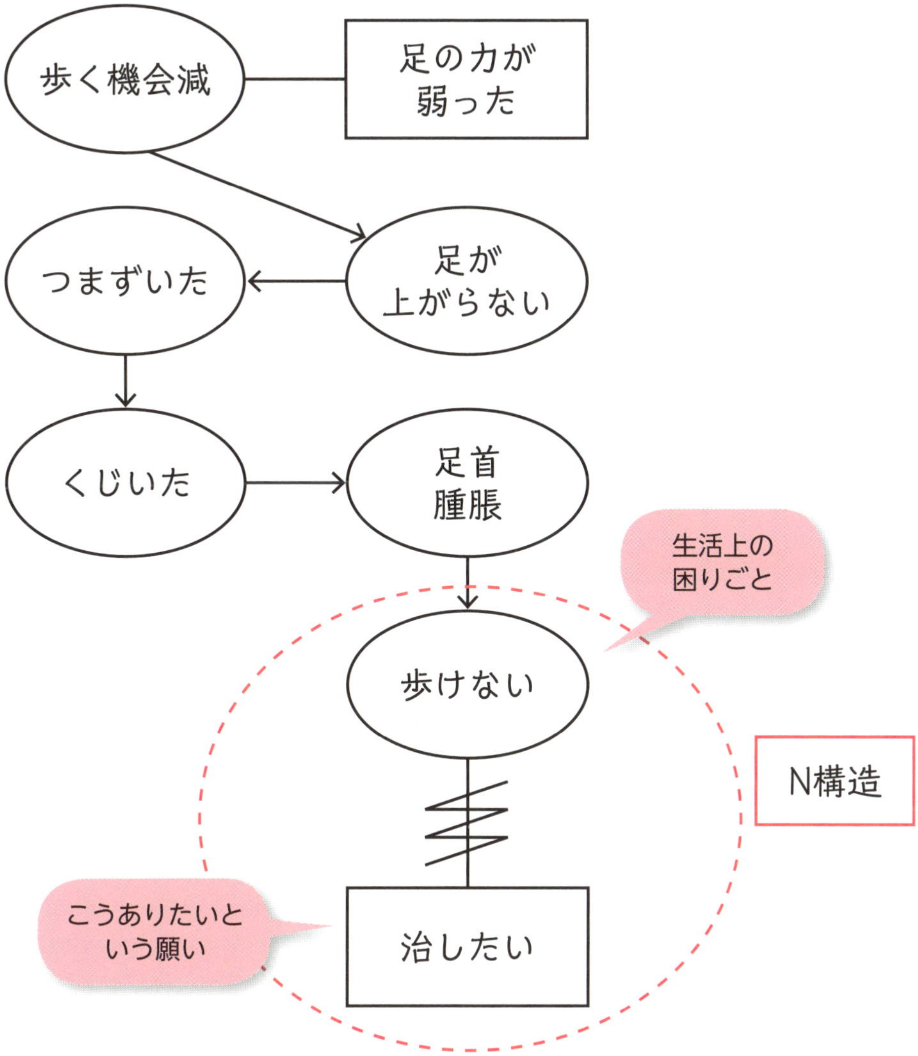

こうして見つけたN構造のうち、こうありたいという願いを、ケアプラン第２表のニーズ欄に書き入れることができます。

手順4

長期目標を検討する

アローチャートでは、困っている、できていないことを中心に描いてきました。

ここからは、「困っている」「できない」ことを、「困らない状況」「できる状況」に変えていくためにどうするかを考えていきます。

長期目標 検討項目	●達成に時間がかかるもの ●短期目標を設定できるもの

こうなりたいという願いと、困っている現状とはセットで考えていきます。

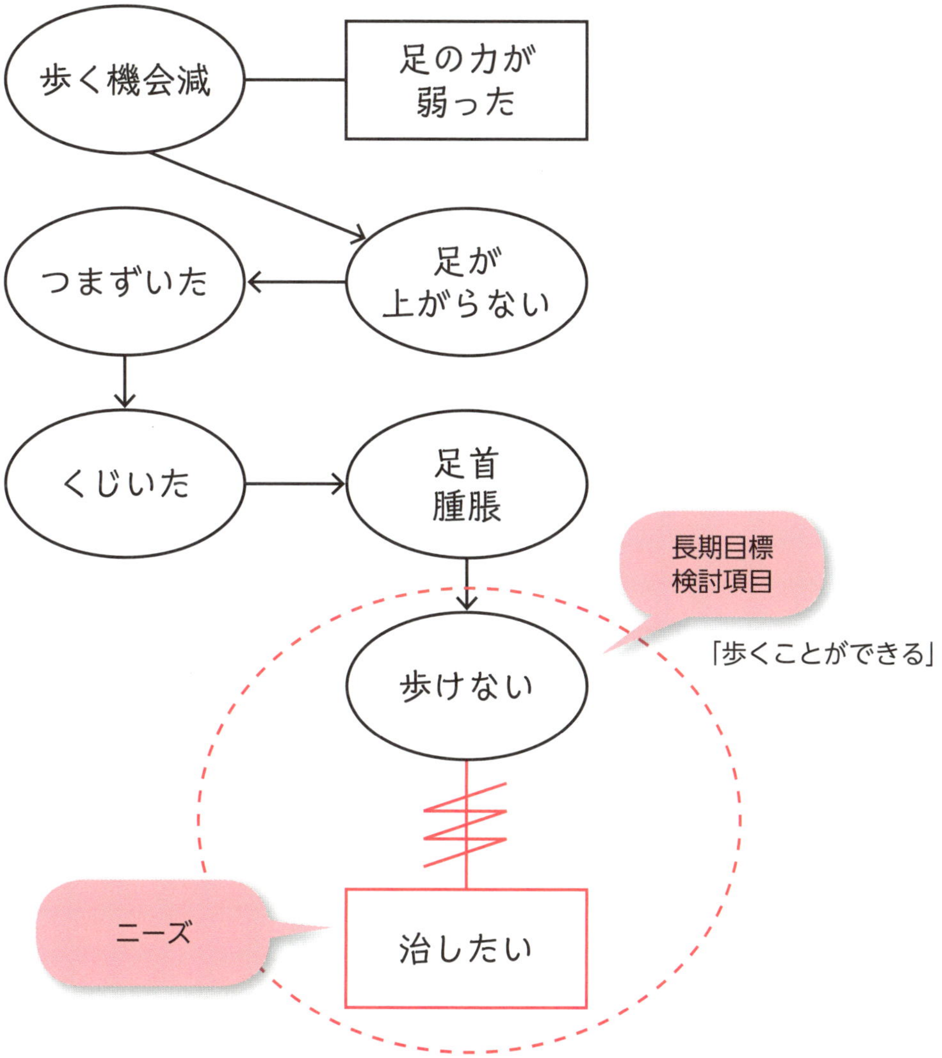

長期目標は、N構造となったネガティブな客観的情報を「できる」に変えて、ケアプランに書き込みます。

手順5

短期目標を検討する

短期目標検討項目	●達成することにより長期目標に近づくことができるもの ●改善の可能性があるもの ●リスクを軽減させることができるもの ●これからの生活に対し、望ましい状況を提示するもの

この時点では、検討段階です。
そのため、どの事柄を短期目標とするかも、検討段階です。どれを短期目標と定めるかは、利用者やサービス事業者と討議することでしぼっていきます。

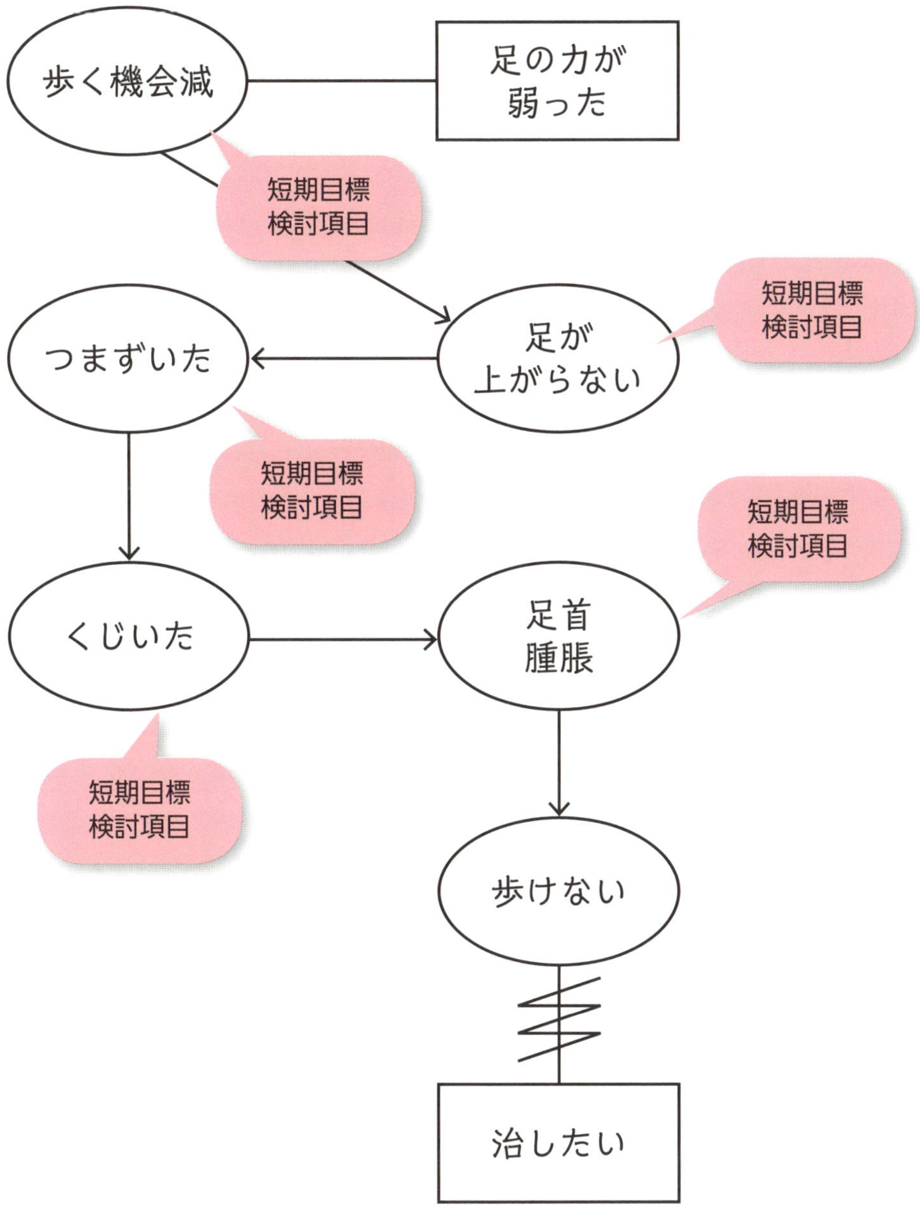

短期目標は、サービス内容とも連動してきます。
できるだけ利用者の行動目標とすることで評価が行いやすくなります。

手順6

ケアプランに展開する

ここまでで、アローチャートで検討することにより、ニーズ、長期目標検討項目、短期目標検討項目などを導き出しました。

今度はそれを、ケアプランに展開させましょう。

ここまでできていればあとは簡単です。というのも、実は、アローチャートはケアプラン第２表の構造と基本的には同じなのです。したがって、以下のようにアローチャートと第２表とで、該当する項目にそれぞれ当てはめて記載するだけで完成します。

第２表

居宅サービス計画書（２）（一部抜粋）

生活全般の解決すべき課題（ニーズ）	目標			
	長期目標	（期間）	短期目標	（期間）

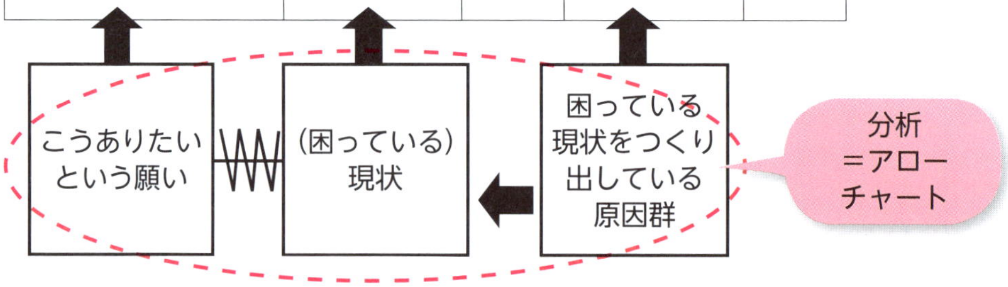

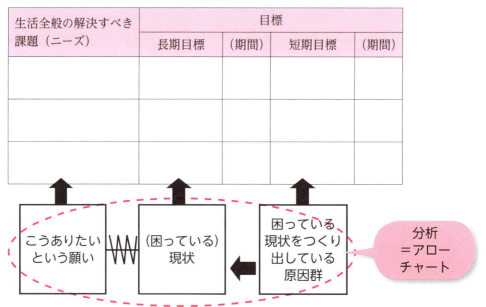

生活全般の解決すべき課題（ニーズ）	目標				援助内容
	長期目標	（期間）	短期目標	（期間）	サービス内容
足首の腫れを早く治したい	日常生活に困らないよう歩くことができる		足首への負担を軽減することができる		患側の荷重を防ぎ、移動するときに体を支持するための松葉杖の選定・貸与
					湿布薬の貼付

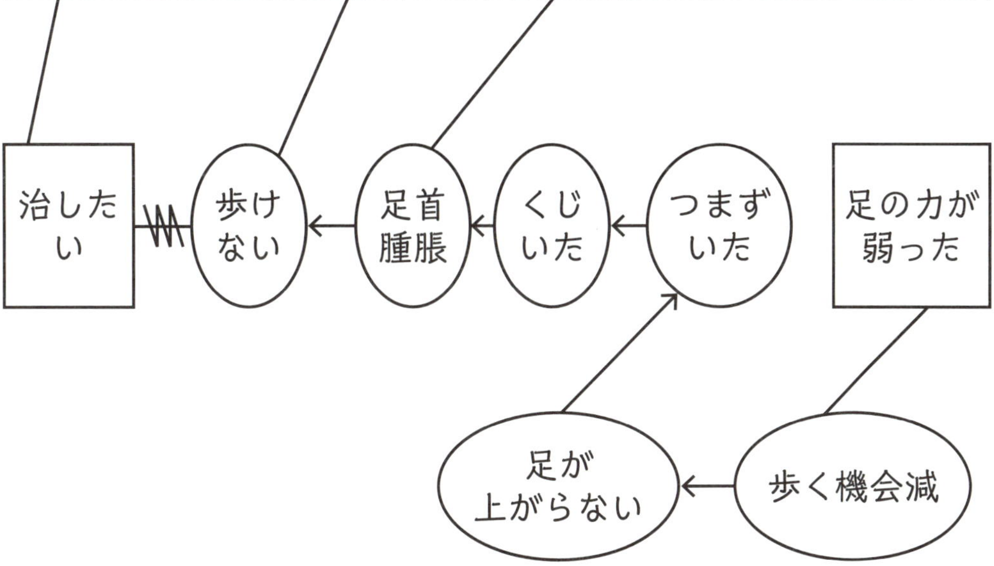

アローチャートの○のなかに書き入れた言葉は、ケアマネジャーがアセスメントを説明するためのキーワードです。
そこからケアプランに記載するときは、これからの生活がどのように変化していくのかを、実際の生活に基づいて記載するようにしましょう。

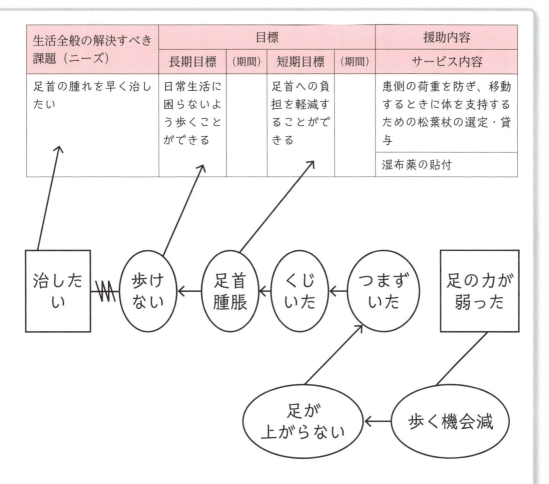

補足1

短期目標検討群から短期目標にするときの留意点

ケアプランは、「利用者の今後の計画」ですので、今現在や将来に影響のない過去の出来事は短期目標としては設定しません。

これまでで抽出された短期目標検討群のうち、「段差につまずいた」や「足首をくじいた」ということ自体は過去に生じたことなので、これ自体をなくすことはできません。

そのため本ケースでは「足首腫脹」「足が上がらない」「歩く機会が減った」のうち、改善の可能性が高く、効果が期待できる「足首腫脹」を選択し、短期目標には「足首への負担を軽減することができる」としました。

今回は、アローチャートを描くプロセスをみてもらうため、ごく単純な例をあげてみました。したがって、足首の腫脹がなくなれば、自由に歩くことができるようになり、このニーズ自体が解消されると考えられます。

しかし、「足が上がらない」や「歩く機会が減った」ということはこれからも残るかもしれません。もしそうであれば、それらのことに対し、その人がどうしていきたいと考えているか、すなわちニーズを確認しプランを立て直すことになります。そして、そのときには、例えば「7cmほどの段差の上り下りができる」「週に3回以上は歩いて買い物に行く」などの目標を立てていくことになるかもしれません。

補足2

アローチャートの基本的ルール

ここでは、アローチャートで用いる図や記号の意味や、構造を整理しておきます。

情報分析の方法論を理解するうえでは、必ずしも今すぐに覚えなければならないことではありませんので、初めての方は読み飛ばしても平気です。描いていて困ったときに、参照してください。

アローチャートで使う部品

図/記号	意味
□	主観的事実 考え・感情・価値観
○	客観的事実 誰が見てもそうであること
→	客観的事実の原因と結果をつなぐ
₩	①主観的事実と客観的事実 ②主観的事実と主観的事実 が抗《あらが》っている場合をつなぐ
—	主観的事実の背景や由来と思われる情報をつなぐ

アローチャートで使うのは
2つの図形と
3つの記号

アローチャートで使う構造

構造	意味
N構造 	Nはneed（ニード）のN ネガティブ（－）な客観的事実と抗《あらが》うポジティブな主観的事実（＋）のセット
A構造 	Aはambivalent（アンビバレント）のA ネガティブ（－）な主観的事実と抗うポジティブな主観的事実（＋）のセット

図と記号の組み合わせ

	→		—
○　○	○→○	 ネガティブなADL情報と ポジティブなIADL情報か福祉用 具利用をつなげる場合のみ使う	
○　□	※ ○→□ □→○	 （N構造）	○—□ □—○
□　□	※ □→□	 （A構造）	□—□

※：「—」でつながれた関係にあるもののうち、明らかに因果関係があると判断された場合は「→」でつなぎます。

3 情報分析のプロセスを解く【応用編】

これまで、理解のしやすいように、大変シンプルな事例を用いて説明をしてきました。

次は、実際の事例に近いモデルを用いてアローチャートを使った情報分析をしてみましょう。

入門編に比べ、情報量が多くなりますが、これまで解説してきた手順１～手順６のプロセスは同じです。

TOPIC

① 事例紹介
② 起因する疾患ごとに因果関係を考える
③ それぞれの分析結果を合体させる
④ ニーズを探す
⑤ 長期目標検討項目を確認する
⑥ 短期目標検討項目を確認する
⑦ ケアプラン（案）を作成する

より現実に近い事例を使って実際の情報分析をどのように展開するのか、確認してください。

①事例紹介

Aさん（80歳・女性）

①左脳梗塞のため、右上下肢に麻痺がある。
②脳梗塞再発を予防するため、降圧剤や抗凝固薬の継続的な服薬や、減塩食を摂ることを指導されている。
③60歳頃に胃がんのため胃全摘術を受けている。そのため貧血気味であり、時々ふらつきを感じることがある。鉄剤やビタミンB_{12}の内服治療を受けている。
④歩行時にはふらつきがみられるが、リハビリテーションにより、平らなところでは杖歩行が可能となっている。外出時は車いすを介助者に押してもらっている。リハビリテーションを継続することで、屋外でも杖歩行を行うことは可能と思われる。
⑤車いすを使ってでも外出の機会をもつことは、生活を楽しむためにも自分にとっては必要なことだと思う。しかし、そういう姿を他人に見られることに抵抗感ももっている。
⑥入浴は、浴室への移動や立ち座りの際の転倒のリスクが高くなるため１人では行えない。１日おきくらいには入浴をしたい。
⑦利き手の麻痺があり、包丁を持てず調理ができない。しかし、下ごしらえをしたものを火にかけたり、味つけをしたりすることはできるので、工夫して調理ができるようにしていきたい。
⑧入院前までは自立した生活を送っていた。近所に住む知人らと「夕食のおかずね」と、お惣菜を交換し合っていたりもした。退院後も、そういった近所付き合いを大事にしたいと願っている。

②起因する疾患ごとに因果関係を考える（1）

①左脳梗塞を発症したので、右上下肢に麻痺がある。
②右足に力が入らず、ふらつく。
③転倒のリスクがあり、外出は（1人では）できない。
④入浴は、浴室への移動や立ち座りの際の転倒リスクが高く、1人では行えない。
⑤利き手の麻痺のため、包丁が持てず、調理ができない。

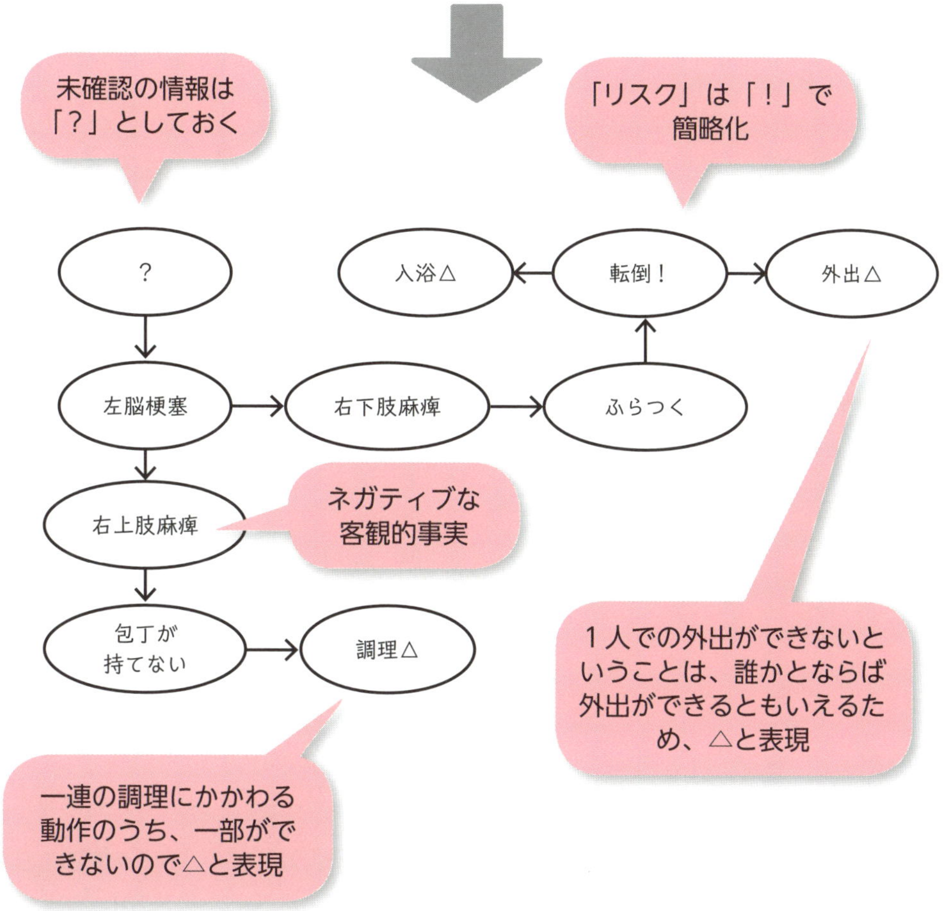

②起因する疾患ごとに因果関係を考える（2）

胃がんのため胃全摘術を受けている。
そのため貧血気味であり、ふらつくことがある。

③それぞれの分析結果を合体させる

実際の作業としてやりやすいのは、これまでやってきたように、起因する疾患ごとにチャートを作成し、最終的に合体させることです。

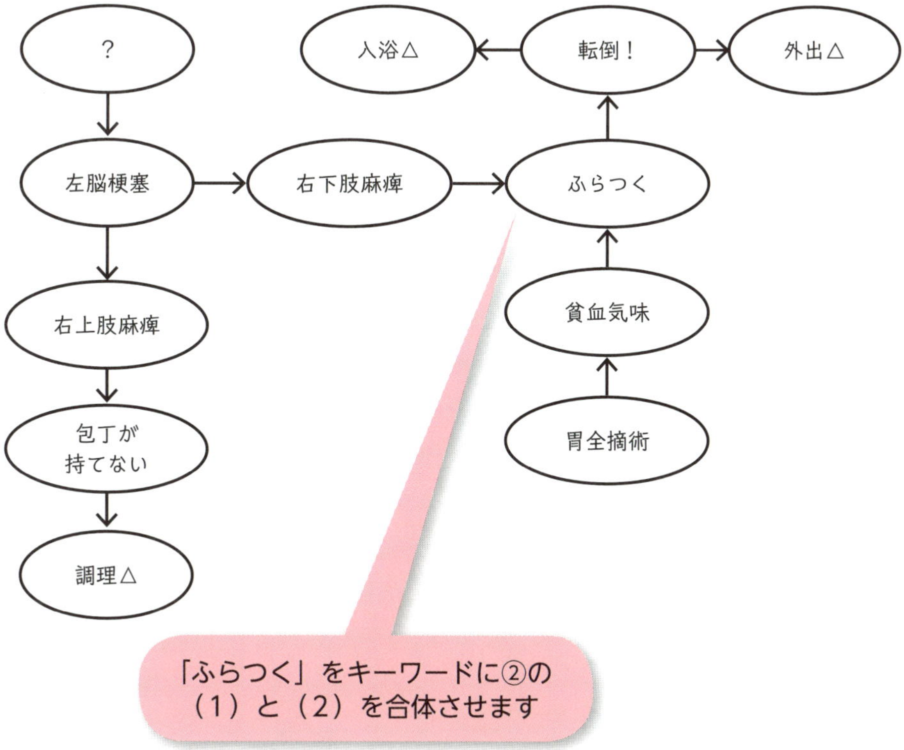

補足 1

もう1つのつなぎ方

29頁のアローチャートでは、「ふらつき」は「右下肢麻痺」と「貧血気味」によって生じているという状況を示しています。つまり、この場合は、もし貧血気味、右下肢麻痺どちらかの状況がなくても、ふらつきが生じると考えられるアローチャートになっています。

ここでは、もう１つの考え方を紹介します。それは、どちらか１つの状況では結果が生じず、２つの原因がそろったときに結果が生じる、という描き方です。具体的にこの例でいうと「右片麻痺と貧血気味という原因が同時に生じていることで、ふらつきという結果を招いている」ということです。このつなぎ方を、研修等では通称「合わせ技」といって紹介しています。

どちらのつなぎ方を選ぶか。それはケアマネジャーの判断です。もし迷うようであれば、その結果がどういった場面で起きているのかという情報を確認したり、専門の職種（この場合は医師や看護師）に相談したりしましょう。このチャートをそのまま他職種に見せて相談できるのも、アローチャートの強みです。

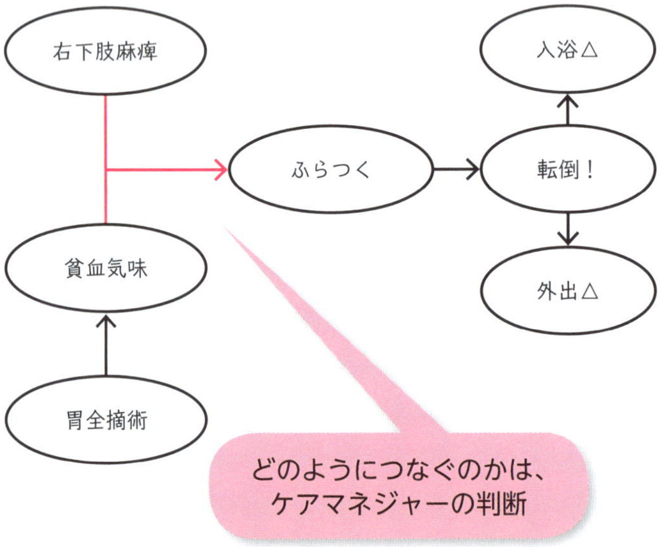

補足2

悪循環がないかを確認

Ａという情報が原因でＢという結果がもたらされ、そのＢが原因でさらにＣという結果をもたらし、そのＣがAの原因になっている状況を**悪循環**と呼びます。

合体して、完成させたアローチャートを見たときに、そのような部分がないか確認してみましょう。

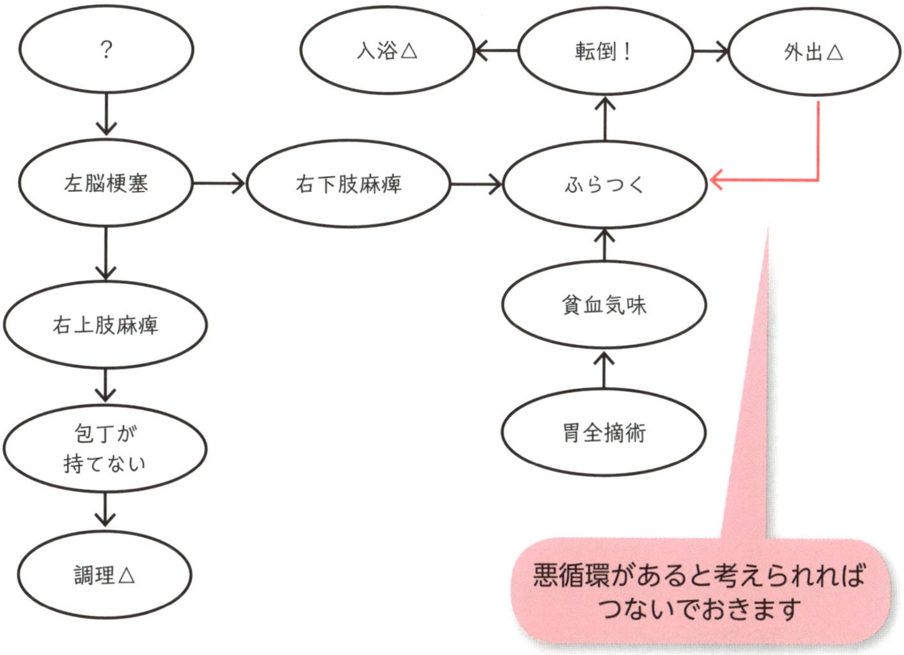

アローチャートからは転倒のリスクが外出の機会を減らしていることがわかります。そして、外出の機会が減ることで歩行時のふらつきが出てくるという悪循環が予想できます。

④ニーズを探す

ニーズは、生活を送るうえでの困りごとに対し、「こうありたい」という願いとのギャップに生じるといえます。

しかし、利用者がはっきりと「私のニーズは○○です」と語ることはほとんどありません。むしろ、ニーズは、「利用者が困りごとに対し『○○したい』と言っている背景にはどのようなことがあるのだろう」とケアマネジャー自身が専門職として掘り下げていく必要があります。

そのためには、まずニーズとセットとなる生活上の困りごとがどのようなものなのかを確認します。

その場所の主なところが、次の３つになります。

ニーズの在処

1．→が出ないところ（下流）

2．疾患

医師による、生活上の注意事項等。

例えば「重いものは持たないように」とか「血圧は130mmHg程度にしましょう」といった指示がある場合、それらを達成すべき短期目標と考え、疾患に対するニーズがあると判断します。

3．悪循環をつくり出している情報のうち、解決に一番時間がかかると思われるもの

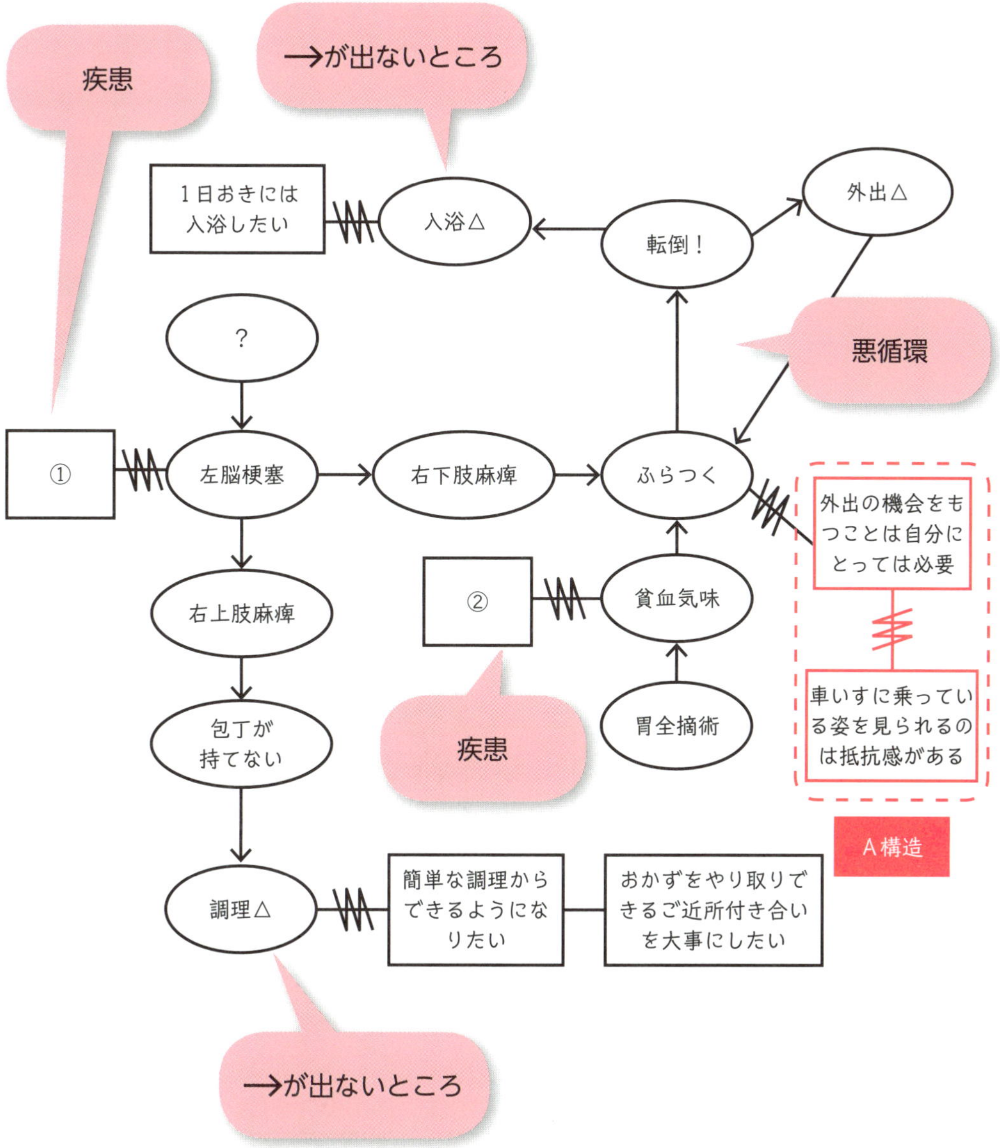
疾患
→が出ないところ
1日おきには
入浴したい
入浴△
転倒！
外出△
?
悪循環
①
左脳梗塞
右下肢麻痺
ふらつく
外出の機会をもつことは自分にとっては必要
車いすに乗っている姿を見られるのは抵抗感がある
右上肢麻痺
②
貧血気味
包丁が
持てない
疾患
胃全摘術
A構造
調理△
簡単な調理からできるようになりたい
おかずをやり取りできるご近所付き合いを大事にしたい
→が出ないところ

⑤長期目標検討項目を確認する

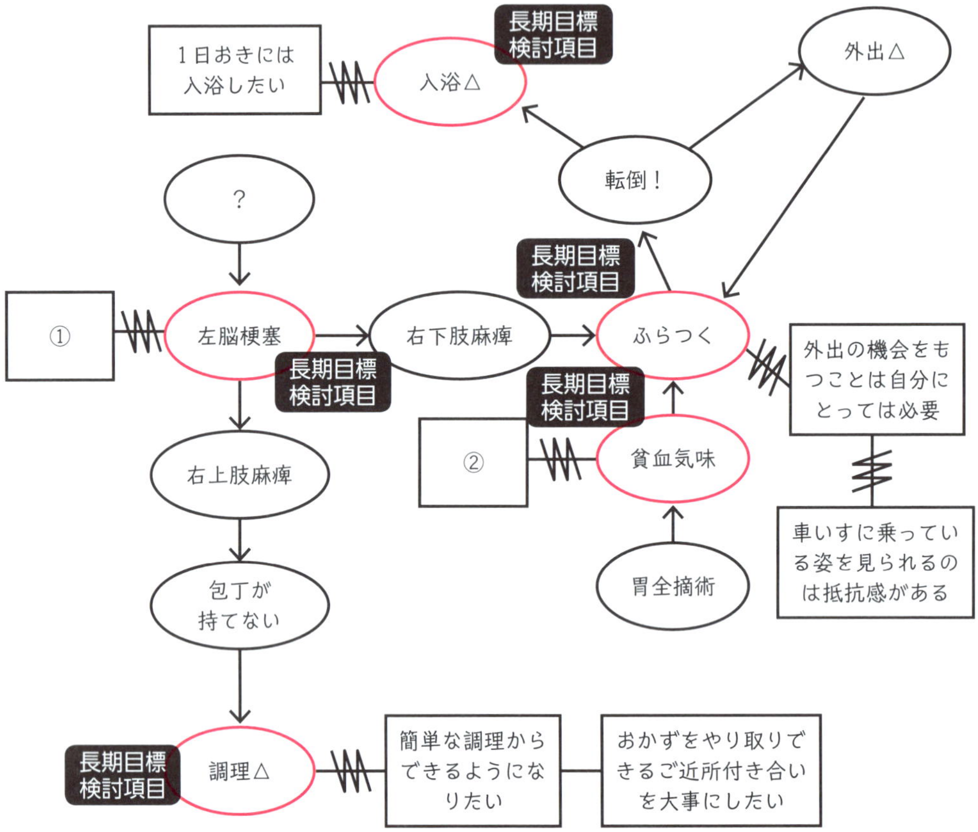

ニーズと困りごとはセット
できないことをできるようにするので
「目標」となる

ニーズ	長期目標検討群	短期目標検討群
①	左脳梗塞	
②	貧血気味	
1日おきには入浴したい	入浴△	
外出の機会をもつことは必要	ふらつく	
簡単な調理からできるようになりたい	調理△	

⑥短期目標検討項目を確認する

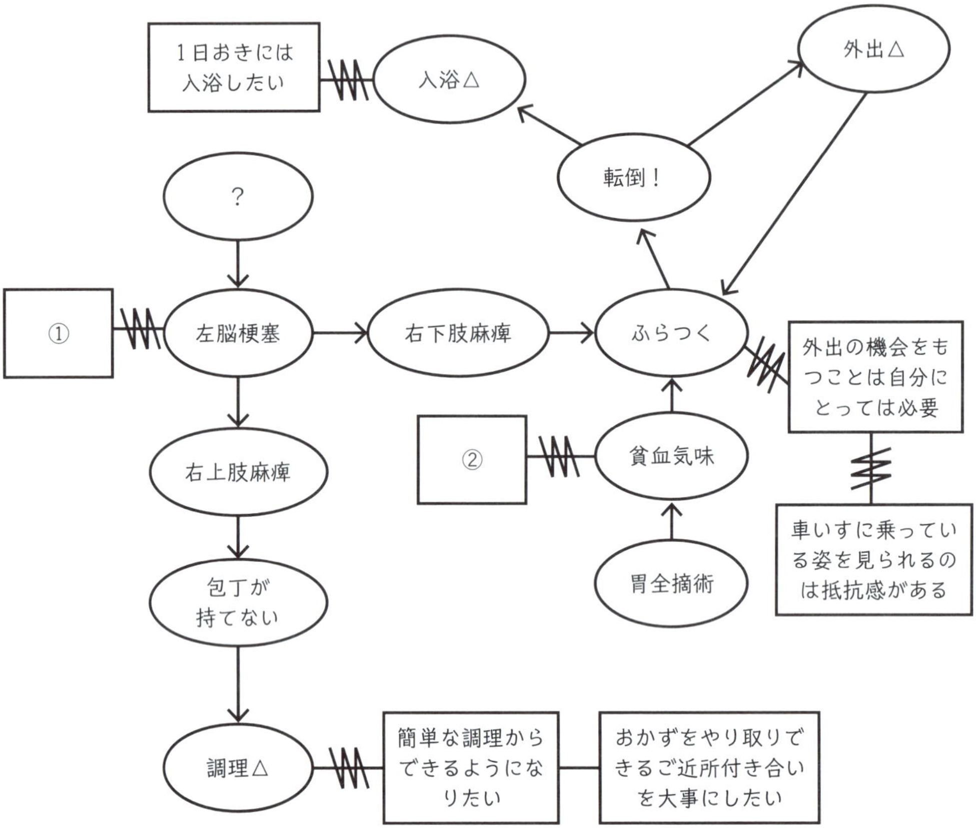

(1)長期目標検討項目につながる事実が短期目標検討項目
(2)長期目標検討項目とされたものは、短期目標検討項目には採用しない

ニーズ	長期目標検討群	短期目標検討群
①	左脳梗塞	服薬 塩分制限
②	貧血気味	服薬
1日おきには入浴したい	入浴△	転倒！ 右下肢麻痺
外出の機会をもつことは必要	ふらつく	転倒！ 外出△ 右下肢麻痺
簡単な調理からできるようになりたい	調理△	包丁が持てない 右上肢麻痺

⑦ケアプラン（案）を作成する

生活全般の解決すべき課題（ニーズ）	長期目標	短期目標	サービス内容
①	血圧の上昇を防ぎ、脳梗塞の再発を予防する	[1]指示された服薬を続ける	[1]診察・処方 [2]療養上の相談・指導 [3]内服薬のセット・服薬
		[2]塩分を6g/日とする	[1]栄養指導
②	貧血を予防することができる	指示された服薬を続ける	[1]診察・処方 [2]療養上の相談・指導 [3]内服薬のセット・服薬
1日おきには入浴したい	さっぱりとした気分を楽しめる	浴槽をまたぐことができる	[1]座位でまたぐことができるようなシャワーチェアーの選定 [2]浴室内のセッティングや入浴の介助
外出の機会をもつことは必要	ふらつきを予防し活動的な生活を送ることができる	杖を使い、外出することができる	[1]歩行練習 [2]安全な外出ルートの検討
簡単な調理からできるようになりたい	自分でつくった料理をふるまうことができ、友人らと楽しむことができる	包丁を持って食材を切ることができる	[1]自助具の検討、作成 [2]調理動作訓練 [3]調理の補助

Ⅱ

アローチャートで思考過程が見えるケアプラン事例集

　これから13の事例をご紹介します。

　前半は基本情報やケアプランを収載しています。後半はそのプランがどのようにして分析されたのか、その手順がⅠ部の手法に沿って展開されています。

　ただケアプランを眺めるだけでなく、それがどんな視点で作成されたのかご確認ください。

事例を
お読みいただく前に

課題整理総括表の表記について

本書では紙面レイアウトの関係上、課題整理総括表の「注意事項」を省略しています（下記）。

※1　本書式は総括表でありアセスメントツールではないため、必ず別に詳細な情報収集・分析を行うこと。なお「状況の事実」の各項目は課題分析標準項目に準拠しているが、必要に応じて追加して差し支えない。

※2　介護支援専門員が収集した客観的事実を記載する。選択肢に○印を記入。

※3　現在の状況が「自立」あるいは「支障なし」以外である場合に、そのような状況をもたらしている要因を、様式上部の「要因」欄から選択し、該当する番号（丸数字）を記入する（複数の番号を記入可）。

※4　今回の認定有効期間における状況の改善／維持／悪化の可能性について、介護支援専門員の判断として選択肢に○印を記入する。

※5　「要因」および「改善／維持の可能性」を踏まえ、要因を解決するための援助内容と、それが提供されることによって見込まれる事後の状況（目標）を記載する。

※6　本計画期間における優先順位を数字で記入。ただし、解決が必要だが本計画期間に取り上げることが困難な課題には「－」印を記入。

目を通しておきましょう。

『情報分析の手順の解説』の見方について

本書はアセスメントのなかで、特に情報分析について、その手順がわかるように項目を設けました。

具体的な見方は以下のとおりです。

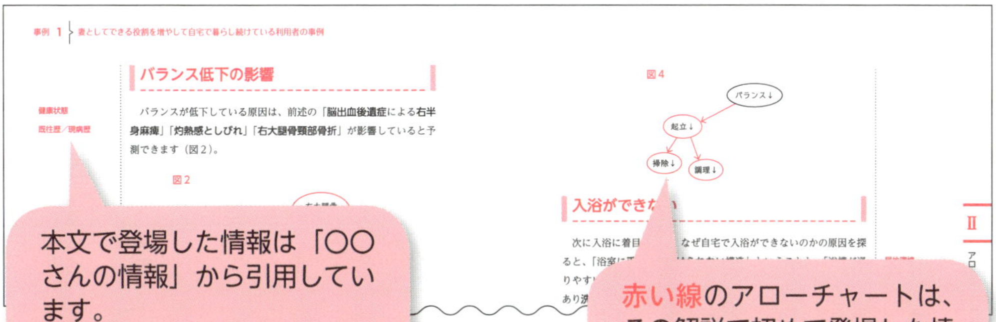

本文で登場した情報は「〇〇さんの情報」から引用しています。
具体的な引用先の項目をこの欄で表示しています。

赤い線のアローチャートは、その解説で初めて登場した情報を意味しています。

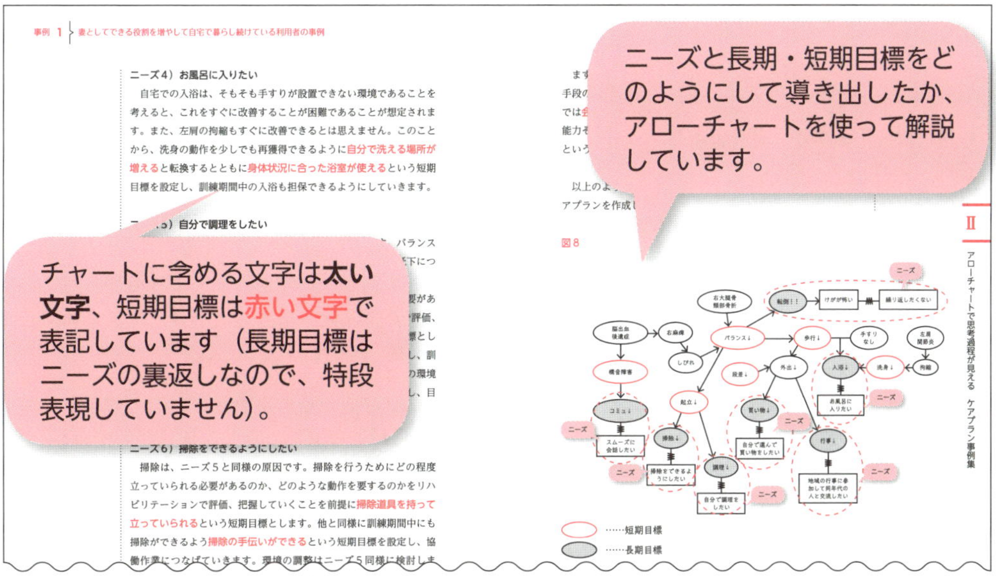

ニーズと長期・短期目標をどのようにして導き出したか、アローチャートを使って解説しています。

チャートに含める文字は**太い文字**、短期目標は**赤い文字**で表記しています（長期目標はニーズの裏返しなので、特段表現していません）。

じっくり繰り返し読むことで、なぜこのようなプランになったのかがわかると思います。

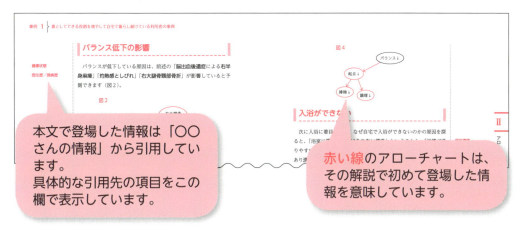

事例1　妻としてできる役割を増やして自宅で暮らし続けている利用者の事例

仙波さんの情報

基本情報に関する項目			
氏名 （年齢・性別）	仙波正子 （84歳・女性）	要介護度等	要介護２
障害高齢者の日常生活自立度	Ｂ２	認知症高齢者の日常生活自立度	自立
利用しているサービスの状況	通所リハビリテーション（週２回） 福祉用具貸与（段差解消手すり） 訪問介護（週３回）	既往歴／現病歴	脳出血後遺症（75歳） 右大腿骨頸部骨折術後（84歳） 左肩関節炎（84歳）
受診・通院の状況	月１回	入院歴	脳出血後遺症（75歳） 右大腿骨頸部骨折（84歳） 左肩関節炎（84歳）
世帯状況（介護の状況）	高齢者世帯	経済状況	国民年金（月６万4000円）
これまでの生活歴	25歳で結婚、子どもは２人（息子２人）。夫とともに農業（米）を営み生計を立てていた。 一戸建ての住居で生活する。75歳のときに脳出血を発症し右半身麻痺となるも夫の支援を受け生活していた。同年に介護保険を申請し居宅サービスを利用している。84歳のとき、自宅で転倒し麻痺側を骨折した。		
現在の生活状況	夫に軽度の認知症がある。夫に指示を出し協力して生活している。夫が車の免許を返納したので、外出ができない。地域との交流もなく、孤立傾向にある。子どもは独立し地域外に住んでいる。経済的支援も含め介護に協力はできないと言われている。		
主訴	本人：皆に手伝ってもらわないと自宅では暮らせないが、もう少し自宅での生活を続けたい。 夫：本人は、転倒の頻度が高くなり在宅での生活に不安を感じている。「もう少し自宅での生活を続けたい」という本人の希望を実現させたい。		
課題分析（アセスメント）理由	要介護認定の更新のため。		
課題分析（アセスメント）に関する項目			
健康状態	脳出血後遺症による右半身麻痺がある。麻痺側の灼熱感としびれを訴える。降圧剤、抗血栓薬を服薬している。内服は自己管理ができる。		

ADL	装具を装着し、４点杖歩行。10m程度は休まずに歩行可能。玄関の上がりかまちが高く（30㎝２段）、支えを要する。座面からの起立も支えが必要。排泄は自立している。入浴は自宅では入れず通所リハビリテーションで行っている。洗身、洗髪は介助を受けている。更衣は時間をかけて自分で行っている。転倒に対する不安が大きい。
IADL	調理は夫に指示を出し行っている。最近は野菜の準備等、訪問介護で依頼することもある。味つけは自分で行う。掃除は、掃除機の使用ができず訪問介護で行う。また、高いところの掃除も訪問介護で行っている。買い物は、必要なものを訪問介護に依頼する。金銭管理は自立。
認知	問題なし。
コミュニケーション能力	構音障害があるが、意思の伝達はできる。
社会との関わり	一軒家で近隣者はいない。移動手段がなく地域行事への参加はできない。 通所リハビリテーションに行き、同世代の人と話をする。
排尿・排便	自立。
じょく瘡・皮膚の問題	問題なし。
口腔衛生	問題なし。
食事摂取	問題なし。
問題行動	特になし。
介護力	相談は他県在住の次男にしている。長男とは疎遠。軽度認知症の夫と２人暮らし。
居住環境	一戸建て住宅。２階は使用せず、１階のみで生活している。 玄関の上がりかまちに30㎝の段差がある。 浴室は手すりがつけられない構造になっていて、浴槽は滑りやすくなっている。
特別な状況	なし。
その他	

仙波さんのアローチャート

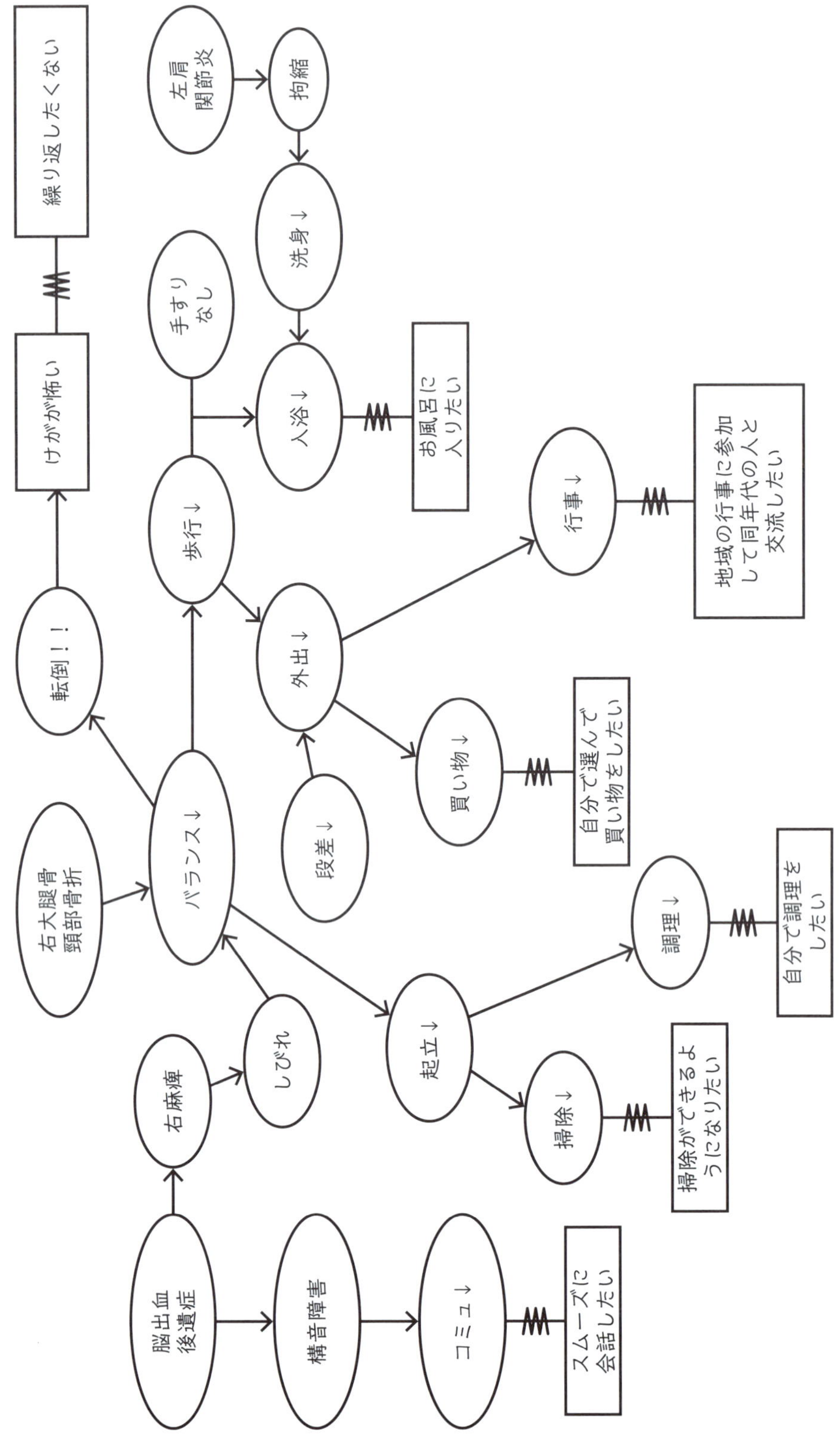

課題整理総括表

利用者名　仙波　正子　殿

作成日　　／　／

自立した日常生活の阻害要因（心身の状態、環境等）			
	①脳出血による構音障害	②右半身麻痺、しびれに伴う体幹バランスの低下	③玄関の段差
	④左肩関節拘縮による洗身困難		

利用者及び家族の生活に対する意向	
	本人：転ばないように注意している。もう少し自宅での生活を続けたい。 次男：施設に入ると経済的にも大変です。けがをしないようにして、今の生活を続けてほしいと思います。

状況の事実※1		現在※2	要因※3	改善/維持の可能性※4	備考（状況・支援内容等）
移動	室内移動	自立　**見守り**　一部介助　全介助	②	**改善**　維持　悪化	②により屋内外、移動時は短下肢装具を装着し杖を使用し移動する。患側に体重負荷がかけられず、健側前方に傾斜している。屋外移動時は、介助者が支えることもある。転倒に対する不安が大きく必要以上に動かないことから体幹バランスの訓練、移動訓練をしている。（1） ②③により玄関の上がりかまちの移動が困難なので、手すりを設置し段差解消を行っている。（2） ②により、支えなしの起立ができず、浴室内の移動ができない。また④により洗身、洗髪ができないので通所リハビリに行き、入浴介助を受けている。更衣は時間をかけて行う。（3） ②により、調理（野菜を切るなどの下ごしらえ）や掃除機をかけられない。床拭きや高い所の掃除ができないなどがあり、介助を受けている。（4） ②③により買い物に行くことができない。買い物の支援を受けている。 ①によりスムーズに会話ができず、筆談のこともある。言語療法と交流の機会の増加で少しずつ明瞭になっていくと思われる。（5） ②③により近隣が遠く訪問者もいないので孤立している。地域の活動参加もできていないが、通所リハビリに行き同年代の人との交流ができている。（6）
	屋外移動	自立　見守り　**一部介助**　全介助	②③	**改善**　維持　悪化	
食事	食事内容	**支障なし**　支障あり		改善　維持　悪化	
	食事摂取	**自立**　見守り　一部介助　全介助		改善　維持　悪化	
	調理	自立　見守り　**一部介助**　全介助	②	**改善**　維持　悪化	
排泄	排尿・排便	**支障なし**　支障あり		改善　維持　悪化	
	排泄動作	**自立**　見守り　一部介助　全介助		改善　維持　悪化	
口腔	口腔衛生	**支障なし**　支障あり		改善　維持　悪化	
	口腔ケア	**自立**　見守り　一部介助　全介助		改善　維持　悪化	
服薬		**自立**　見守り　一部介助　全介助		改善　維持　悪化	
入浴		自立　見守り　一部介助　**全介助**	②④	**改善**　維持　悪化	
更衣		自立　**見守り**　一部介助　全介助	②	**改善**　維持　悪化	
掃除		自立　見守り　**一部介助**　全介助	②	**改善**　維持　悪化	
洗濯		**自立**　見守り　一部介助　全介助		改善　維持　悪化	
整理・物品の管理		**自立**　見守り　一部介助　全介助		改善　維持　悪化	
金銭管理		**自立**　見守り　一部介助　全介助		改善　維持　悪化	
買物		自立　見守り　一部介助　**全介助**	②③	**改善**　維持　悪化	
コミュニケーション能力		支障なし　**支障あり**	①	**改善**　維持　悪化	
認知		**支障なし**　支障あり		改善　維持　悪化	
社会との関わり		支障なし　**支障あり**	②③	**改善**　維持　悪化	
褥瘡・皮膚の問題		**支障なし**　支障あり		改善　維持　悪化	
行動・心理症状（BPSD）		**支障なし**　支障あり		改善　維持　悪化	
介護力（家族関係含む）		支障なし　**支障あり**		改善　**維持**　悪化	
居住環境		支障なし　**支障あり**	③	**改善**　維持　悪化	
				改善　維持　悪化	

見通し　※5	生活全般の解決すべき課題（ニーズ）【案】	※6
②によりふらつきがあり歩行不安定になっており、転倒を繰り返している。以前転倒し骨折したことから、転倒骨折の不安が大きいが、（1）をすることで改善できる見通しである。	転倒を繰り返したくない。	1
②③により屋外移動が困難な状態であるが、（1）により移動距離をのばしたり、（2）（6）をすることで改善する見通しである。	地域の行事に参加して同年代の人と交流したい。	2
②③により屋外移動が困難なため、買い物ができない状態であるが、買い物支援を受けつつ、（1）（2）をすることで改善する見通しである。	自分で選んで買い物をしたい。	3
②により長時間の起立ができないが、（2）（4）をすることで改善する見通しである。	自分で調理をしたい。	5
②により立位保持が困難であるが、（2）（4）をすることで改善する見通しである。	掃除をできるようにしたい。	6
②により浴室内の移動が困難である。また、④により洗身・洗髪ができない状態であるが、（3）をすることで改善する見通しである。	お風呂に入りたい。	4
①により発語が不明瞭なことがあるが、（5）（6）をすることで改善する見通しである。	スムーズに会話したい。	7

第 1 表

居宅サービス計画書（1）

作成年月日　　　年　月　日

初回・紹介・継続　　認定済・申請中

利用者名　仙波　正子　殿　　生年月日　　年　月　日　　住所

居宅サービス計画作成者氏名　　居宅介護支援事業者・事業所名及び所在地

居宅サービス計画作成（変更）日　　年　月　日　　初回居宅サービス計画作成日　　年　月　日

認定日　　年　月　日　　認定の有効期間　　年　月　日　～　　年　月　日

要介護状態区分	要介護１　・　要介護２（circled）　・　要介護３　・　要介護４　・　要介護５
利用者及び家族の生活に対する意向	（利用者）転ばないように注意している。自宅で家事をこなしたり、同年代の人と交流を図りたい。 （家族：次男）施設に入ると、経済的にも大変です。けがをしないようにして、今の生活を続けてほしいと思います。
介護認定審査会の意見及びサービスの種類の指定	なし
総合的な援助の方針	これからも安全にご自宅での生活が継続できるように、下記を行い支援させていただきます。 ・転ばず移動し、立位保持もできるように体幹バランスを強化するリハビリテーションを定期的に行います。 ・他者との交流や、調理などこれまでどおりにできることで日常生活の活性化を図り生活意欲の向上を目指していきます。 ・入浴や買い物など、できないことを支援し困りごとに対応します。 ・安全に移動できる環境を整備します。 ・スムーズにコミュニケーションが取れることを目指していきます。
生活援助中心型の算定理由	1．一人暮らし　　2．家族等が障害、疾病等　　3．その他（　　　　　　）

第 2 表

居宅サービス計画書（2）

利用者名　仙波　正子　殿　　　　　　　　作成年月日　　　年　　月　　日

生活全般の解決すべき課題（ニーズ）	目標：長期目標	（期間）	目標：短期目標	（期間）	援助内容：サービス内容	※1	サービス種別	※2	頻度	期間
転倒を繰り返したくない。	転倒を恐れずに暮らせる。		立位、起居動作時の体幹バランスが向上する。		立位動作、起居動作訓練および体幹バランス強化訓練、自宅でできる体操の指導	○	通所リハビリテーション			
					4点杖貸与	○	福祉用具貸与			
					適度な運動をする		本人			
地域の行事に参加して同年代の人と交流したい。	地域の行事に参加して同年代の人と交流できる。		地域の人が遊びに来てくれる。		友愛訪問		地域住民 老人会会員 民生委員			
			15m程度歩けるようになる。		移動動作評価および訓練	○	通所リハビリテーション			
			玄関の上り下りができるようになる。		上がりかまちの段差解消	○	住宅改修			
					段差昇降訓練	○	通所リハビリテーション			
自分で選んで買い物をしたい。	近所のスーパーで買い物ができる。		買うものを選んで頼める。		購入品選定、伝達		本人			
					依頼品の購入	 ○	家族 訪問介護			
			カートを押して動けるようになる。		買い物を想定した移動訓練	○	通所リハビリテーション			
お風呂に入りたい。	お風呂でさっぱりすることができる。		身体状況に合った浴室が使える。		浴室内移動の見守り	○	通所リハビリテーション			
					洗身、洗髪介助	○	通所リハビリテーション			
					洗える部分の洗身		本人			
					入浴できない場合の清拭介助	○ ○	通所リハビリテーション 訪問介護			
			自分で洗える場所が増える。		左肩関節の可動域訓練	○	通所リハビリテーション			

第 2 表

居宅サービス計画書（2）

利用者名 仙波 正子 殿　　　　作成年月日　　年　月　日

生活全般の解決すべき課題（ニーズ）	目標				援助内容					
	長期目標	（期間）	短期目標	（期間）	サービス内容	※1	サービス種別	※2	頻度	期間
自分で調理をしたい。	自宅で調理ができる。		座って下ごしらえができる。		椅子に座って調理		本人			
					座位バランス強化訓練	○	通所リハビリテーション			
					固い野菜を切る等できない下準備	○	訪問介護			
					味つけ		本人			
			立位時間がのびる。		台所での作業を想定した立位訓練	○	通所リハビリテーション			
掃除をできるようにしたい。	自分で掃除ができる。		掃除道具を持って立っていられる。		物を持った状態での立位訓練	○	通所リハビリテーション			
			掃除の手伝いができる。		できる範囲での掃除		本人			
					掃除機等を使用した掃除支援	○	訪問介護			
スムーズに会話したい。	スムーズに会話ができる。		声の出し方が明瞭になってくる。		言語療法	○	通所リハビリテーション			
			会話を補完する方法が増える。		コミュニケーション手段の検討と提案	○	通所リハビリテーション			

※1 「保険給付の対象となるかどうかの区分」について、保険給付対象内サービスについては○印を付す。
※2 「当該サービス提供を行う事業所」について記入する。

情報分析の手順の解説

転倒のリスク

本文の情報に該当する「仙波さんの情報」の項目（42〜43頁）

仙波さんは、転倒、骨折をしたことで多くの生活動作が困難になっていることや転倒を繰り返していることで日常的に転倒の不安を抱えているため、まずは転倒のリスクについてみていきましょう。

健康状態

まず、仙波さんの生活の支障に大きく影響を与えている「右半身麻痺」と「麻痺側の灼熱感としびれ」、「自宅で転倒し、麻痺側を骨折」「転倒の頻度が高くなり……」という点に着目します。

主訴

ここでいわれている骨折とは「右大腿骨頸部骨折」です。**転倒を繰り返している**ということは、今後もそのリスクが予測されます（「転倒」に「！！」をつける）。そして、その原因を考えると**バランスの低下**が想定されます。

なぜなら、「装具を装着し、４点杖歩行」という状況から、荷重ができず、装具を使用し、膝折れなどを防止している程度の麻痺があると考えられ、明らかに体幹バランスが低下していることがわかるからです（図１）。

図１

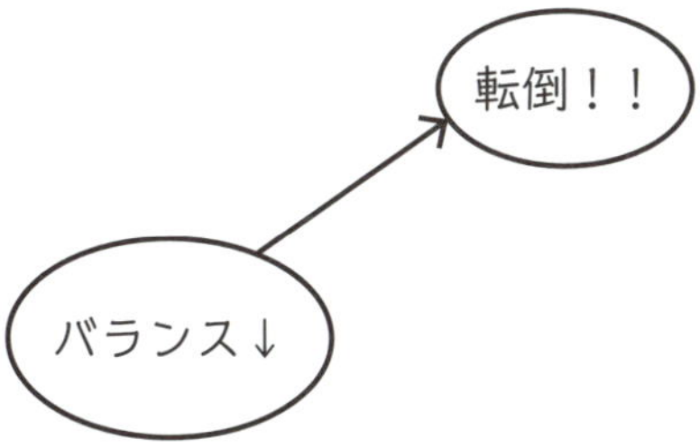

バランス低下の影響

健康状態

既往歴／現病歴

バランスが低下している原因は、前述の「**脳出血後遺症**による**右半身麻痺**」「**灼熱感としびれ**」「**右大腿骨頸部骨折**」が影響していると予測できます（図２）。

図２

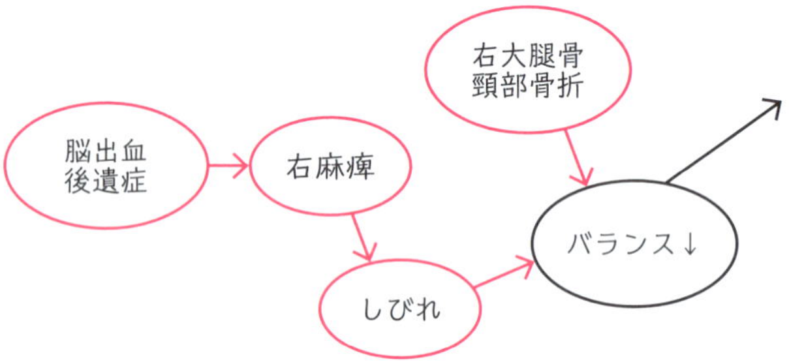

社会との関わり

また、バランスの低下は転倒のリスクだけでなく**歩行状態の低下**も引き起こします。よって、これまでできていた**地域行事への参加や買い物などの外出ができなくなっている**ようです。

ADL

IADL

また、外出ができないことは歩行状態の低下以外にも**玄関の上がりかまちが高く段差昇降がうまくできない**ことも影響していると考えられます（図３）。

図３

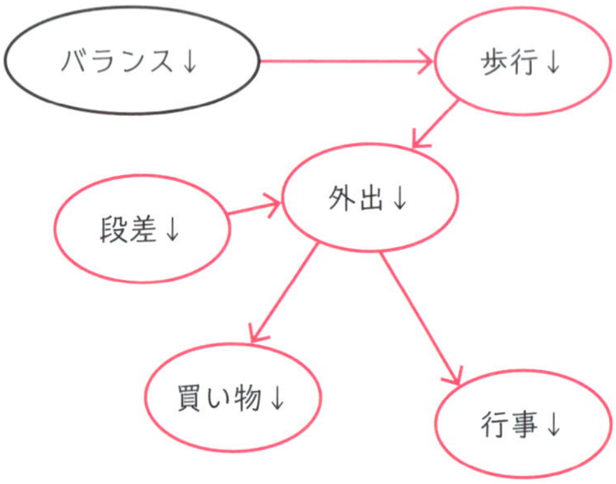

ADL

IADL

他にも**バランス低下**により座位からの**起立動作も不安定**で支えを要するようです。それによって、**調理**と**掃除**も支援を要するようになっています（図４）。

図4

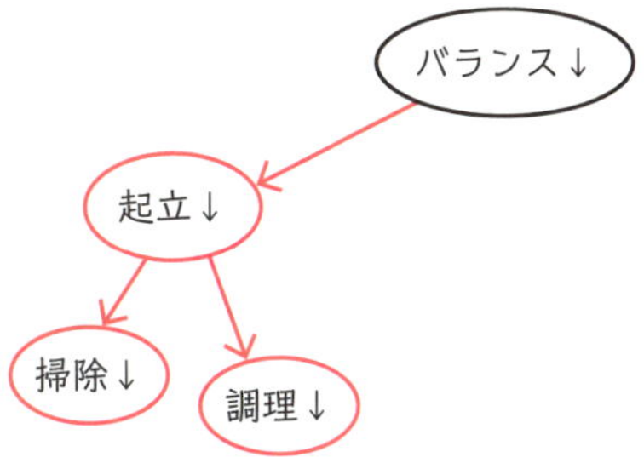

入浴ができない

次に入浴に着目します。なぜ自宅で入浴ができないのかの原因を探ると、「浴室に**手すりがつけられない**構造」ということと、「浴槽が滑りやすい」ことがあり、その他に「**左肩関節炎**により**可動制限（拘縮）**があり**洗身動作ができない**」ということも原因として考えられます（図5）。

居住環境

ADL

図5

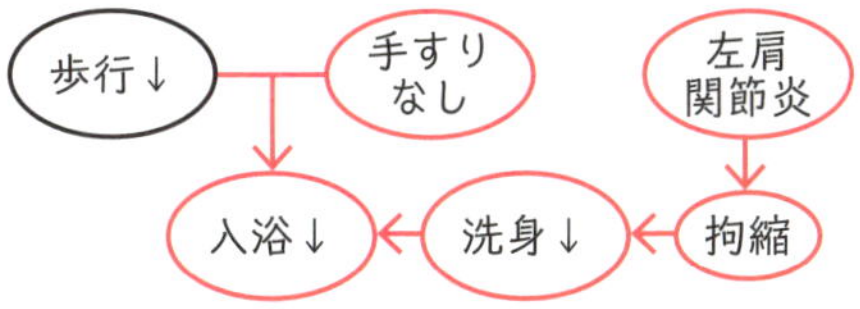

コミュニケーション能力

次に「構音障害があり、意思は伝えられるが聞き取りにくいので筆談のときもある」と記載があります。つまり、仙波さんは**構音障害**の影響で、**コミュニケーションにストレス**を感じていることがわかります。

構音障害の原因は**脳出血後遺症**であると考えられます（図6）。

コミュニケーション能力

既往歴／現病歴

図6

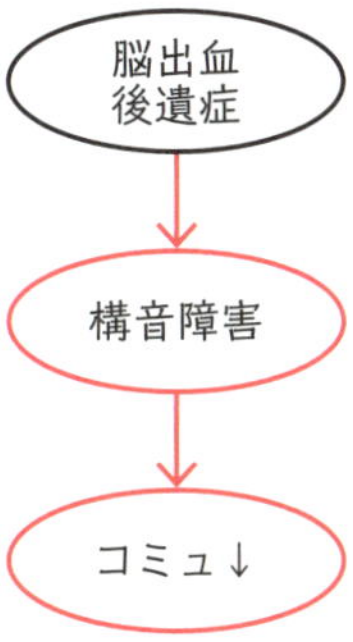

主観的事実の分析

仙波さんは、「転倒についての不安」があるのと同時に「転倒を繰り返したくない」と言っています。また、行けなくなった地域の行事に参加し、同年代の人と交流したい、自分で選んで買い物をしたいという希望をもっているようです。

さらにお風呂に入りたい、調理は自分でしたい、掃除も自分でしたい、スムーズに会話をしたいと思っているようです（図７）。

チャートには例えば「掃除↓」に対し該当する「掃除をできるようにしたい」という相反する思いを「─W─」でつなぎます。これを、それぞれ行っていきます。

図７

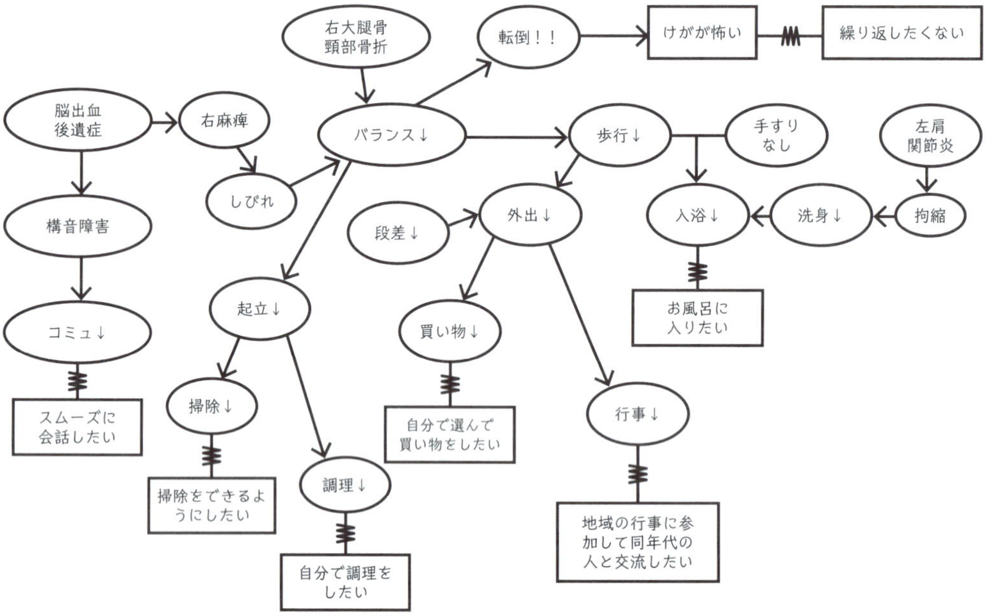

ケアプランに展開する

今回の分析で、ニーズを７つ確認することができました。

ニーズ１）転倒を繰り返したくない

転倒の原因である右半身麻痺としびれについては、後遺症の症状も固定していることから改善は困難と予測されます。よって短下肢装具を装着した状態での体幹バランスが低下していることについて**立位、起居動作時の体幹バランスが向上する**と転換し、短期目標として設定します。

ニーズ２）地域の行事に参加して同年代の人と交流したい

原因の１つにバランスの低下がありますが、これはニーズ１の短期目標として検討されていますので、ここでは記載しません。

もう１つの原因である歩行状態の低下はどうでしょうか。現状、短下肢装具を使用して休まず10m程度の歩行が可能とのことですから、地域の行事が行われている場所までの距離を計測し、目標値を定めていきましょう。

ここでは**15m程度歩けるようになる**と転換し、短期目標として設定します。

また、玄関の上がりかまちの段差があることについて**玄関の上り下りができるようになる**と転換し、短期目標として設定していきます。

他にも、外出できないけれども、その間は**地域の人が遊びに来てくれる**という短期目標もあわせて設定していきます。

ニーズ３）自分で選んで買い物をしたい

このニーズの原因は、ニーズ２と同様です。したがって、買い物に行くスーパー等の場所を把握し、目標値を決め、**カートを押して動けるようになる**という短期目標を設定していきます。

あわせて**買うものを選んで頼める**という短期目標を設定し、訓練期間中の買い物が担保できるようにしていきます。

ニーズ4）お風呂に入りたい

自宅での入浴は、そもそも手すりが設置できない環境であることを考えると、これをすぐに改善することが困難であることが想定されます。また、左肩の拘縮もすぐに改善できるとは思えません。このことから、洗身の動作を少しでも再獲得できるように**自分で洗える場所が増える**と転換するとともに**身体状況に合った浴室が使える**という短期目標を設定し、訓練期間中の入浴も担保できるようにしていきます。

ニーズ5）自分で調理をしたい

調理ができないのは、バランスの低下が原因の１つです。バランスはニーズ１で検討したので、その先の座位からの起立動作の低下について検討します。

また、調理を行っていくために、どの程度立っていられる必要があるのか、どのような動作を要するのかをリハビリテーションで評価、把握していくことを前提に**立位時間がのびる**と転換し、短期目標とします。また、**座って下ごしらえができる**という短期目標を設定し、訓練をしている間も調理が行えるようにしていきます。他に台所の環境を変化させることで解消されることがあるのかもあわせて検討し、目標として設定する視点も先々必要でしょう。

ニーズ6）掃除をできるようにしたい

掃除は、ニーズ５と同様の原因です。掃除を行うためにどの程度立っていられる必要があるのか、どのような動作を要するのかをリハビリテーションで評価、把握していくことを前提に**掃除道具を持って立っていられる**という短期目標とします。他と同様に訓練期間中にも掃除ができるよう**掃除の手伝いができる**という短期目標を設定し、協働作業につなげていきます。環境の調整はニーズ５同様に検討します。

ニーズ7）スムーズに会話したい

このニーズの原因は構音障害です。これが改善するかどうかの判断は容易ではないですが、現状、コミュニケーションができていないわけではないという点を踏まえて、改善の可能性があると判断します。

まず、ストレスを解消することが必要と考え、コミュニケーション手段の検討をし、能力の補完ができる目標設定をしていきます。ここでは**会話を補完する方法が増える**という短期目標とします。あわせて能力そのものの向上が目指せるように**声の出し方が明瞭になってくる**という短期目標も設定します。

以上のような方針に沿って、図８の赤で囲んだ情報を短期目標にケアプランを作成します。

図８

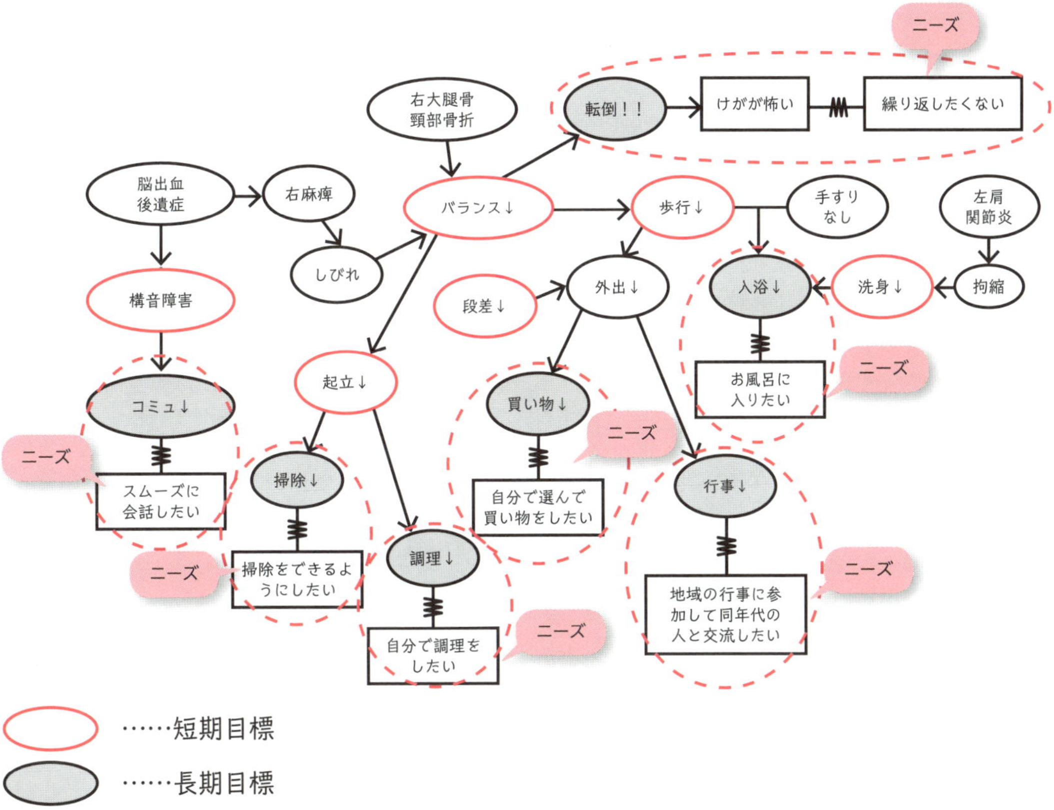

事例 2　最期のときを家族とともに生きることを選択した利用者の事例

板倉さんの情報

基本情報に関する項目			
氏名 （年齢・性別）	板倉蘭 （54歳・女性）	要介護度等	介護保険申請中
障害高齢者の日常生活自立度	Ｃ１	認知症高齢者の日常生活自立度	自立
利用しているサービスの状況	なし。	既往歴／現病歴	８年前に乳がんの診断。 代替療法を行い、乳がん末期状態。
受診・通院の状況	８年前に乳がんの診断を受けたが以降は受診していない。	入院歴	なし。
世帯状況（介護の状況）	夫、長男と３人暮らし	経済状況	社会保険、夫の収入
これまでの生活歴	関東出身。大学を卒業し、地元の銀行員として勤務。25歳で大学生時代から付き合っていた夫と結婚し、27歳で出産。その後も勤務を続けていたが、47歳のとき会社の検診で乳がんがわかり、治療に専念するために退職。治療はずっとゲルソン療法やマクロビオティック等の食事を中心に行い、医療機関への受診はしていなかった。 趣味はフラワーアレンジメントで、乳がんの発症後も、月１回の教室に２か月前まで通っていた。		
現在の生活状況	３か月程前より、右乳房に皮膚の発赤や痛みを感じ出した。１か月前より潰瘍化が進んでいる。全身の倦怠感や痛みも増し、臥床する時間が長くなっている。代替療法も行っているというクリニックを家族が探し受診するが積極的な治療はできないことと、通院もできる体力がないことから、訪問診療医の紹介を受ける。 日常生活の介護は、長男が介護休暇を取り、全面的に担っている。近所に住む本人の姉の訪問もある。		
主訴	本人：もう色々なことをやってきました。悔いはありません。でも、こんなに痛みがあると早く楽になりたいと思います……。残された時間を穏やかに過ごしたいと思います。 夫：代替療法のみを行うことは、家族としても了承していた。少しでも長く生きてほしい。 長男：母が望むように介護してあげたい。介護も初めてで、体の動かし方や食事のことをどうしていけばよいかを、教えてもらいたい。		

課題分析（アセスメント）理由	立つことも歩くこともできず、急いで介護用ベッドを手配してもらえないかと訪問診療医より連絡が入り依頼受理。介護保険未申請。在宅看取り希望のため初回アセスメント。
課題分析（アセスメント）に関する項目	
健康状態	乳がん末期・骨転移・肺転移 乳がん自壊創による黄色の滲出液出血・出血あり。 るいそう著明（147㎝、30kg、BMI：13.8） 全身の倦怠感や持続性の痛み、突出痛あり。疼痛緩和のため、フェントステープ４㎎を１日１回貼り替え。痛みが強いときは、アブストラル舌下錠100μgを１日３回まで使用可である。 検温時は37℃台前半。安静時でもやや息苦しさがある。
ＡＤＬ	１か月程前、入浴中に転倒。その後、寝返り、起き上がり、座位保持ができず、ほぼ全介助。入浴も行えず、長男が毎日清拭を行っている。洗髪はドライシャンプーで対応。本人より、お湯を使っての洗髪の希望がある。 食事は、ソファで臥床したまま介助で摂取。
ＩＡＤＬ	家族が全面的に支援。 スマートフォンにかかってきた電話に出て話をすることはある。
認知	問題なし。
コミュニケーション能力	うとうとしていることがあるが、覚醒しているときの意思の疎通は問題ない。
社会との関わり	フラワーアレンジメントの教室に通っていたときの特に仲の良かった２人にのみ、診断名を伝えている。その２人から週に１回程度電話がかかってくるが、乳がん自壊創からの臭いを気にして「会いたくない」と見舞いは断っている。
排尿・排便	排尿・排便ともに全介助（おむつ）。 排尿は１日４～５回。排便は２～３日に１回で軟便あり。
じょく瘡・皮膚の問題	仙骨部表皮剝離あり。 乳がん自壊創からの滲出液や出血、悪臭あり。１日１回は洗浄し、プロペト軟膏を塗布。出血時にはアルト（アルギン酸ナトリウム剤）を使用。
口腔衛生	介助でうがいや歯みがきをしている。 嚥下障害なし。
食事摂取	プリンやヨーグルト、野菜ジュース、スープ類を中心に摂取。食欲はなく、１回の食事量も少ないが、点滴などはしたくないと経口での食事の摂取を希望している。
問題行動	問題なし。
介護力	夫は７時頃から19時頃まで出勤。長男は会社と交渉し、３か月間の長期休暇を取得し介護にあたっている。週末ごとに本人の姉の面会あり。
居住環境	自宅は持ち家。 寝室は２階だが階段の昇降ができない状況にあり、「家族の声が聞こえるから」とリビングにベッド設置を希望。 初回訪問時は、１階リビングにあるソファベッドで休んでいた。
特別な状況	医師から、本人には「かなり厳しい状況」とのみ説明。夫、長男には、予後１か月程度と説明。本人、家族とも、疼痛緩和のための薬剤の使用の希望はあるが、緩和ケア病棟も含めた入院や点滴治療の希望はないことを確認。
その他	

板倉さんのアローチャート

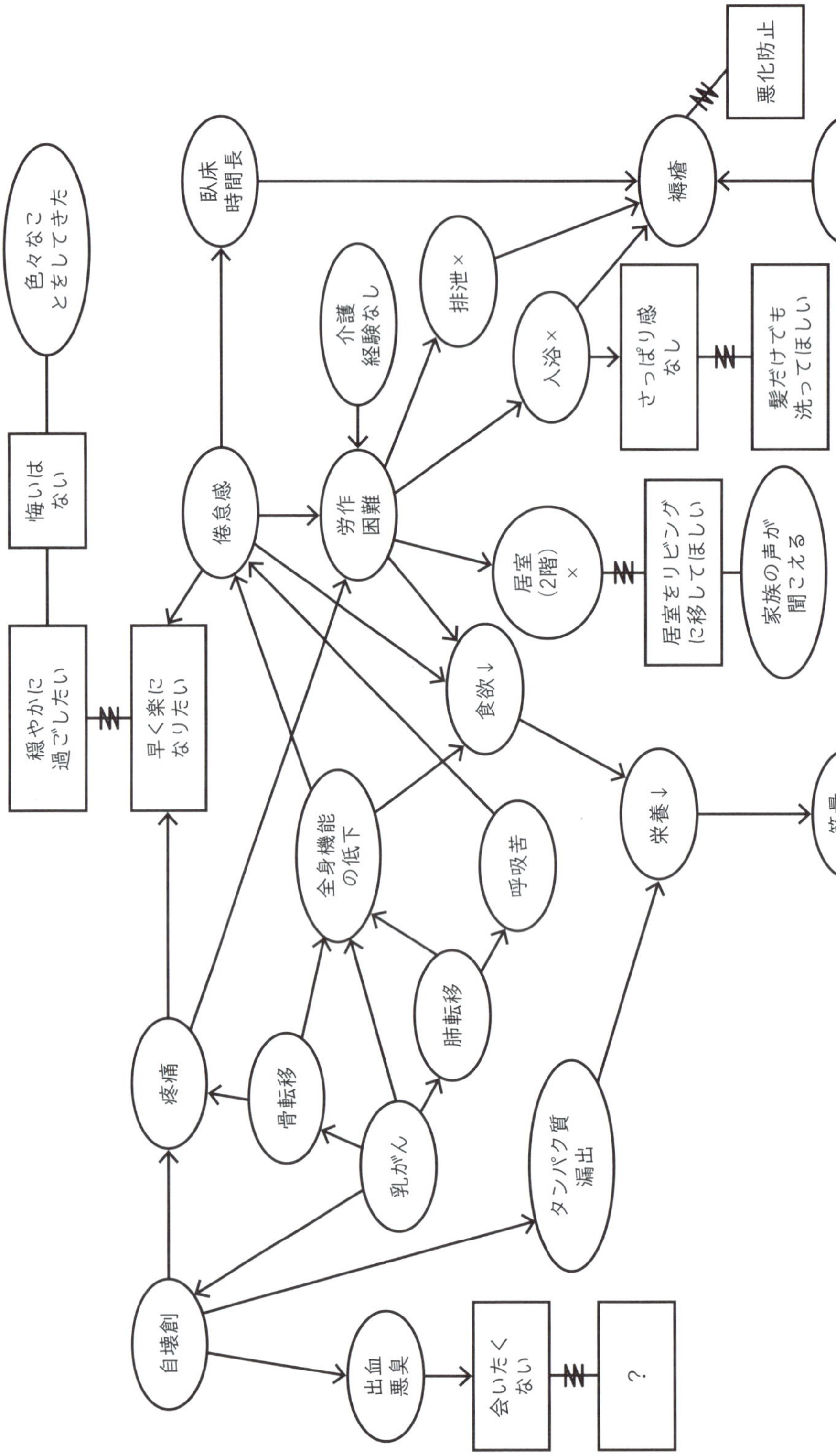

課題整理総括表

利用者名　板倉　蘭　殿　　　　作成日　　／　　／

自立した日常生活の阻害要因（心身の状態、環境等）			
	①疼痛	②呼吸苦	③（自壊創）出血・悪臭
	④介護未経験	⑤療養環境未整備	⑥

利用者及び家族の生活に対する意向	
	本人：穏やかに過ごしたい。 長男：母の思うように介護したい。

状況の事実 ※1		現在 ※2	要因※3	改善/維持の可能性※4	備考（状況・支援内容等）
移動	室内移動	自立　見守り　一部介助　**全介助**	①②	改善　**維持**　悪化	
	屋外移動	自立　見守り　一部介助　**全介助**	①②	改善　**維持**　悪化	
食事	食事内容	支障なし　**支障あり**	①②	改善　維持　**悪化**	プリンやスープなどが主。
	食事摂取	自立　見守り　一部介助　**全介助**	①②	改善　**維持**　悪化	
	調理	自立　見守り　一部介助　**全介助**	①②	改善　**維持**　悪化	
排泄	排尿・排便	**支障なし**　支障あり		改善　維持　悪化	
	排泄動作	自立　見守り　一部介助　**全介助**	①②③④	改善　**維持**　悪化	体動時痛みあり。
口腔	口腔衛生	**支障なし**　支障あり		改善　維持　悪化	
	口腔ケア	自立　見守り　一部介助　**全介助**	①②	改善　**維持**　悪化	
服薬		自立　見守り　一部介助　**全介助**	①②	改善　**維持**　悪化	吐き気を予防するため貼付剤を使用。
入浴		自立　見守り　一部介助　**全介助**	①②	**改善**　維持　悪化	
更衣		自立　見守り　一部介助　**全介助**	①②	改善　**維持**　悪化	
掃除		自立　見守り　一部介助　**全介助**	①②	改善　**維持**　悪化	家事は家族が担っている。
洗濯		自立　見守り　一部介助　**全介助**	①②	改善　**維持**　悪化	
整理・物品の管理		自立　見守り　一部介助　**全介助**	①②	改善　**維持**　悪化	
金銭管理		自立　見守り　一部介助　**全介助**	①②	改善　**維持**　悪化	
買物		自立　見守り　一部介助　**全介助**	①②	改善　**維持**　悪化	
コミュニケーション能力		**支障なし**　支障あり		改善　維持　悪化	
認知		**支障なし**　支障あり		改善　**維持**　悪化	
社会との関わり		支障なし　**支障あり**	①②③	改善　**維持**　悪化	
褥瘡・皮膚の問題		支障なし　**支障あり**	③	改善　維持　**悪化**	1日1回は洗浄・処置が必要。
行動・心理症状（BPSD）		**支障なし**　支障あり		改善　維持　悪化	
介護力（家族関係含む）		支障なし　**支障あり**	①②③④	**改善**　維持　悪化	夫・長男とも介護未経験。
居住環境		支障なし　**支障あり**	⑤	**改善**　維持　悪化	1階にあるソファで寝起き。
				改善　維持　悪化	

見通し ※5	生活全般の解決すべき課題（ニーズ）【案】	※6
①持続痛と、おむつ交換時などの体動時などの突出痛とがある。痛みの程度を観察し、医師と相談しながら貼付剤の投与量を評価。労作を伴う処置を行う際は、屯用の痛み止めを使用し、疼痛緩和に努める。 ②肺転移に伴う換気障害。楽に呼吸ができるよう、ギャッチアップやポジショニングの工夫を行う。 ③1日1回は創部の洗浄・処置を行い、感染を防止。創処置後は、換気を行うなどして、気持ちよく過ごせるようにする。 ④長男に体位変換や食事介助の方法などの指導を具体的に行い、介護の仕方に対する不安を軽減する。 ⑤1階リビングに療養環境を整え、家族の声が聞こえるなかで安心して過ごすことができるようにする。	自宅で残された時間を穏やかに過ごしたい。	1
	褥瘡を悪化させない。	4
	居室を1階に移して生活を送りたい。	3
	髪だけでも洗って、さっぱりとしたい。	2
	胸の創部の清潔を保ち、悪化を予防する。	5

第 1 表

居宅サービス計画書（1）

作成年月日　　年　月　日

初回・紹介・継続　　認定済・申請中

利用者名　板倉　蘭　殿　　生年月日　　年　月　日　　住所

居宅サービス計画作成者氏名　　居宅介護支援事業者・事業所名及び所在地

居宅サービス計画作成（変更）日　　年　月　日　　初回居宅サービス計画作成日　　年　月　日

認定日　　年　月　日　　認定の有効期間　　年　月　日　～　　年　月　日

要介護状態区分	要介護 1　・　要介護 2　・　要介護 3　・　要介護 4　・　要介護 5
利用者及び家族の生活に対する意向	（利用者）残された時間をこの家で穏やかに過ごしたい。 （家族：夫）もう少し、頑張ってほしい。 （家族：長男）できるだけ穏やかに過ごしてほしいと思います。
介護認定審査会の意見及びサービスの種類の指定	なし。
総合的な援助の方針	ご本人の生活へのご意向をできる限り確認し、それに沿えるようケアを行えるようにします。 ご本人、ご家族の病状の変化等に対する不安を少しでも和らげることができるよう、医療関係者とも情報共有を図り支援をしていきます。 緊急時にはすぐに対応ができるよう、連絡調整を図ります。
生活援助中心型の算定理由	1．一人暮らし　2．家族等が障害、疾病等　3．その他（　　　　）

第　2　表

居宅サービス計画書（2）

利用者名　板倉　蘭　殿　　　　　　　　作成年月日　　　　年　　月　　日

生活全般の解決すべき課題（ニーズ）	目標				援助内容					
	長期目標	（期間）	短期目標	（期間）	サービス内容	※1	サービス種別	※2	頻度	期間
自宅で残された時間を穏やかに過ごしたい。	最期のときを家族とともに過ごすことができる。		痛みや身体のだるさを和らげることができる。		・診察と症状に合わせた処方 ・疼痛コントロール ・療養上の相談・指導 ・緊急時の対応 ・薬剤使用の介助・管理 ・呼吸が楽にできる体位の工夫 ・おむつ交換や体位変換時には痛みに配慮し、声をかけたりさすったりしながら行う ・家族からの介護の相談に応じる ・介護方法などについて具体的に指導を行う		訪問診療 居宅療養管理指導 訪問看護			
			少しでも好きなものを食べることができる。		・食材の選択 ・食事介助 ・食事の工夫などの相談に乗る ・口腔ケアの実施 ・口腔ケアの実施方法に対する指導・助言		家族 訪問看護			
髪だけでも洗って、さっぱりとしたい。	さっぱりとして過ごすことができる。		髪を洗ってさっぱりとできる。		・ベッド上での洗髪の実施		訪問看護			
			身体の清潔を保ち、気持ちよく過ごすことができる。		・体調により清拭や部分浴を行う ・おむつ交換		訪問看護 家族			
居室を1階に移して生活を送りたい。	1階で家族と一緒に過ごすことができる。		安楽にベッド上で過ごすことができる。		起居動作等が1人ではできないため… ・ギャッチアップや膝上げ機能があり、状況に合わせセットができる特殊寝台の選定・貸与 ・寝返り時等に身体を支えることができたり、布団がずり落ちないようにするための手すりの選定・貸与 ・食事をするときなどに介助しやすい介護テーブルの選定・貸与	○	福祉用具貸与			

第 2 表

居宅サービス計画書（2）

利用者名　板倉　蘭　殿　　　　　作成年月日　　　年　　月　　日

生活全般の解決すべき課題（ニーズ）	目標				援助内容					
	長期目標	（期間）	短期目標	（期間）	サービス内容	※1	サービス種別	※2	頻度	期間
褥瘡を悪化させない。	皮膚の状態をよい状態で保つことができる。		仙骨部の表皮剥離が治癒する。		・自分で身体の向きを自由に変えることができないため、体圧を分散する床ずれ防止用具の選定・貸与 ・体位変換 ・褥瘡部の観察と状況に応じた処置を行う	○	福祉用具貸与 家族 訪問看護			
胸の創部の清潔を保ち、悪化を予防する。	創部の感染悪化を予防する。		創部からの出血や悪臭が少なくなる。		・創部の洗浄や軟膏での処置 ・滲出液などが多く見られたときの対応方法を家族に伝える		訪問看護 家族			

※1　「保険給付の対象となるかどうかの区分」について、保険給付対象内サービスについては○印を付す。
※2　「当該サービス提供を行う事業所」について記入する。

情報分析の手順の解説

がんの転移の影響

本文の情報に該当する「板倉さんの情報」の項目（56〜57頁）

健康状態

まず、現疾患である**乳がん**から起因して、転移を起こしている部位をアローチャートで表現すると図1のようになります。

図1

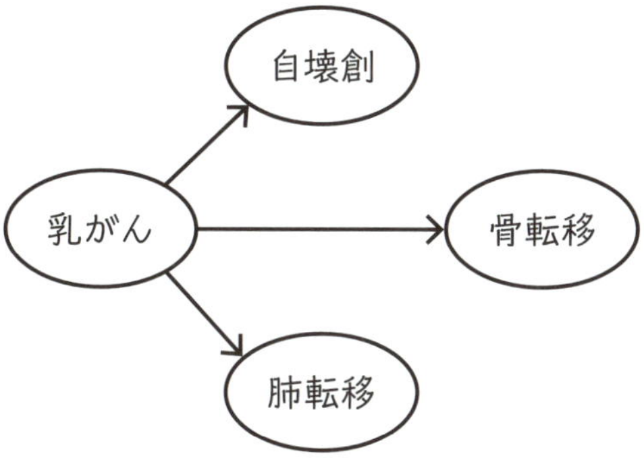

がんの末期の人の場合、痛みや倦怠感といった症状は、何か1つの原因のみから生じることは少ないです。ですから、先に、因果関係がはっきりしていると思われるものから考えていきます。

本ケースの場合は、**自壊創から生じる悪臭**や**出血**と、それに対しての板倉さんの「**会いたくない**」思いです。○と□をつなぐ場合、意味づけとしての──（直線）でつなぐこともありますが、今回の場合は、「会いたくない」の原因がはっきりしているため因果関係を意味する──→でつなぎます（図2）。

じょく瘡・皮膚の問題

社会との関わり

図２

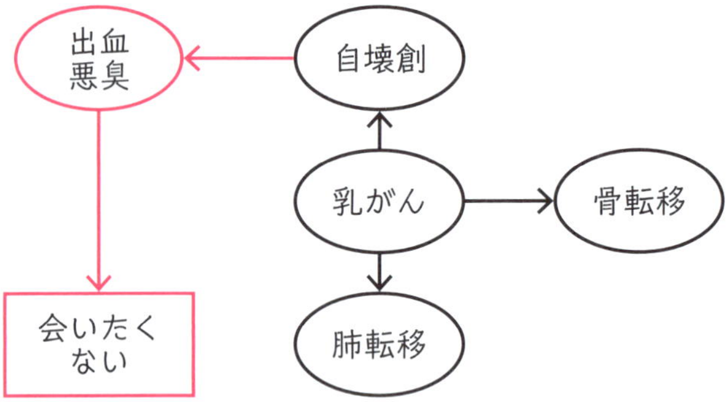

疼痛と倦怠感の影響

健康状態

次に、主症状の１つである**疼痛**についてです。痛みは、主に自壊創や骨転移に伴うものが生じていると考えられます（図３）。

図３

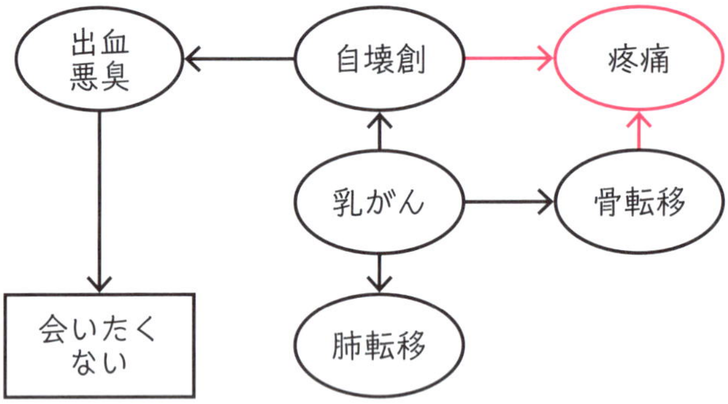

健康状態

もう１つの主症状である**倦怠感**が、どのような原因によって生じているかを考えてみます。

がんに伴う倦怠感がどのようなメカニズムで生じているのかは、医学的にもまだまだ解明に至っていないともいわれています。ですから病態生理にも絡んでくるような部分については、医師や看護師から意見を聞いてみるのもよいでしょう（図４）。

図4

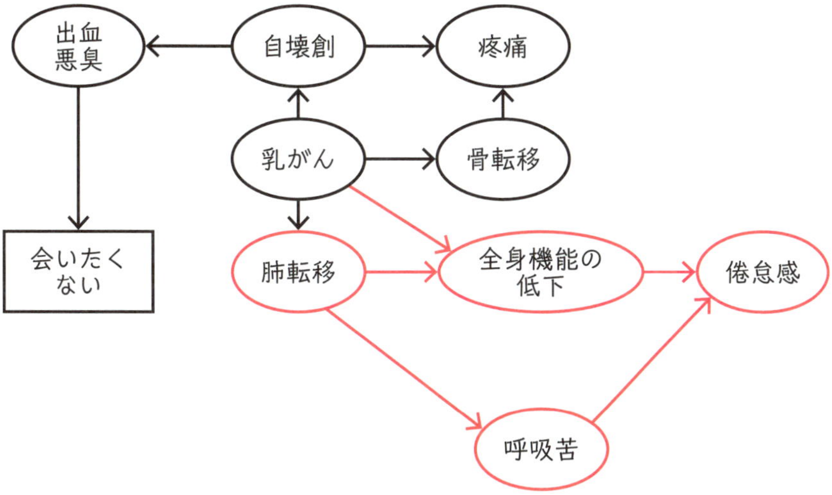

がんによる生活への影響

ここまでは、疾患により身体機能がどのような状態になっているかを分析してきました。これからは、それが生活にどのように影響しているかを考えていきます。

アローチャートを描く際の注意点としてですが、がんの末期ともなると、様々な生活機能に障害が現れますが、それが１つの原因から生じるとは限りません。そうなるとアローチャート上は──→が交差することが多くなってきます。しかし、今の段階ではそのことに臆せず、描き進めていきましょう。

さて、板倉さんにも、**居室のある２階で過ごすことができない**ことや、**入浴や排泄ができない**、**食事摂取ができない**といったことが生じています（図５）。

居住環境

排尿・排便

ADL

食事摂取

図5

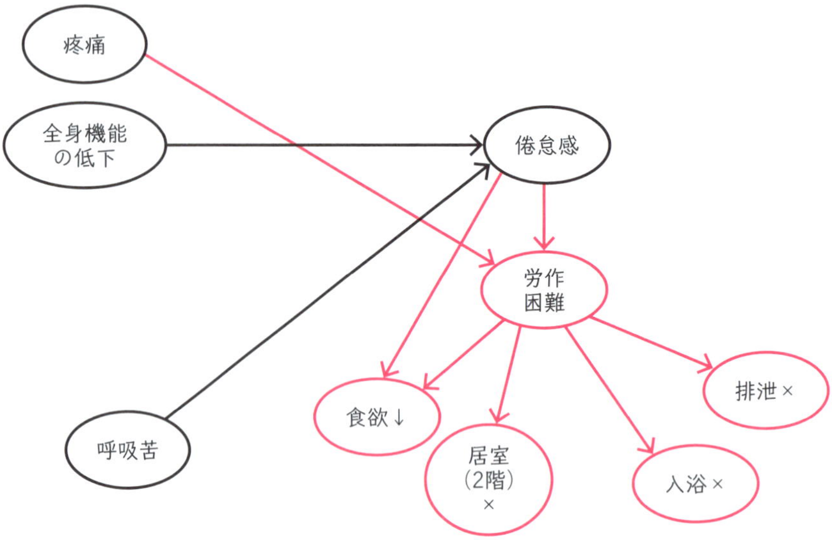

現在の生活状況

健康状態

じょく瘡・皮膚の問題

　さらに、生活機能の障害は**ベッド上での生活**を強いられていることにつながっています。また、栄養状態の悪化からの**筋量の低下や痩せ**と、それらによって**表皮剥離や褥瘡**も生じています（図6）。

図6

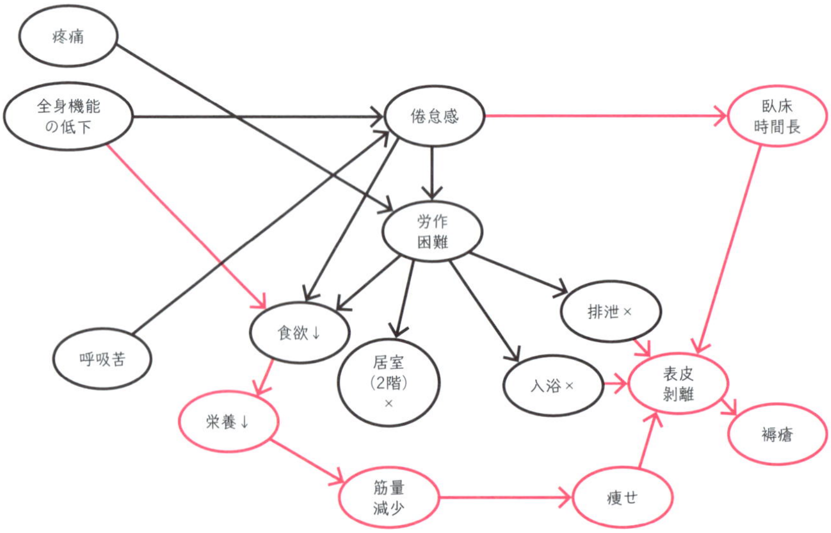

タンパク質の漏出と介護経験

板倉さんの病状を深刻にしている1つの原因が、皮膚転移による自壊創です。自壊創からの滲出液には多くのタンパク質が含まれています。そのため、栄養状態の悪化の原因になります。

そして、もう1つは、家族は介護が初めてで、板倉さんの体を動かす介助をうまくできない状況にあることです。そこで、「介護が初めて」ということは、今まで介護経験がないともいえますので「介護経験なし」と読み替え、板倉さんの労作が困難な原因としてアローチャートに描き入れます（図7）。

主訴

図7

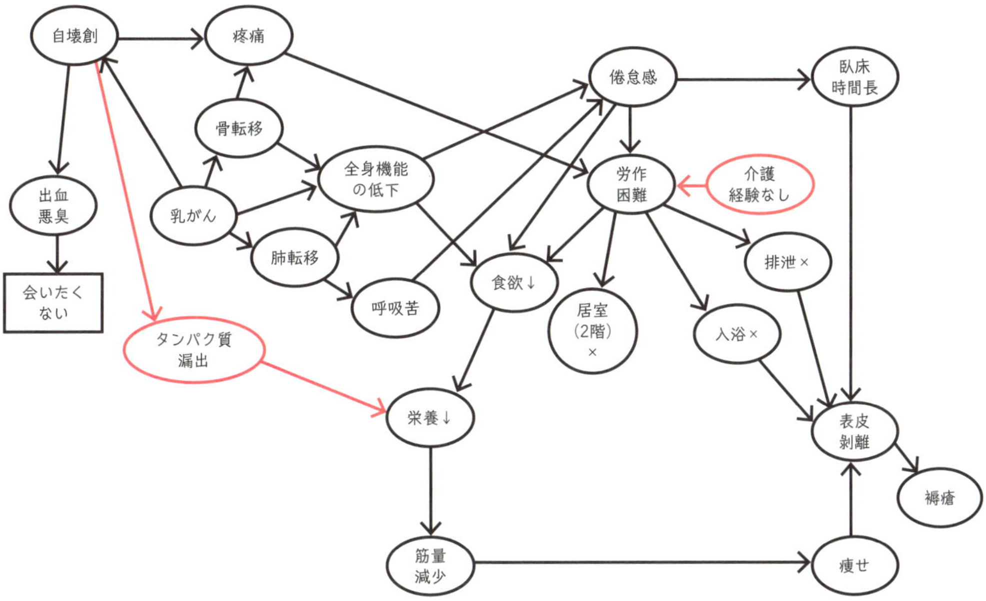

主観的事実の分析

板倉さんは、私たちにどのようなことを伝えているでしょうか。

主訴には、疼痛や倦怠感といったどうしようもなくつらい状況から「早く楽になりたい」という「死」を意識した思いと、「穏やかに過ごしたい」という「生」を意識した思いとが抗《あらが》っているように読み取れます。

そして「**穏やかに過ごしたい**」という思いの背景には「**色々なこと**

主訴

をやってきたので、悔いはない」といったことがあるようです。これらは因果関係というよりはそれぞれの情報の背景や意味としてとらえることができます（それぞれを「――」でつなぐ）（図8）。

図8

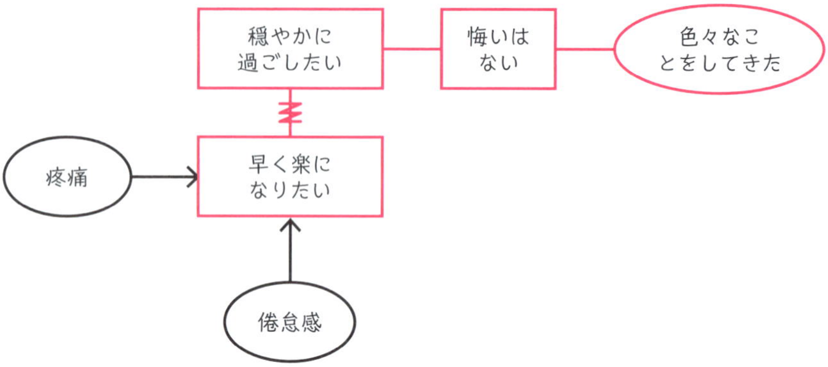

居住環境

ADL

また、生活機能面の低下に対し、「**居室を家族の声が聞こえるリビングに移してほしい**」や、入浴ができないことに対し「**せめて髪だけでも洗ってほしい**」ということを希望しています（図9）。

図9

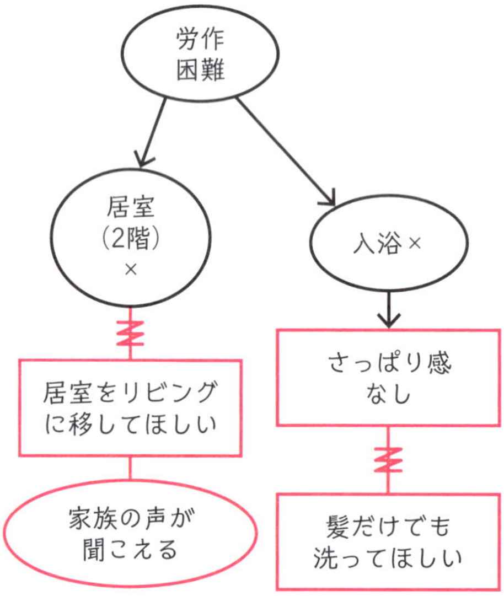

ほかに、自壊創の出血や悪臭を気にして「人に会いたくない」という訴えが確認できます。そのために親しい知人との面会も拒否しています。

しかし、板倉さんは本当はどう思っているのでしょうか。初回面接では、そこから先の思いまでを確認できていません。親しい人には会っておきたいという思いがあるかもしれません。そのため、ここではアローチャートに明確に記載せず（「？」を入れる）、後々の訪問時に確かめる必要があるでしょう（図10）。

図10

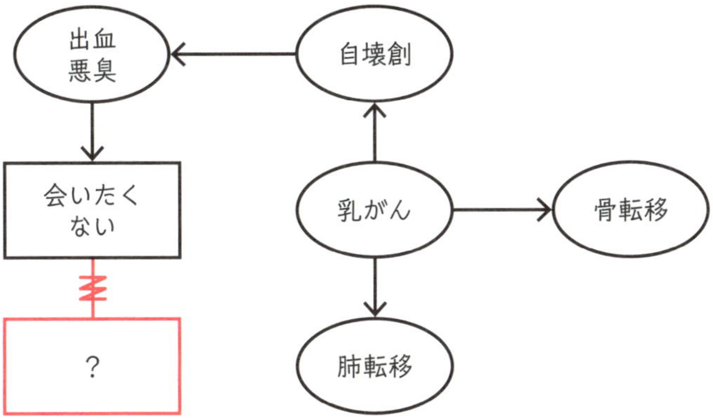

最後に、本人から訴えはないものの、専門職がかかわるからこそのリスクに対し、それを予防するためにニーズを確認する必要があるところを考え、ニーズとして記載します（図11・図12）。

図11

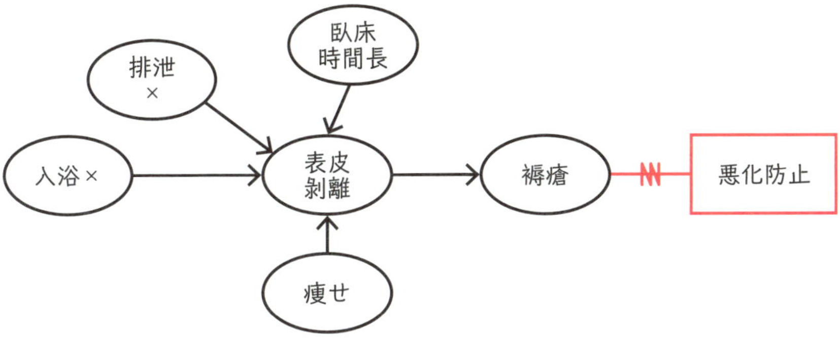

ケアプランに展開する

今回のアローチャートから、ニーズを５つ確認し、赤で囲んだ部分を短期目標にケアプランを作成しました（図12)。ニーズのうち、1、2、3は、本人からの思いに起因するニーズですが、4、5は、医療的側面から、ケアの必要性が欠かせないニーズとして考えました。

ニーズ１）自宅で残された時間を穏やかに過ごしたい

急速な病状の悪化から、自身も死を覚悟し、自宅での安らかな最期を望んでいます。これを長期目標にし、短期目標を２つ考えました。

原因のなかで、当然ながらがんやその転移を治すことはできません。しかし、疼痛のコントロールならば、場合によっては対処可能でしょう。そこで、短期目標の１つ目は**疼痛のコントロール**で体の痛みやだるさを和らげることとしました。

２つ目は、食事面です。食事面といっても、栄養を補給するためという観点からの支援ではなく、本人が点滴よりも経口からの食事摂取を希望していることから、**少しでも好きなものを食べることができる**ことを短期目標にしました。

ニーズ２）髪だけでも洗って、さっぱりとしたい

板倉さんは、本当なら入浴して、身体全部を清潔にさっぱりとしたいのだと思われます。しかし、それがかなわないなら「せめて」との思いでいます。そのため、望ましい状況とするための短期目標は**洗髪ができる**ことと**身体の清潔が保てる**こととしました。

ニーズ３）居室を１階に移して生活を送りたい

板倉さんは、体力の低下から、すでに２階の寝室には行くことができない状況にあり、活動範囲はベッド上に限られています。そのため、「居室×」については対処ができません。

そこで、その１つ前の「労作困難」の軽減を目的とし、**安楽にベッド上で過ごすことができる**ことを短期目標としました。

ニーズ4）褥瘡を悪化させない

ここからは、専門職として必要性を感じたニーズ設定です。もちろん利用者には、その見解を説明し、同意を得ることが必要です。

褥瘡を防止するにはその直接の原因となっている**表皮剝離改善**を短期目標にします。

ニーズ5）胸の創部の清潔を保ち、悪化を予防する

板倉さんの全身状態から、自壊創を治していくことはできません。しかし感染等を悪化させれば生命にかかわる問題となります。また、自壊創の処置は、痛みや出血などを伴うため、丁寧に処置を行う必要があります。

そのため、感染を防止することを長期目標に、**出血や悪臭が少なくなる**ことを短期目標として、医療関係者と処置方法を検討、手当することとしました。

図12

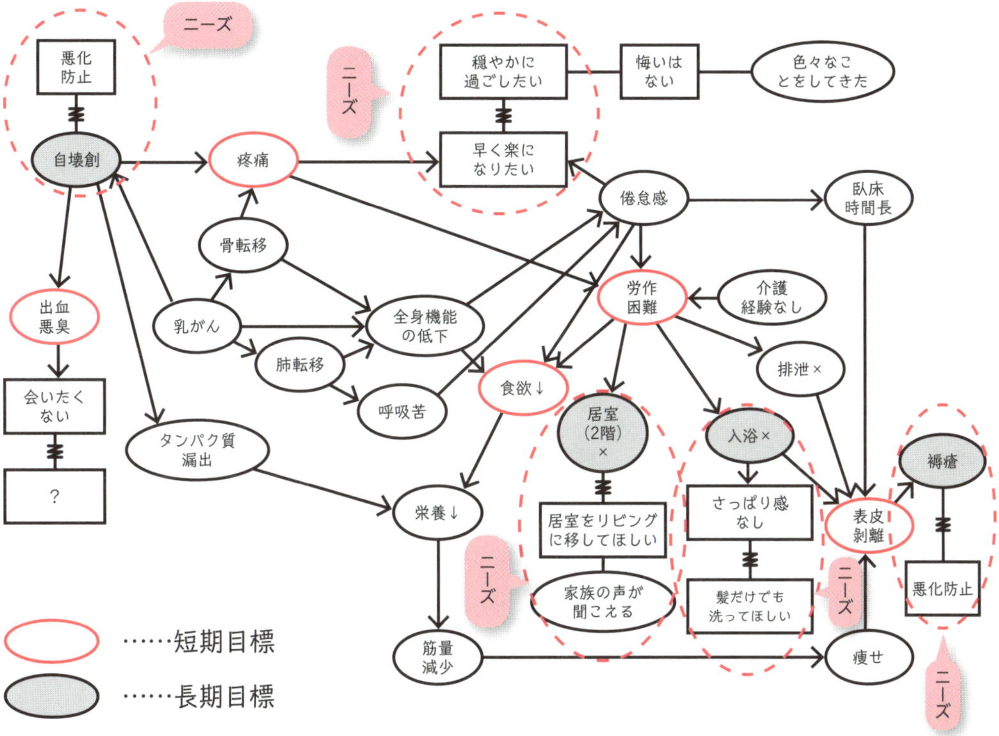

事例3 透析にならずに暮らし続けたい認知症の利用者の事例

吉田さんの情報

基本情報に関する項目			
氏名 （年齢・性別）	吉田佳子 （72歳・女性）	要介護度等	要介護１
障害高齢者の日常生活自立度	Ｊ１	認知症高齢者の日常生活自立度	Ⅱb
利用しているサービスの状況	訪問介護（週１回） 通所リハビリテーション（週２回） 居宅療養管理指導・福祉用具貸与	既往歴／現病歴	アルツハイマー型認知症 慢性腎不全 高血圧 脂質異常症
受診・通院の状況	内科、腎臓内科、精神科（月１回）	入院歴	交通事故外傷（左膝骨折）
世帯状況（介護の状況）	１人暮らし	経済状況	生活保護受給
これまでの生活歴	都内生まれ。４人兄弟の２番目。空襲で一家（三世代）で都内市部へ疎開。両親は洋服屋を営み家族総出で手伝い、景気がとてもよかった。私立高校卒業後、就職をし、仕事をしながら新聞配達をしていたところ、５歳下の夫と知り合い結婚。 夫は塗装業。26歳で長男を出産。28歳で次男を出産。52歳のとき、夫が47歳で病死。長男、次男は夫の塗装業を引き継いでいる。塗装業が経営的に厳しいときに、息子にお金を援助し、その後、生活が成り立たなくなり、生活保護申請。		
現在の生活状況	１人暮らし		
主訴	１人は寂しい。今以上動けなくなったら１人で暮らせなくなる。掃除ができないので手伝ってほしい。透析になりたくない。１人暮らしは寂しいので知人の家に遊びに出かけたい。次男に心配をかけたくない。		
課題分析（アセスメント）理由	透析導入のリスクが高まってきたため。		
課題分析（アセスメント）に関する項目			
健康状態	慢性腎不全による腎機能悪化によりシャント造設し透析寸前。 物忘れが増え主治医に相談した結果、初期のアルツハイマー型認知症と診断。服薬や食事制限の管理などができていない。倦怠感が強く、徐々に外出の機会が減っている。		

ＡＤＬ	自立・200～300m程度は杖歩行可能。 少し距離がのびる場合は歩行器を利用することもあり。 倦怠感から日中は臥床がち。 交通事故後の手術により膝に金具が入ったことで、しゃがんだり、長く歩いたりすることは困難。
ＩＡＤＬ	ほぼ自立している。 掃除や調理などの手順は徐々にわからなくなってきている。
認知	物忘れあり。
コミュニケーション能力	良好。
社会との関わり	信仰する宗教があり、その関係者・近隣に知人が多い。
排尿・排便	自立。
じょく瘡・皮膚の問題	問題なし。
口腔衛生	問題なし。
食事摂取	慢性腎不全のため、低タンパクの冷凍食品利用。食べることも大好き。
問題行動	１人暮らしの寂しさの訴えあり。
介護力	別居の独身の次男がおり、月に１回来訪。買い物の支援あり。
居住環境	築50年程の都営住宅。１階居住だが、玄関に行くまでに５段の階段あり。玄関から上がるのに上がりかまちあり。３Ｋ。室内は段差なし。階段や段差は手すりにつかまりながら１人で昇降しているが不安定。ごみが捨てられないため、部屋のなかに溜まっている。
特別な状況	透析導入への可能性が高い。
その他	なし。

吉田さんのアローチャート

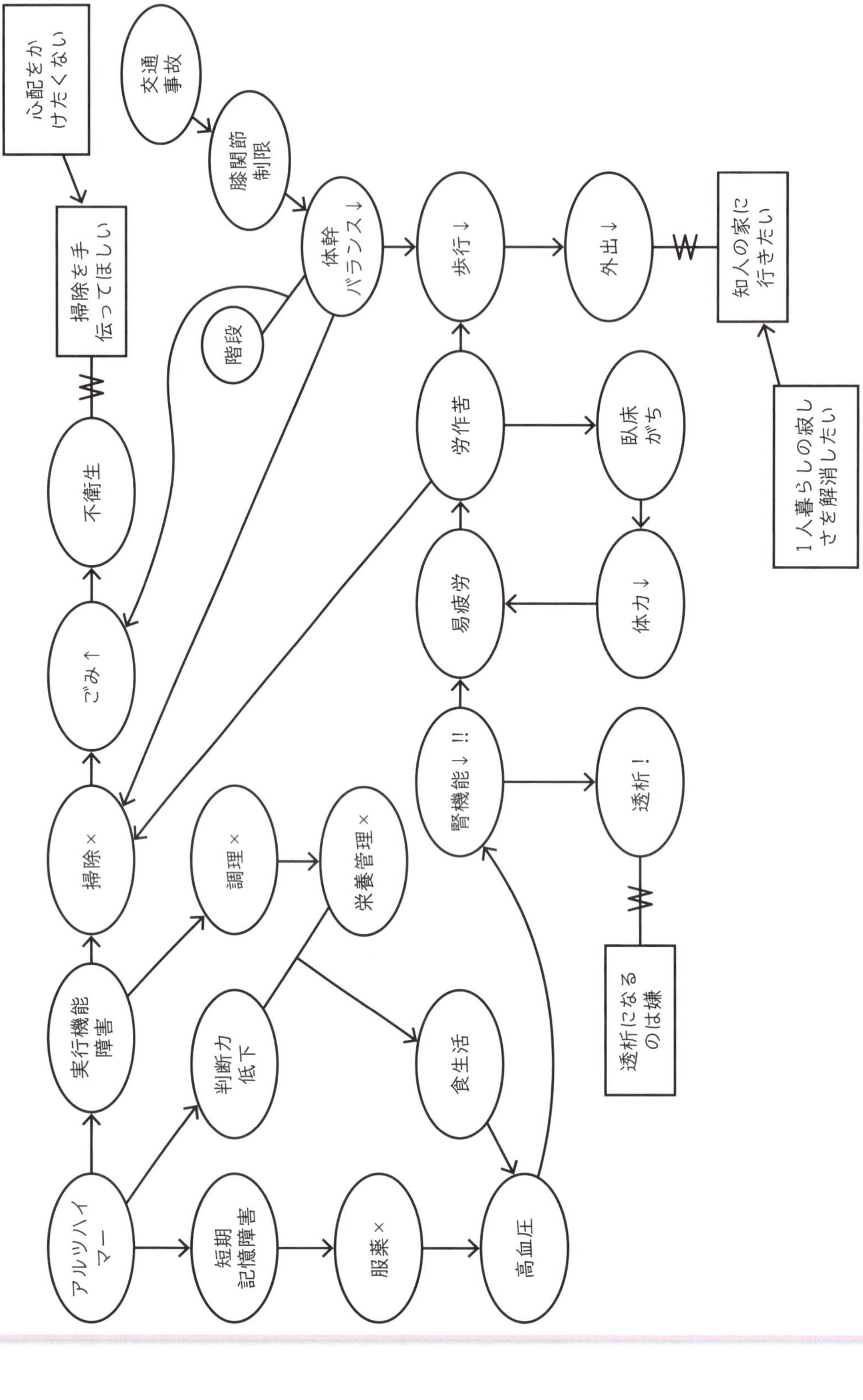

課題整理総括表

利用者名　吉田　佳子　殿

作成日　　／　　／

自立した日常生活の阻害要因（心身の状態、環境等）	①腎機能低下からの易疲労	②認知症状による実行機能障害	③認知症状による物忘れ
	④認知症状による判断力の低下	⑤膝関節制限による体幹バランス低下	⑥

利用者及び家族の生活に対する意向	1人での暮らしは寂しいが、動けなくならないようにして暮らし続けたい。

（太字は丸で囲まれた項目）

状況の事実 ※1		現在 ※2	要因※3	改善/維持の可能性※4	備考（状況・支援内容等）
移動	室内移動	**自立**　見守り　一部介助　全介助		改善　維持　悪化	将来的には住環境（段差）に注意
	屋外移動	**自立**　見守り　一部介助　全介助		改善　維持　悪化	
食事	食事内容	支障なし　**支障あり**	①②③④	**改善**　維持　悪化	⑤のため長距離移動には福祉用具活用
	食事摂取	**自立**　見守り　一部介助　全介助		改善　維持　悪化	食事制限あり、数値など
	調理	自立　見守り　**一部介助**　全介助	②④	**改善**　維持　悪化	医療と連携
排泄	排尿・排便	**支障なし**　支障あり		改善　維持　悪化	調理手順の声かけなどを実施
	排泄動作	**自立**　見守り　一部介助　全介助		改善　維持　悪化	
口腔	口腔衛生	**支障なし**　支障あり		改善　維持　悪化	
	口腔ケア	**自立**　見守り　一部介助　全介助		改善　維持　悪化	
服薬		自立　**見守り**　一部介助　全介助	③	**改善**　維持　悪化	お薬カレンダーなどのセッティング
入浴		**自立**　見守り　一部介助　全介助		改善　維持　悪化	
更衣		**自立**　見守り　一部介助　全介助		改善　維持　悪化	
掃除		自立　見守り　**一部介助**　全介助	③⑤	**改善**　維持　悪化	しゃがみ込む姿勢以外の掃除への声かけ
洗濯		**自立**　見守り　一部介助　全介助		改善　維持　悪化	
整理・物品の管理		自立　見守り　**一部介助**　全介助	③⑤	改善　**維持**　悪化	
金銭管理		**自立**　見守り　一部介助　全介助		改善　維持　悪化	②③の進行について要観察
買物		自立　見守り　一部介助　**全介助**	①②④⑤	改善　**維持**　悪化	
コミュニケーション能力		**支障なし**　支障あり		改善　維持　悪化	買い物は次男の支援あり
認知		支障なし　**支障あり**	②③	改善　**維持**　悪化	受診の継続と服薬確認
社会との関わり		支障なし　**支障あり**	①④	改善　**維持**　悪化	食生活を整えて体調管理
褥瘡・皮膚の問題		**支障なし**　支障あり		改善　維持　悪化	1人暮らしの不安感が寂しさとなっている
行動・心理症状（BPSD）		支障なし　**支障あり**	①②③④⑤	改善　**維持**　悪化	
介護力（家族関係含む）		支障なし　**支障あり**	①②③④⑤	改善　**維持**　悪化	寂しさから長男宅へ頻繁に電話
居住環境		**支障なし**　支障あり		改善　維持　悪化	将来的には住環境（段差）に注意
				改善　維持　悪化	

見通し ※5	生活全般の解決すべき課題（ニーズ）【案】	※6
①による労作時の苦痛などが調理の実施などを阻害している。それにより食事制限のある生活のコントロールが不良となり、さらに機能を悪化させるという悪循環を招いているため、食事のコントロールを図り、疲労性に対する体力の向上を図る。 調理に関しては医師などから腎機能状態を把握したうえで、他者の助言や見守りなどを受けながらともに行うことで好きな調理を実施することを支援する。あわせて、お薬カレンダーのセッティングと、声かけによる服薬の遵守により腎機能低下を防ぐ。 ②および③に対する助言や声かけは、掃除や片づけを改善し、居室環境の悪化を予防できる。その際には⑤に配慮しながらできる範囲での掃除等の実施を提案することで、掃除への困っている気持ちを軽減できる。 ④は悪化による入院等もあることから、病状の確認をしていくことで①の改善とあわせて倦怠感の軽減を図り、外出への意欲の回復を図ることができる。	人工透析にならないように暮らしたい。	1
	片づけやごみ捨てを手伝ってもらい部屋をきれいにしたい。	2
	外出して知人の家などへ出かけたい。	3

第 1 表

居宅サービス計画書（1）

作成年月日　　年　月　日

初回・紹介・継続　　認定済・申請中

利用者名　吉田　佳子　殿　　生年月日　　年　月　日　　住所

居宅サービス計画作成者氏名　　居宅介護支援事業者・事業所名及び所在地

居宅サービス計画作成（変更）日　　年　月　日　　初回居宅サービス計画作成日　　年　月　日

認定日　　年　月　日　　認定の有効期間　　年　月　日 ～　　年　月　日

要介護状態区分	(要介護 1)・要介護 2・要介護 3・要介護 4・要介護 5
利用者及び家族の生活に対する意向	（利用者）人工透析にならず、今以上動けなくならないようにしながら、１人での生活を寂しくないように続けたい。どうにかしたいが何をどうしたらよいのかわからない。 （家族：次男）買い物くらいなら定期的に支援ができると思う。本人の望むように人工透析などにならないで過ごしてほしいと思うが、認知症のせいか家のなかが散らかっていたり食事もきちんとできていないようなのでどうにかしたい。
介護認定審査会の意見及びサービスの種類の指定	
総合的な援助の方針	このままでは人工透析となる心配が強いです。栄養の改善や服薬の管理を早期に行う必要が生じています。 また１人暮らしの生活に楽しみを増やすため、知人と会ったりできる体力を維持しましょう。 外へ出かける際に足の痛みを悪化させないようにするため、受診をして痛みの管理をきちんと行うとともに、歩く訓練などをして体力の維持をしましょう。
生活援助中心型の算定理由	1．一人暮らし　2．家族等が障害、疾病等　3．その他（　　）

第　2　表

居宅サービス計画書（2）

利用者名　吉田　佳子　殿　　　　　　　　　　　　作成年月日　　　年　　月　　日

生活全般の解決すべき課題（ニーズ）	援助目標				援助内容					
	長期目標	（期間）	短期目標	（期間）	サービス内容	※1	サービス種別	※2	頻度	期間
人工透析にならないように暮らしたい。	腎機能が維持され、人工透析を受けずに過ごせる。		自分の生活習慣を改善し、体調に合わせた食生活ができクレアチニン数値が悪化しない。		定期的な診察・処方 通院介助・薬の管理 体の状態に合った栄養の指導 お薬カレンダーのセット	 ○ ○	医療機関 訪問介護 居宅療養管理指導		月1回 月1回	
			食事制限に配慮をした食事づくりをする。		メニューの提案や調理の見守りや声かけ	○	訪問介護		週3回	
			血圧の数値が安定する。		服薬の管理と声かけ	○ ○	訪問介護 通所リハビリテーション		週3回 週2回	
片づけやごみ捨てを手伝ってもらい部屋をきれいにしたい。	きちんと片づいた部屋で過ごす。		ごみの分別ができ、収集日にきちんと出すことで部屋にごみを溜めない。		膝の痛みを招く動作に気をつけて片づけや分別の声かけと補助 収集日カレンダーを活用 カレンダーに記入	○ ○	訪問介護 本人 訪問介護		週2回 毎回	
			玄関先の階段をごみを持って昇降できる。		階段昇降のトレーニング	○	通所リハビリテーション		週2回	
外出して知人の家などへ出かけたい。	知人と過ごす時間を増やす。		膝に負担をかけず、外を歩く体力を維持する。		痛みの管理 移動動作の訓練、疲労感に注意しながら実施 歩行を補助するために歩行器を貸与	 ○ ○	医療機関 通所リハビリテーション 福祉用具貸与		月1回 週2回 単独	
			通所リハビリテーションがない日にも日中は起きていられる体力をつける。		食生活を整える 日中動ける体力を維持するための歩行訓練と脳トレを実施	○ ○	訪問介護 通所リハビリテーション		週3回 週2回	

※1　「保険給付の対象になるかどうかの区分」について、保険給付対象内サービスについては○印を付す。
※2　「当該サービス提供を行う事業所」について記入する。

情報分析の手順の解説

アルツハイマー型認知症の影響

本文の情報に該当する「吉田さんの情報」の項目（72〜73頁）

既往歴／現病歴

吉田さんが介護を必要とする最も大きな病気・症状として、現病歴にある**アルツハイマー型認知症**が生活にどのような影響を与えているのかを考えてみましょう。

IADL

まず、吉田さんは、**掃除や調理が困難**になっていることがわかります（図１）。

図１

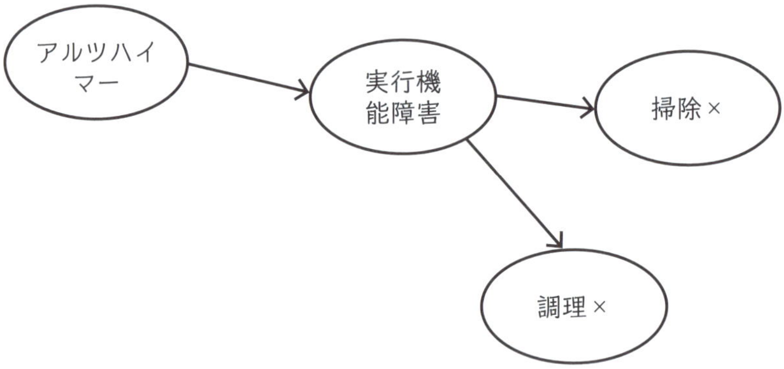

健康状態

認知

既往歴／現病歴

さらに、「**物忘れ**」つまり短期記憶障害があり、そのために**服薬の管理ができていない**という情報があります。

これにより、**高血圧**の管理が、服薬の未遵守からもできていないことが考えられます（図２）。

図２

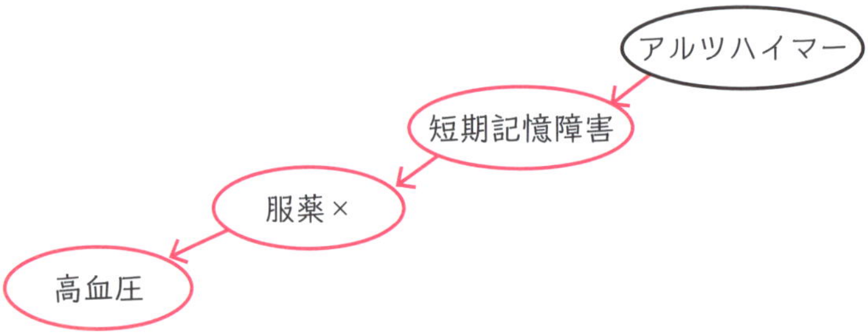

さて、単純にアルツハイマー型認知症を困りごととすると、すべてのアルツハイマー型認知症の利用者が「アルツハイマーは治らないから支援のしようがない」となってしまいます。しかし、前記のように実行機能障害や短期記憶障害が様々な生活上の困りごとを引き起こしているということを細かく分析することで、様々な角度から支援の方法を探し出すヒントを得ることができます。

掃除や調理困難の影響

次に掃除と調理の困難のうち、まずは調理のもたらす影響を確認します。

調理の困難は栄養制限がある食生活の管理を困難にしています。**高血圧**や**脂質異常症**があることは、「**食べることが好き**」という食生活からも相まって、吉田さんが生活習慣病の高血圧であることがうかがえます。

既往歴／現病歴

食事摂取

現在は、そこにアルツハイマー型認知症からくる判断力の低下が重なって、今までの生活習慣をさらに悪化させていることが考えられます（図３）。

図３

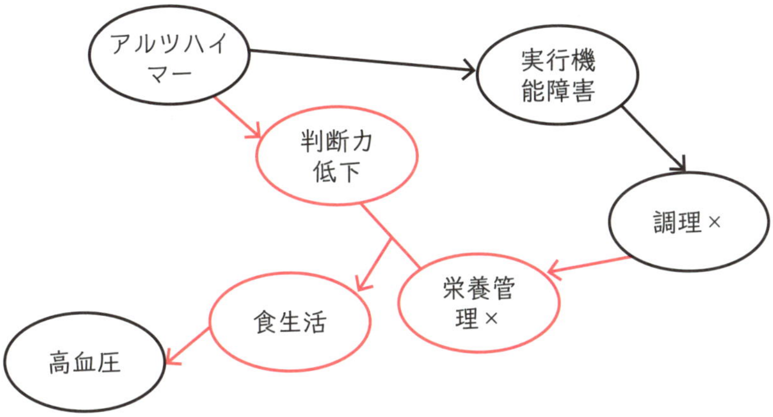

高血圧は**慢性腎不全**や**腎機能の低下**をもたらしています。これによって、腎機能は悪化のリスクがあり、将来透析となる可能性が出てきます。シャントを造設して**透析寸前**であるという情報をつなぎましょう。

既往歴／現病歴

健康状態

透析の導入にはまだ至っていませんが、リスクが高い状態です（「！」をつける）（図4）。

図4

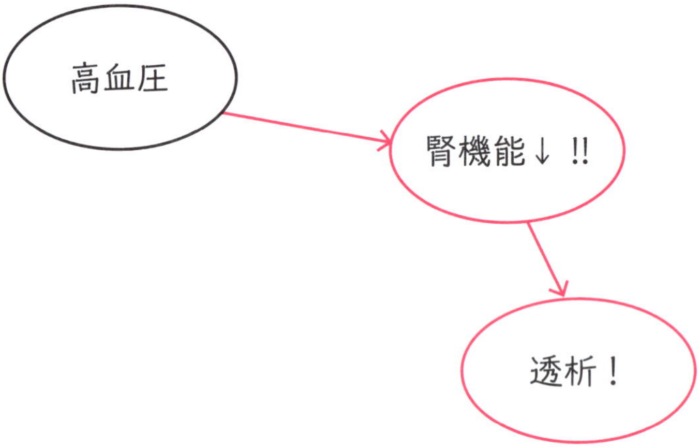

別視点でみる腎機能低下の影響

ここで、別の視点で、腎機能の低下が及ぼしている状況を確認しておきます。

健康状態

吉田さんは腎機能の低下から**倦怠感**を生み、**疲れやすさ**と**労作時の苦痛**を招いていることがわかります。

ADL

これにより、つい日中1人でいると**臥床がち**となってしまい、動かなくなってしまうことがわかります。そして、動かないために、それがさらなる体力の低下を生んでいます。そして体力の低下はさらに疲れやすさを生むという悪循環があることがわかります（図5）。

図5

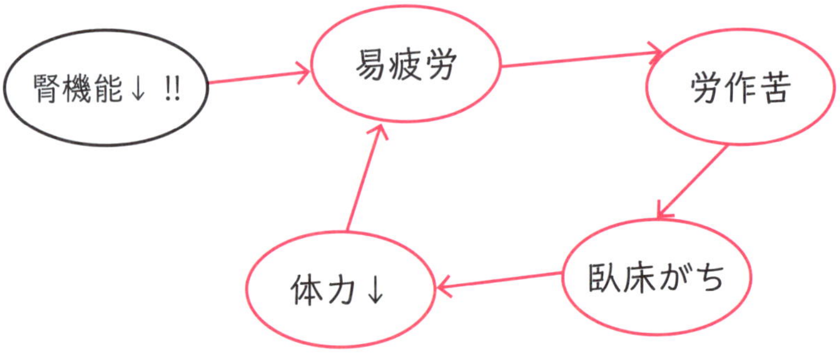

労作時の苦痛の影響

次に悪循環のなかの労作時の苦痛によって生じている**歩行力の低下**を考えてみます。

歩行力の低下は**外出をする機会を減らし**てしまっています。

健康状態

また、歩行力の低下は、**交通事故の後遺症である左膝の関節の可動域制限**があることで体幹バランスの悪さの影響も受けていることが考えられます。

入院歴

さらに疲れやすさと体幹バランスの悪さは、**しゃがむ動作の困難**などを合わせて図１で描いていた**掃除を困難**にさせている要因と考えられます（図６）。

ADL

IADL

図６

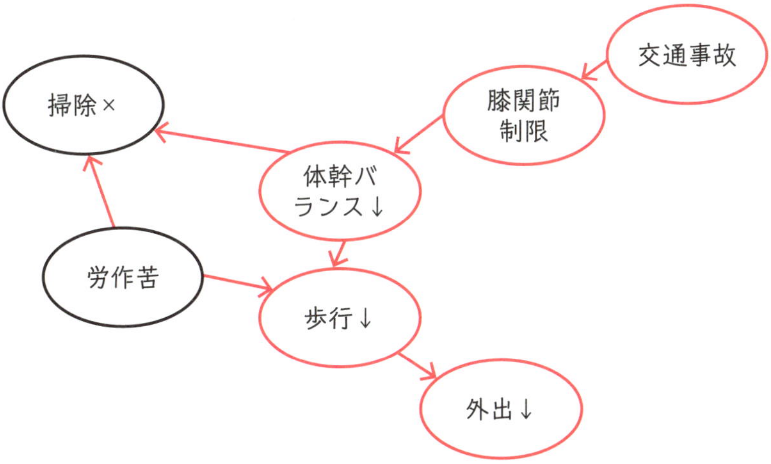

これまでの状況と、吉田さんの**１人暮らし**という状況を合わせると生活習慣の改善に困難さを感じます。また、アルツハイマー型認知症によりその改善の困難性がより確認できます。

現在の生活状況

また、腎機能の低下からの易疲労性は、けがの後遺症もあって外出のための歩行力の低下を招いていることが確認できます。

居室内の不衛生状態

居住環境

最後に生活全体を見渡すと、掃除が困難であることと、体幹バランスの低下から、ごみを持って**階段を昇降することが不安定**であるため、ごみ捨てがきちんとできておらず、居室内の不衛生状態を招いていることも、忘れず描き加えておきましょう（図7）。

図7

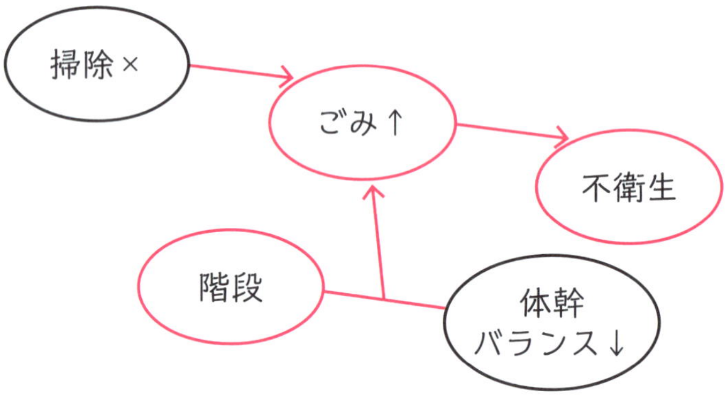

主観的事実の分析

本人が今の暮らしをどのように考えているのか、主訴に書かれた部分に着目してみましょう。

主訴

吉田さんの思いとして強く表明されているのは「**人工透析になりたくない**」ということです。本人自身が将来の予後予測として透析を避けたいと考えています（図8）。

図8

主訴

さらに外出が徐々に困難になっていても「**知人の家に遊びに行きたい**」という思いがあることは、今の暮らしを続けたいと思いながらも、**１人暮らしの寂しさ**を抱いており、それを解消したいという思いの現れと考えられます（図９）。

図９

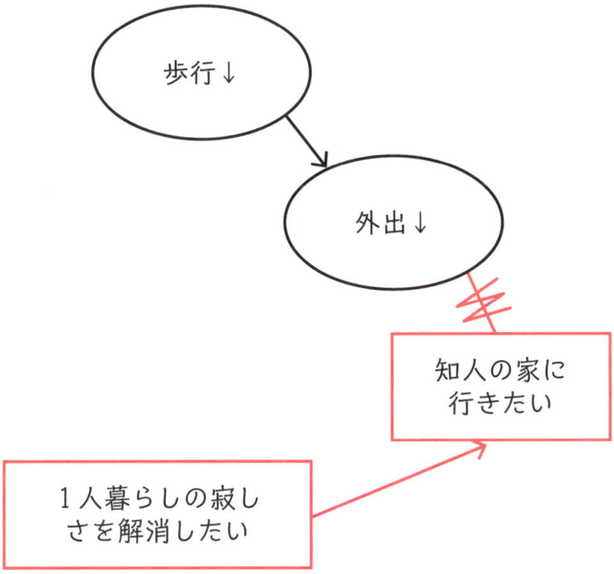

そして支援に来てくれる次男が心配しないよう、家のなかをきれいにしておきたいが、どうしてよいのかわからないので「掃除を手伝ってほしい」という思いがあることが確認できます（図10）。

図10

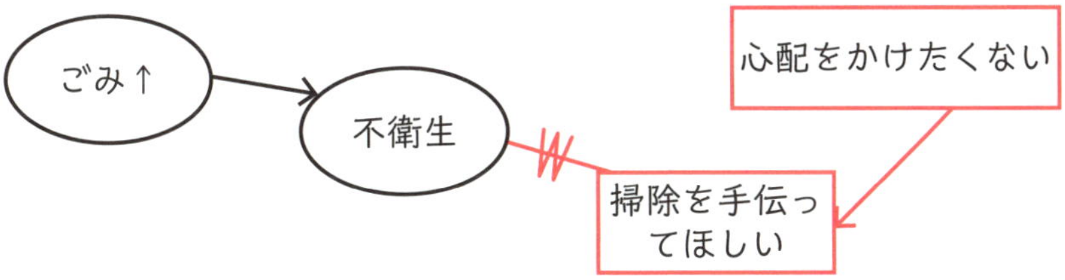

ケアプランへの展開

今回のチャートから次のようなニーズを見立てました。これらのニーズを阻害している要因にアルツハイマー型認知症による生活への影響があることをアローチャートからとらえることができます。

ニーズ１）人工透析にならないように暮らしたい

吉田さんは透析導入のリスクがあってもそれをできるだけ避けたいと思っています。

本人の生活に対する希望としても強いものであり、健康面からも重要な点であるために優先度の高いニーズとしてとらえました。

そして長期目標は、人工透析を受けずに過ごせるように腎機能が維持されていくこととしています。

透析を防ぐためには腎機能低下を防止しなければなりません。低タンパクの冷凍食品などの利用もしていますが、アルツハイマー型認知症により、これらを上手に活用できず、栄養管理の問題や生活習慣の課題が確認できます。しかし、アルツハイマー型認知症自体を治癒することは難しいことです。

そこでアローチャートの「アルツハイマー」から１つ下がった情報に着目します。**自分の生活習慣を改善し、体調に合わせた食生活ができクレアチニン数値が悪化しない**、また**食事制限に配慮をした食事づくりをする**、**血圧の数値が安定する**ことを短期目標としました。

ニーズ２）片づけやごみ捨てを手伝ってもらい部屋をきれいにしたい

ニーズを解消するためには、ごみが捨てられずに家のなかに溜まってしまっている状況を改善しなければなりません。

吉田さんは、認知機能の低下により掃除の手順や方法などがわからなくなってきており、部屋のなかにごみが多く分別できずに捨てられています。

ここでも治癒の難しいアルツハイマー型認知症ではなく、**ごみの分別ができ、収集日にきちんと出すことで部屋にごみを溜めない**ことを短期目標としています。

また、ごみを捨てられない状況は交通事故による膝関節可動域制限からの体幹バランスの悪さからもきています。交通事故への対処はできませんので、それによる膝関節可動域の制限やそれによる体幹バランスの低下を改善し**玄関先の階段をごみを持って昇降できる**ことを短期目標としました。

ニーズ3）外出して知人の家などへ出かけたい

吉田さんには、1人暮らしの寂しさを解消するため知人との交流を回復したいという思いがあります。そこで知人と過ごす時間を増やせることと同時に、1人暮らしを継続していくということを長期目標としています。

そのためにはニーズ2でもとらえた交通事故の後遺症である膝の痛みの改善や体幹のバランスの改善から歩行ができるようになることが必要と考え、**膝に負担をかけず、外を歩く体力を維持する**ことを短期目標としました。

一方、歩行力の低下は腎機能低下により生じている易疲労からの悪循環による体調の悪化も影響しています。そのため、悪循環を改善するために、悪循環を構成する要因のなかでより多くの原因になっている易疲労の原因の改善に向けて、食生活の改善（ニーズ1）や**通所リハビリテーションがない日にも日中は起きていられる体力をつける**ことを短期目標としました。

図11

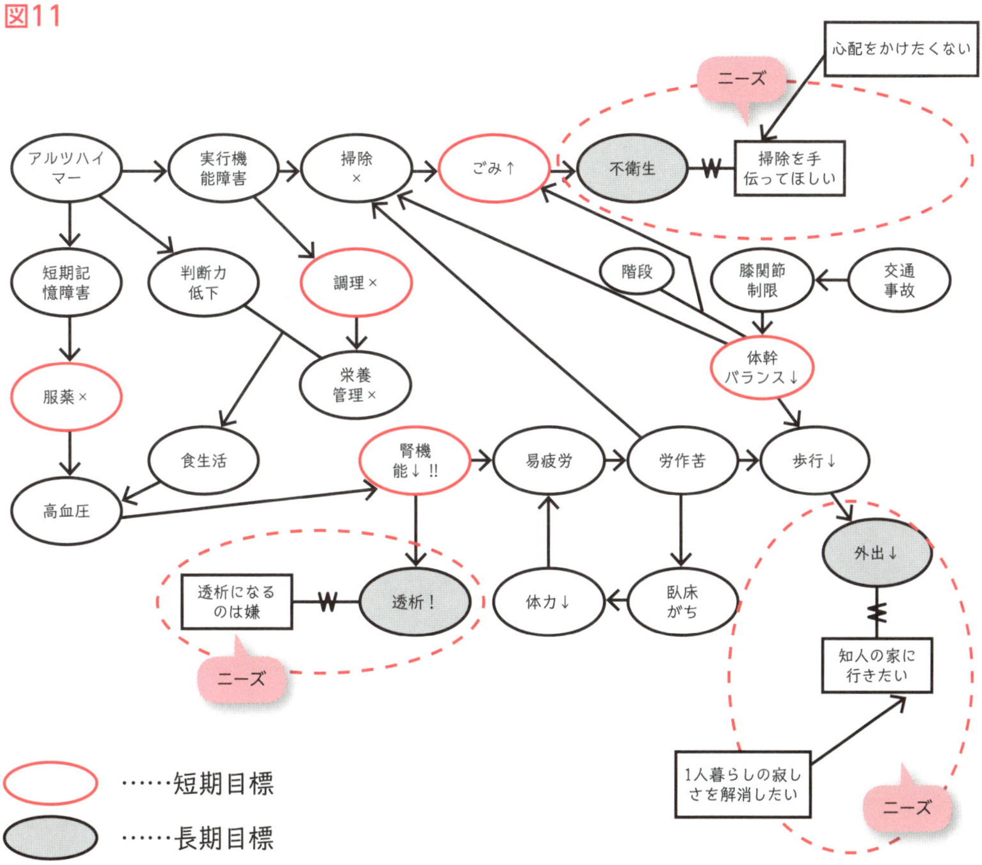

事例 4

10年間入退院を繰り返している利用者の事例

小谷さんの情報

基本情報に関する項目			
氏名 （年齢・性別）	小谷洋平 （81歳・男性）	要介護度等	要介護１
障害高齢者の日常生活自立度	Ａ１	認知症高齢者の日常生活自立度	Ⅰ
利用しているサービスの状況	通所リハビリテーション（週２回） 通所介護（週１回） 訪問看護（週１回）	既往歴／現病歴	25歳で顎・鼻骨骨折術。 35歳で鼻中隔湾曲症の手術。 71歳・74歳で両膝関節症。両膝関節機能全廃。 現在は慢性気管支炎、気管支拡張症、右心不全。
受診・通院の状況	呼吸器科（月１回） 近隣の診療所（体調が悪いと点滴希望で受診） 内服は自己管理。妻のかかわりなし。	入院歴	10年程前から肺炎や気管支炎のため、年に数回、10日間程度の入院を繰り返す。
世帯状況（介護の状況）	妻と２人暮らし。敷地内に長男夫婦と孫２人が暮らす。長男は毎日様子を見に来るが、長男の妻とは関係希薄。隣の市に住む次男夫婦とその孫、三男の妻とも行き来がある。	経済状況	介護保険負担割合：１割 厚生年金：月19万5000円
これまでの生活歴	海外で出生。11歳のときに帰国し現住所に住まう。幼少の頃より喘息がある。 30歳のときに結婚し、妻と子と暮らしていた。 32年間、定年まで隣県のバッテリー製作会社に勤務。25歳のとき、仕事中に脚立から転落し、顔面を打撲し、顎と鼻骨骨折をして手術を受ける。 定年後は、ボランティア活動や、妻と旅行や買い物を楽しんでいた。 62歳のときに慢性気管支炎といわれて禁煙をしている。73歳・74歳のときに膝関節症により人工関節置換術を受ける。		
現在の生活状況	慢性気管支炎、肺炎により入退院を繰り返す。天気のよい日は、裏庭に出て日向ぼっこをして過ごす。		
主訴	動くのがしんどい。楽に呼吸がしたい。点滴を受けると楽になるし、入院しているほうが安心だと思うこともある。		
課題分析（アセスメント）理由	入退院を繰り返し、医療と密に連携を図ることのできる支援が必要なため、基礎資格が看護師のケアマネジャーに交代したことによる初回アセスメント。		

課題分析（アセスメント）に関する項目	
健康状態	主治医より、慢性気管支炎と肺炎を繰り返し、気管支拡張症に罹患。拡張した気管に痰が溜まり、細菌感染を繰り返し、肺炎から肺が線維化し、肺機能が低下。右心不全は気管支炎や肺炎が起因。HOT導入は現時点で予定はないが、今後導入するかもしれない。今後も入退院を繰り返すだろうと予測されると説明。呼吸苦があり、鼻呼吸ができず、いつも開口している。そのため、ドライマウスとなり感染を起こしやすく、味覚や嗅覚にも障害が出ている。 ネブライザー吸入はできていない。本人は自分で用意や片づけをすることを面倒だと言う。常に簡易型吸入剤を持ち歩き使用している。ネブライザー吸入は訪問看護の提供時のみ看護師により実施。
ＡＤＬ	両下肢がややO脚。１本杖で歩く。呼吸苦があり５m程度の連続歩行は困難で途中数回止まって息を整える。すり足でつまずきがあるが、転ばないように慎重に歩き、転倒はない。 入浴は、呼吸苦があり浴槽内で体をこする程度。通所介護で洗身や洗髪を補う。
ＩＡＤＬ	家事全般は妻の役割。書類の確認は自分でもするが、判断は息子に相談する。電話対応はできるが、難聴があり聞き間違えをすることもある。伝言は可能。服薬は自己管理。まれに飲み忘れがある。力が入りにくく簡易型吸入剤の入れ替えがしづらいため、看護師のかかわりがある。買い物はまれに受診の帰りに妻とスーパーに寄ることもあるが、日々の買い物は妻に任せ、欲しいものは依頼する。金銭管理は若い頃より妻任せである。
認知	軽度の物忘れはあるが、生活に支障をきたす程度ではない。 意思の伝達や意思決定はできるが、妻の意向に流されるときもある。
コミュニケーション能力	難聴。大声でなら聞き取れる。 視力問題なし。白内障の手術歴あり。
社会との関わり	地域の交流会などへの参加はしなくなっている。裏庭で日向ぼっこをしているときに、近隣者と挨拶は交わす。主な外出は、通所系サービス利用と通院。
排尿・排便	トイレで排泄。便尿意あり。まれに間に合わず極少量の尿漏れがある。トランクス着用、パッド類の使用なし。排尿：５～６／日、排便：ほぼ毎日、普通便。
じょく瘡・皮膚の問題	問題なし。
口腔衛生	歯みがきや義歯の手入れは自立。合間に口をすすぐこともある。
食事摂取	義歯のため、固い物は苦手。１日３回。呼吸のしづらさがあり、摂取時間がかかり疲れやすいため食事量が減っている。
問題行動	問題なし。
介護力	主介護者の妻は、脳動脈瘤手術（クリッピング術）と既往あり。介護に直接的な協力者はいない。妻はネブライザー吸入器に対し、大きな音がすることと注射器（針付き）を扱うので怖いと話す。自分でしないのなら邪魔にもなるからと、押入れの上段に片づけてしまう。
居住環境	築70年以上の２階建て日本家屋。段差が多い。浴室、トイレは１階にあり、手すりの取りつけがある。脱衣場はパイプいすが置かれ洗面所と一緒になっている。洋式トイレ（手動洗浄式・水洗）。応接室を本人の寝室にし、ダブルベッドに１人で就寝。妻は２階で就寝。
特別な状況	ネーザルハイフローを夜間のみ使用。
その他	

小谷さんのアローチャート

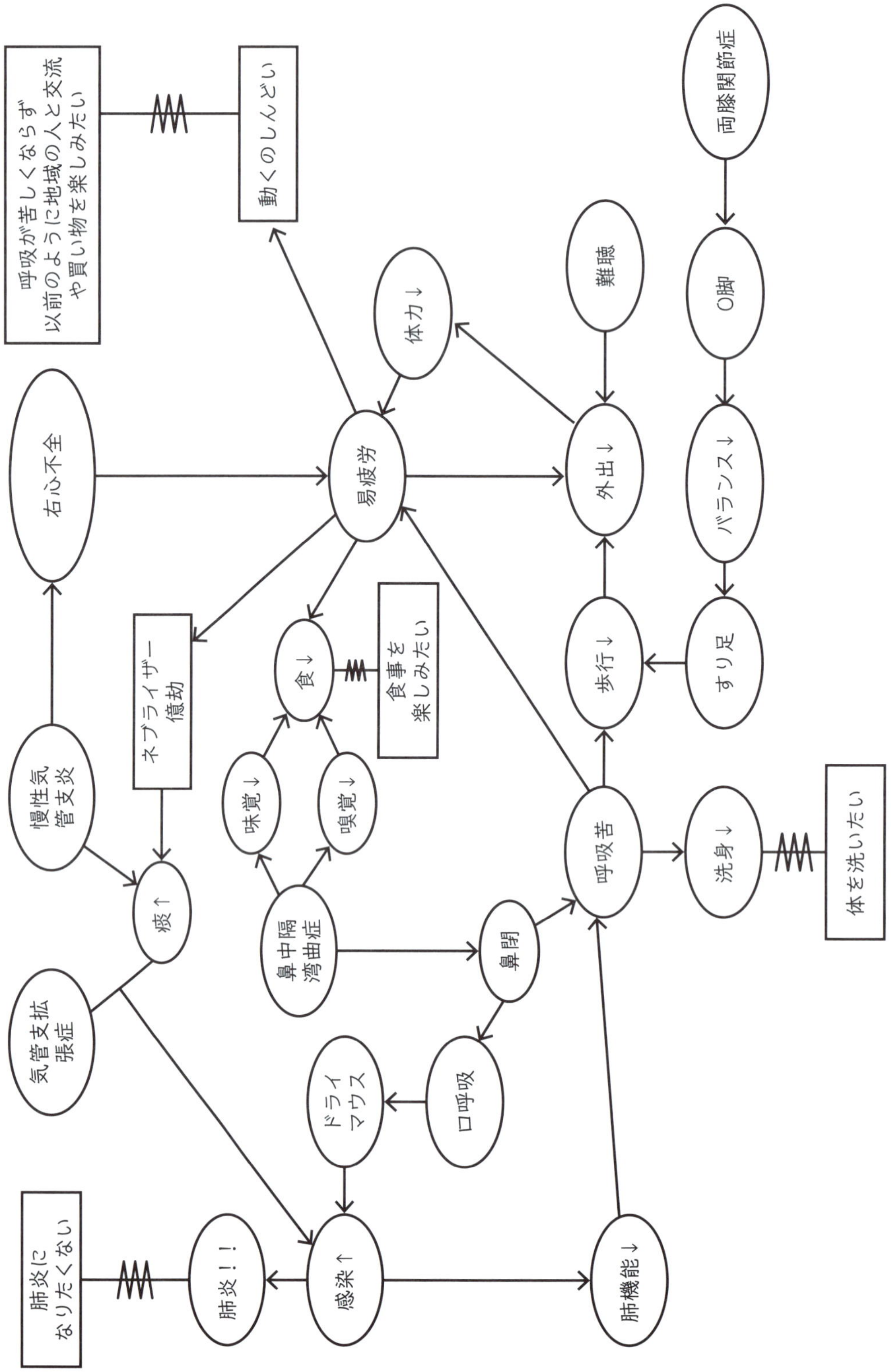

課題整理総括表

利用者名　小谷　洋平　殿　　　　作成日　／　／

自立した日常生活の阻害要因（心身の状態、環境等）			
	①ネブライザー使用が面倒で痰が溜まる	②ドライマウス	③呼吸苦
	④体幹バランス低下	⑤外出機会の低下	⑥難聴

利用者及び家族の生活に対する意向	動くのがしんどい。楽に呼吸がしたい。点滴を受けると楽になるし、入院しているほうが安心だと思うこともある。

状況の事実 ※1		現在 ※2	要因※3	改善/維持の可能性※4	備考（状況・支援内容等）
移動	室内移動	**自立**　見守り　一部介助　全介助		改善　維持　悪化	③により食事動作に時間がかかるため、途中でやめてしまう。6～7割程度と食事量が減っている。高カロリーかつ食事時間がかからないようにすることを検討している。（1）
	屋外移動	**自立**　見守り　一部介助　全介助		改善　維持　悪化	
食事	食事内容	支障なし　**支障あり**	③	**改善**　維持　悪化	
	食事摂取	自立　**見守り**　一部介助　全介助	③	**改善**　維持　悪化	
	調理	**自立**　見守り　一部介助　全介助		改善　維持　悪化	
排泄	排尿・排便	**支障なし**　支障あり		改善　維持　悪化	①②により粘稠痰が溜まりかつ乾燥するため口の中がネバつくので、こまめな水分補給、唾液腺マッサージで唾液の分泌を促し、睡眠時はマスクの装用やドライマウス用のマウスピースの使用を促している。（2）
	排泄動作	**自立**　見守り　一部介助　全介助		改善　維持　悪化	
口腔	口腔衛生	支障なし　**支障あり**	①②	**改善**　維持　悪化	
	口腔ケア	**自立**　見守り　一部介助　全介助		改善　維持　悪化	
服薬		**自立**　見守り　一部介助　全介助		改善　維持　悪化	
入浴		自立　見守り　**一部介助**　全介助	③	**改善**　維持　悪化	③により洗身は十分でない。浴槽内で体をこする程度なため通所介護で補っている。（3）
更衣		**自立**　見守り　一部介助　全介助		改善　維持　悪化	
掃除		**自立**　見守り　一部介助　全介助		改善　維持　悪化	
洗濯		**自立**　見守り　一部介助　全介助		改善　維持　悪化	家事は家族の役割（長年の習慣）
整理・物品の管理		**自立**　見守り　一部介助　全介助		改善　維持　悪化	
金銭管理		**自立**　見守り　一部介助　全介助		改善　維持　悪化	
買物		**自立**　見守り　一部介助　全介助		改善　維持　悪化	
コミュニケーション能力		支障なし　**支障あり**	⑥	**改善**　維持　悪化	⑥により大き目の声で会話が必要であり、補聴器の使用等を検討している。また、④⑤と⑥により外出機会が減っているので体幹バランスの強化を図っている。（4）
認知		**支障なし**　支障あり		改善　維持　悪化	
社会との関わり		支障なし　**支障あり**	④⑤⑥	**改善**　維持　悪化	
褥瘡・皮膚の問題		**支障なし**　支障あり		改善　維持　悪化	
行動・心理症状（BPSD）		**支障なし**　支障あり		改善　維持　悪化	①②により細菌感染、肺炎を繰り返しているが、ネブライザーの使用と（2）を関連機関で促している。（5）
介護力（家族関係含む）		支障なし　**支障あり**	①	改善　**維持**　悪化	
居住環境		**支障なし**　支障あり		改善　維持　悪化	
肺炎リスク		自立　見守り　**一部介助**　全介助	①②	**改善**　維持　悪化	

見通し ※5	生活全般の解決すべき課題（ニーズ）【案】	※6
③により、食事に時間がかかり食事量が減っているが、（1）をすることにより食事が楽しめるように改善する見通しである。	食事を楽しみたい。	4
①②により口腔内の衛生状態が悪化しているが（2）（5）をすることで細菌感染、肺炎を繰り返すことが改善できる見通しである。	肺炎になりたくない。	2
③により洗身動作ができないが、（3）をすることで定期的な洗身ができるように改善する見通しである。	体を洗えるようにしたい。	3
④⑤⑥により外出機会が減っているが、（4）により改善できる見通しである。	呼吸が苦しくならず以前のように近隣の人との交流や買い物を楽しみたい。	1

第 1 表

居宅サービス計画書（1）

作成年月日　　年　月　日

初回・紹介・継続　　認定済・申請中

利用者名　小谷　洋平　殿　　生年月日　　年　月　日　　住所

居宅サービス計画作成者氏名　　居宅介護支援事業者・事業所名及び所在地

居宅サービス計画作成（変更）日　　年　月　日　　初回居宅サービス計画作成日　　年　月　日

認定日　　年　月　日　　認定の有効期間　　年　月　日 ～　　年　月　日

要介護状態区分	要介護1　・　要介護2　・　要介護3　・　要介護4　・　要介護5
利用者及び家族の生活に対する意向	（利用者）息苦しいので、あまり動きたくない。楽に呼吸がしたい。点滴を受けると楽になるし、入院しているほうが安心だと思うこともある。 （家族：妻）家では寝てばかりなので、認知症にならないかと心配。吸入は自分ではしないので、音も大きいし注射器もあるので怖いから片づけます。
介護認定審査会の意見及びサービスの種類の指定	なし
総合的な援助の方針	ネブライザーの適切な使用により、咳嗽や喀痰および呼吸苦の改善・緩和ができ入退院の繰り返しが起こらないように、看護師（病院・訪問看護・通所系サービス）が連携を図り支援します。また、口腔面や食事面のアドバイスを受け、誤嚥性肺炎のリスクが軽減できるよう支援します。
生活援助中心型の算定理由	1．一人暮らし　2．家族等が障害、疾病等　3．その他（　　）

第　2　表

居宅サービス計画書（2）

利用者名　小谷　洋平　殿　　　　　　　　　　作成年月日　　　年　　月　　日

生活全般の解決すべき課題（ニーズ）	目標				援助内容					
	長期目標	（期間）	短期目標	（期間）	サービス内容	※1	サービス種別	※2	頻度	期間
呼吸が苦しくならず以前のように近隣の人との交流や買い物を楽しみたい。	近隣の人との交流や買い物が楽しめる。		30分立っていられる。		体幹バランス訓練	○	通所リハビリテーション		週1回	
			会話がスムーズに行える。		補聴器の検討	○	居宅介護支援		適宜	
肺炎になりたくない。	肺炎を再発しない。		喉の炎症が改善する。		口腔ケア・歯みがき・こまめなうがい	 ○ ○	本人・家族 通所介護 通所リハビリテーション		適宜 週1回 週1回	
					ネブライザー使用 ネブライザー管理、使用確認、促し	 ○	本人・家族 訪問看護 病院看護 主治医 医療機器会社		随時	
			口の中が乾燥しない。		口腔内や唾液腺のマッサージ	 ○ ○ ○	本人・家族 通所介護 通所リハビリテーション 訪問看護		適宜	
体を洗えるようにしたい。	自分で体が洗える。		呼吸苦が起きない動作が行える。		入浴動作、時間の評価・訓練	○	通所リハビリテーション		1回／週	
			手の届かないところが洗える。		洗身介助	○	通所介護		週1回	
食事を楽しみたい。	疲れずに食事ができる。		呼吸が苦しくない食事動作ができる。		食事動作、評価、訓練	○	通所リハビリテーション		週1回	
			30分座って食事ができる。		座位保持、評価、訓練	○	通所リハビリテーション		週1回	
					食事形態等内容の工夫	 ○ ○ ○	家族 通所介護 通所リハビリテーション 訪問看護		適宜	
					高カロリー栄養の処方		主治医		月1回	

※1　「保険給付の対象となるかどうかの区分」について、保険給付対象内サービスについては○印を付す。
※2　「当該サービス提供を行う事業所」について記入する。

情報分析の手順の解説

肺炎から考えられる影響

本文の情報に該当する「小谷さんの情報」の項目（86～87頁）

まず、今回は入退院を繰り返していることからその原因である細菌感染を繰り返している点に着目してみます。

細菌感染の原因である慢性気管支炎と肺炎を何度も繰り返しているので、情報分析の際、いつの時点の情報としてとらえればよいのかわからなくなることに注意が必要です。ここで、理解しておくべきなのは、ケアマネジャーは、「現時点での状況」をアセスメントするということです。つまり、「現在」疾患がどうなっているか、に着目すればよいのです。

既往歴／現病歴
これまでの生活歴
健康状態

さて、現在、疾患は慢性気管支炎と気管支拡張症です。慢性気管支炎の特徴の1つに、**痰が多くなる**ということがあります。さらに、**気管支拡張症**により、拡張している気管にこの痰が溜まりやすくなることがあります。これは肺炎の原因となる細菌の**感染源**となり、**肺炎が再発するリスク**が高くなる可能性があります（肺炎に「!!」をつける）（図1）。

図1

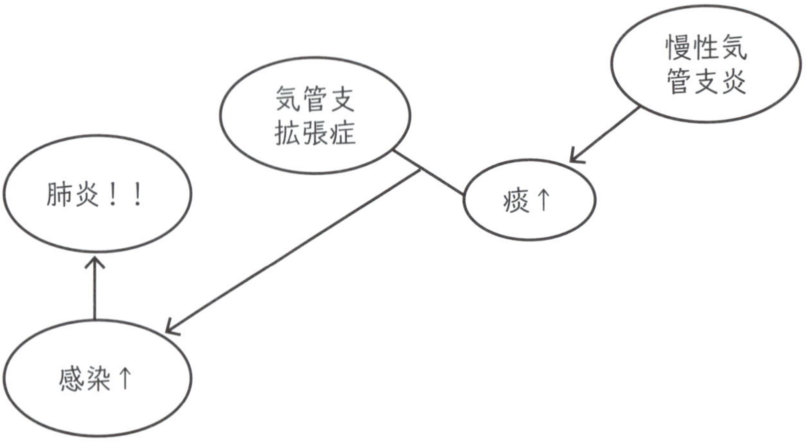

感染を繰り返すことは**肺機能の低下**も引き起こしています。

肺炎に関係する細菌感染は、気管支に溜まる痰だけでなく、**ドライマウス**も関係しています。では、ドライマウスの原因はというと、小谷さんの場合、**鼻呼吸ができず（鼻閉）、口呼吸になってしまう**ということがあげられます（図２）。

健康状態

図２

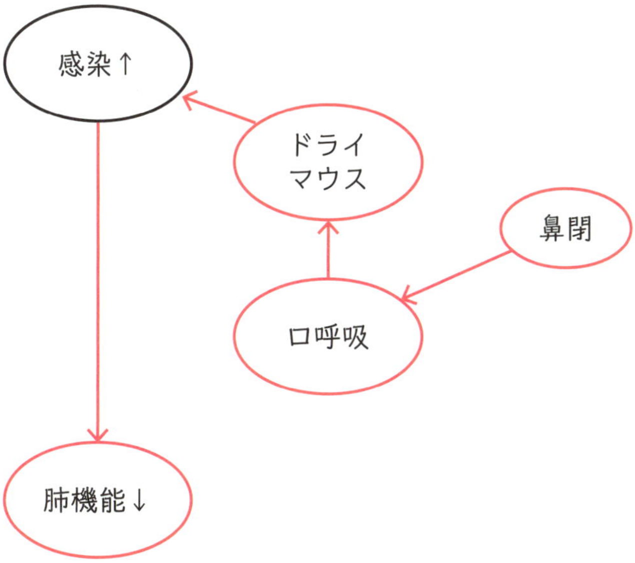

では、なぜ鼻閉となっているのでしょう。それは、小谷さんの生活歴を見るとわかります。小谷さんは、25歳のとき仕事中に脚立から転落し、顔面を打撲したことで**顎と鼻骨を骨折**しています。この影響で**鼻中隔湾曲症**になり、鼻閉になっていることがわかります。

既往歴／現病歴

これまでの生活歴

このように、身体面、医療面の分析で原因や関係性がわからないと思ったら、生活や環境面に立ち返り確認していくとよいでしょう。

健康状態

さて、鼻中隔湾曲症の影響で、**味覚や嗅覚に障害**が出ていることがわかります。

健康状態

加えて、鼻閉は、肺機能低下とともに、**呼吸苦**をもたらしていると思われます（図３）。

ADL

図３

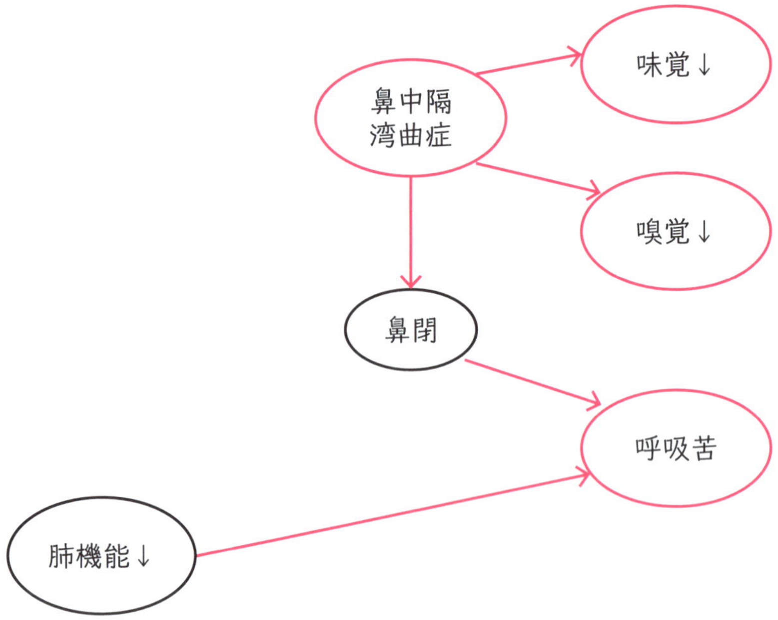

次に、呼吸苦があることで何が起こっているのかを見ていきましょう。

ADL

食事摂取

小谷さんは呼吸苦によって「**５ｍ程度の連続歩行は困難**」「**入浴は体をこする程度**」となっています。また、食事は**易疲労**で摂取時間がかかり**減って**います。この点は、今後プランニングする際に短期の具体的かつ数値的な目標を考えるポイントとなります。

注意すべきなのは、食事量減少の原因を易疲労だけにせずに、前述の味覚、嗅覚との因果関係を考えることです。食事において、味覚と嗅覚は密接な関係性があります。基本情報では関連づけていませんでしたが、ここでは、これらを食事量が低下していることの原因としてとらえることとします（図４）。

図4

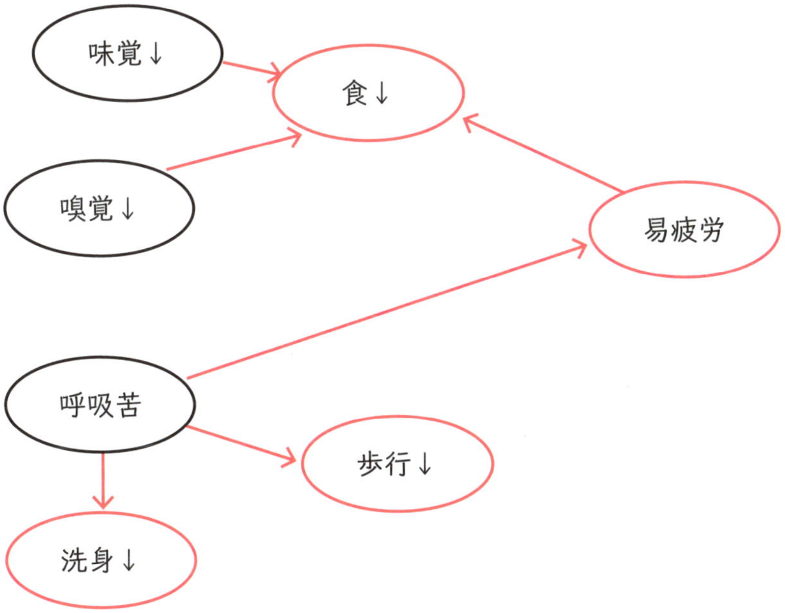

歩行面での影響

歩行面ではどうでしょうか。小谷さんは、**O脚**があり、その原因として**両膝関節症**が考えられます。したがって、両膝関節症によるO脚によって**バランスが低下**し、「**すり足でつまずきがある**」ことが歩行能力の低下の原因として考えられます（図５）。

ADL

既往歴／現病歴

図5

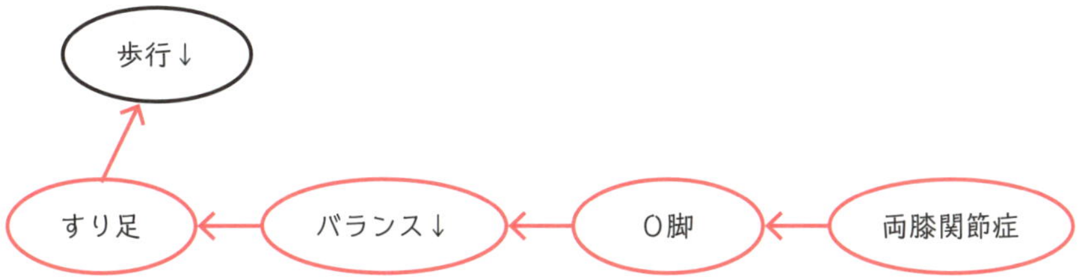

歩行能力の低下で何が起きているのかを考えましょう。

「定年後は、ボランティア活動や、妻と旅行や買い物を楽しんでいた」とありますが、「地域の交流会などへの参加はしなくなっている」とあります。また、「主な外出は、通所系サービス利用と通院」ともあるように、**以前は旅行や買い物で外出を活発に行っていたのに、そ**

これまでの生活歴

社会との関わり

れが著しく減少（外出↓）していることがわかります。

ADL

また、「5m程度の連続歩行は困難で途中数回止まって息を整える」ということから**体力の低下**が引き起こされていることがわかります。そして、それによって疲れやすくなっていることで、外出を控えてしまう、そうすると、さらに体力が低下し……と、悪循環を生んでいると考えられます。さらに、**難聴**という情報も、外出をしなくなっている一因として考えられるでしょう（図6）。

コミュニケーション能力

図6

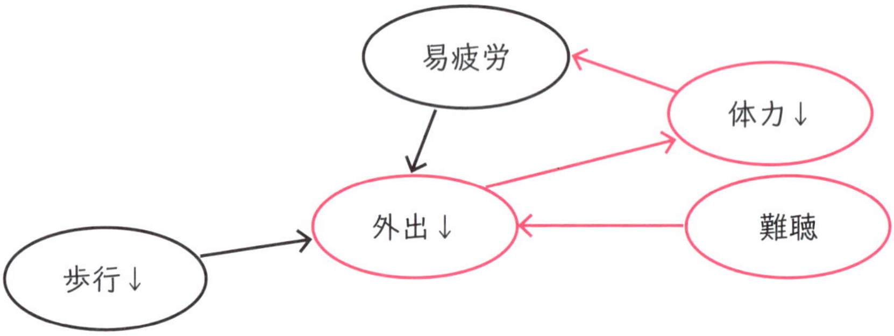

右心不全の影響

既往歴／現病歴

疲れやすさの原因は、それ以外に、**右心不全**も影響しているでしょう。

健康状態

右心不全の原因は「**気管支炎や肺炎が起因**」とあります。これだけでは何のことかわからないので、細かく分析をする必要があります。

※肺性心
肺動脈圧が高くなることで、右心不全を引き起こす状態。

まず、慢性気管支炎により肺性心※を引き起こし、心不全という経過をたどっていると思われます。ですが、今回は、明確な記載もないので肺性心は省略をします。

既往歴／現病歴

現在、肺炎は再発のリスクがあるが治癒している状態ととらえているので、**慢性気管支炎**のみを心不全の原因と考えるほうがよさそうです。

健康状態

また、吸入（ネブライザー）の指示があるが小谷さんがそれを**面倒だと思っている**ことやそれができていない理由には、疲れやすさがあることで、ネブライザーの使用は面倒という気持ちになり、使用しないことがあるのではないでしょうか。結果として、それが痰が溜まる原因となっているという因果関係も見えてきます（図7）。

図7

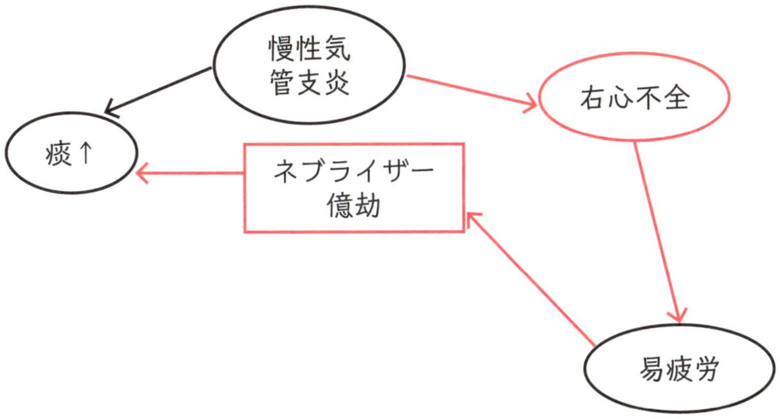

主観的事実の分析

主訴

小谷さんは、「動くのがしんどい。楽に呼吸がしたい。点滴を受けると楽になるし、入院しているほうが安心だと思うこともある」と言っています。ここで着目すべきは「動くのがしんどい」「入院しているほうが安心だと思うこともある」という点です。

呼吸苦により動くことが大変であることは間違いないですが、「安心（と思うこともある）」ということは、言葉どおり、もう動きたくない、とか、入院したい、と思っているのではなく、「本当は入院したくない」「**呼吸が苦しくならず以前のように近隣の人との交流や買い物を楽しみたい**」という思いが潜在的にあることの現れと考えられます。

そのため、「易疲労」に対して「**動くのがしんどい**」反面「以前のように楽しみたい」というアンビバレントな表現でつなぐこととします（図8）。

図8

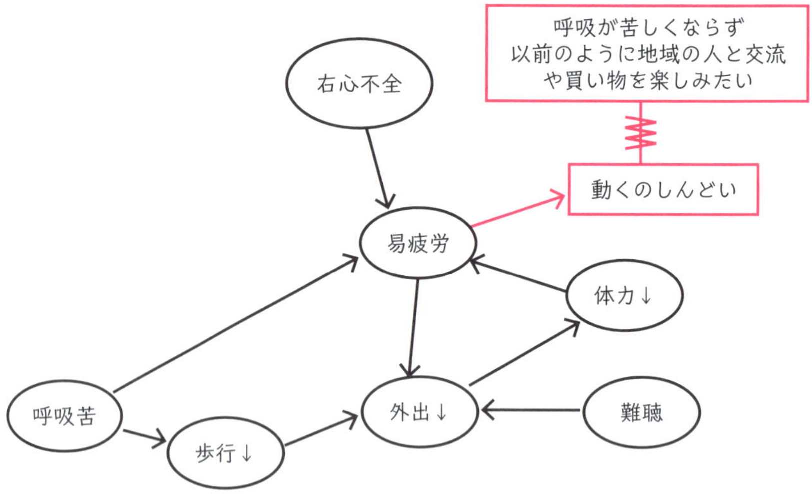

さらにお風呂で体を洗うことが大変なので「**体を洗えるようにしたい**」、肺炎を繰り返しているので「**肺炎になりたくない**」、食事をするのに疲れてしまっているので「**食事を楽しみたい**」と思っているようです（図9）。

図9

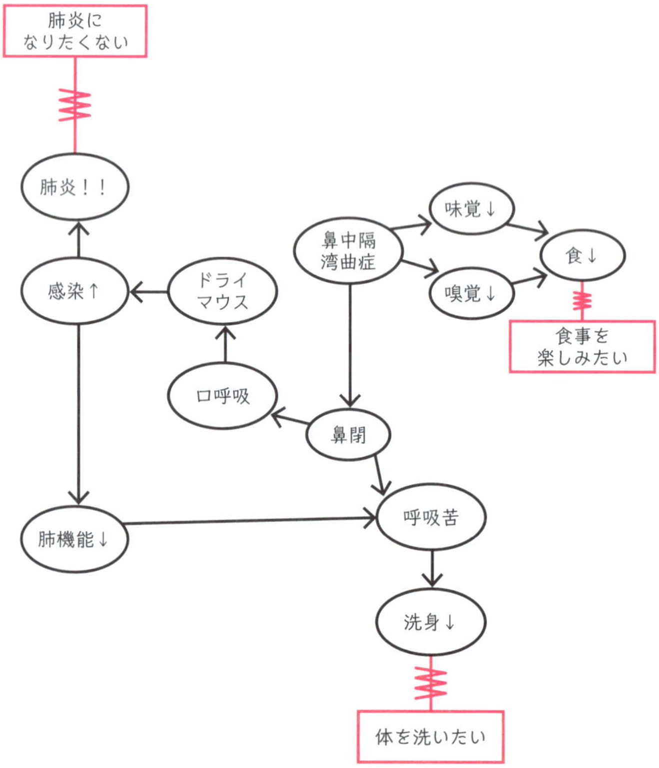

ケアプランに展開する

今回のアローチャートからニーズを４つ確認することができました。

ニーズ１）呼吸が苦しくならず以前のように近隣の人との交流や買い物を楽しみたい

このニーズを妨げている原因は１つではなく、たくさんの原因がからみ合っています。注目したいのは小谷さんが以前のように楽しみたい反面、動くことがしんどいという気持ちがあり、願望とあきらめが拮抗していることです。

このあきらめの原因が何かを分析すると、課題解決のヒントが見えてきます。

その１つの要因に易疲労があります。易疲労の解消によりあきらめの気持ちが軽減するため、長期目標とすることができます。

これらは、外出機会の減少による体力の低下という状態で悪循環を生んでいます。その悪循環を解消すべく、さらに原因を検討します。

悪循環の原因の１つの外出機会の減少は、難聴と歩行不安定が原因としてあげられます。難聴の原因は特定できていませんが、これは補聴器等の何らかの対策で改善できる可能性があると判断し、**会話がスムーズに行える**と転換し、短期目標として設定します。

「歩行不安定」の原因は、両膝関節症によるO脚により体幹バランスの低下があり、すり足となっていることがあげられます。両膝関節症とO脚は改善が困難と考えられることから、体幹バランスの低下を**30分立っていられる**と転換し、短期目標として設定します。

他に易疲労の原因として右心不全があげられますが、改善が困難なことから短期目標としては設定しないこととします。また、呼吸苦も原因としてあげられますが、他の課題の原因にもなっているので、ここでは採用しません。

ニーズ２）肺炎になりたくない

小谷さんは細菌感染を繰り返す原因である痰の改善を図るべくネブライザーの使用を勧められています。しかし、これも面倒で使用ができていません。また、口呼吸によるドライマウスも考えられます。

慢性気管支炎と気管支拡張症の改善は困難であることから、痰を減らすべく、**喉の炎症が改善する**と転換し、短期目標としていきます。また、**口が乾燥しない**と転換し、短期目標としていきます。

ニーズ3）体を洗えるようにしたい

洗身ができない原因をさかのぼっていくと、肺機能低下と鼻閉に伴う呼吸苦につながります。しかしこれらは改善が困難なことから、呼吸苦を発症しない状況を**呼吸苦が起きない動作が行える**と転換し、短期目標として設定し、動作方法等の対応方法を検討していきます。また、**手の届かないところが洗える**という短期目標もあわせて設定し、対策が図れるまでの間、支援により洗身ができるようにすることも必要となります。

ニーズ4）食事を楽しみたい

呼吸苦が発症しない動作や食事の所要時間の検討を行い、具体的な数値目標を検討し**30分座って食事ができる**、**呼吸が苦しくない食事動作ができる**と転換し、短期目標とします。また、味覚や嗅覚の低下に関しては、医療的に改善が見込めるのかを確認し、改善が可能であれば必要な対策を理解したうえで短期目標に設定していくことがよいです。

図10

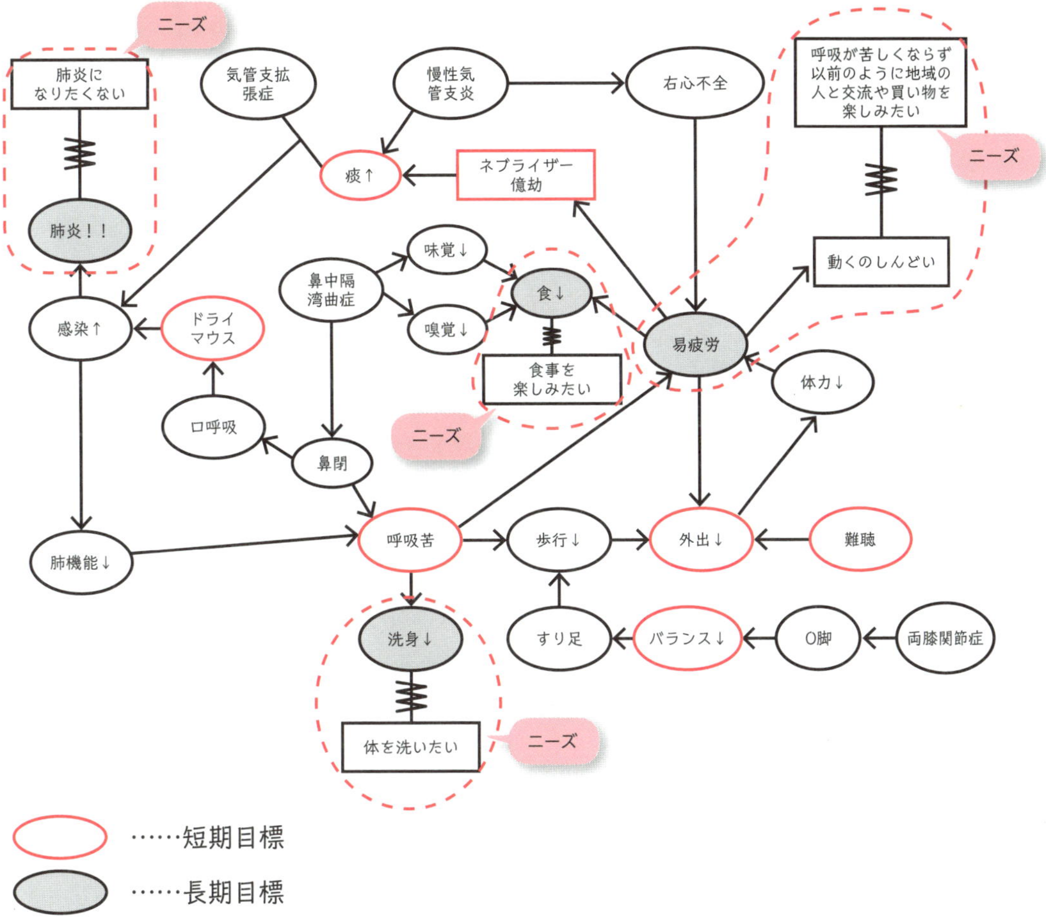

ニーズ
肺炎に
なりたくない
肺炎！！
気管支拡
張症
慢性気
管支炎
右心不全
呼吸が苦しくならず
以前のように地域の
人と交流や買い物を
楽しみたい
ニーズ
痰↑
ネブライザー
億劫
味覚↓
鼻中隔
湾曲症
食↓
嗅覚↓
動くのしんどい
感染↑
ドライ
マウス
易疲労
食事を
楽しみたい
体力↓
口呼吸
ニーズ
鼻閉
肺機能↓
呼吸苦
歩行↓
外出↓
難聴
洗身↓
すり足
バランス↓
O脚
両膝関節症
体を洗いたい
ニーズ
……短期目標
……長期目標

事例5 家族に精神疾患があり関係が悪化している利用者の事例

前川さんの情報

基本情報に関する項目			
氏名（年齢・性別）	前川亮太（84歳・男性）	要介護度等	要介護１
障害高齢者の日常生活自立度	Ｊ２	認知症高齢者の日常生活自立度	Ⅱｂ
利用しているサービスの状況	訪問看護（週１回）	既往歴／現病歴	アルツハイマー型認知症、高血圧症、不眠症、変形性膝関節症、腰部脊柱管狭窄症、神経障害性疼痛
受診・通院の状況	整形外科（内科）受診（月１回）	入院歴	なし。
世帯状況（介護の状況）	妻：要支援１（主介護者） 長女：双極性障害 長女の子：来年就職のため家を出る予定 次女：長女とトラブルあり。自宅には寄りつかない。	経済状況	厚生年金：２か月37万円 金銭的な困窮はないが、長女は無収入で、養っている。 妻は国民年金の収入あり。
これまでの生活歴	関東で生まれ、小学生のときに隣県に疎開。１年程で父親の仕事の関係で生まれた場所の近くに引越ししている。中学２年頃に機械工具を扱う会社に住み込みで働きに行く。仕事場は２回変えているが、どれも機械工具を扱う会社で、本人は営業で仕事先を開拓していた。19歳のときに結婚、現在の住所での生活となり、28歳のときに長女、32歳のときに次女が誕生。長女は大学生の頃から精神疾患を患い、両親と次女との関係が悪化。		
現在の生活状況	妻・長女・長女の子どもと同居。長女が精神疾患でリストカットを繰り返している。精神科からは退院となっている。今まで長女に対しての支援介入がなかったが、最近精神科訪問看護が開始された。 妻は、軽度認知症症状があり要支援の認定がある。地域包括支援センターがかかわっているが、サービスは未利用。最近、本人の認知症症状（物忘れ・内服や通院についての混乱）が問題となり要介護認定を新規申請し、要介護１の認定結果となったため、夫婦ともに支援の依頼をした。本人と長女の関係性は悪く、双方で「あいつが悪い」と言い合っている。次女は長女と絶縁しているが、親のことは心配して、緊急時の連絡先の了解をもらっている。		
主訴	犬の散歩は続けたい。長女は妻を責め込んでいて、何とかしてほしい。妻と長女の間に入らないといけないと思う。		

課題分析（アセスメント）理由	初回相談。
課題分析（アセスメント）に関する項目	
健康状態	83歳のときの４月頃より認知症症状が見られ受診をした。 同時期に日課である犬の散歩中に転倒した。診断は右臀部付近の打撲であったが、数日間寝込んだ。認知症症状としては、迂遠思考、短期記憶障害、見当識障害、被害妄想が見られている。 服薬内容：レミニール錠８㎎朝夕食後／セレコックス錠100㎎朝夕食後／リリカOD錠25㎎毎食後／ニフェジピンCR錠20㎎朝食後／ルネスタ錠２㎎就寝前 服薬状況：以前に薬をなくしてしまったり、飲む時間がわからなくなったりしたので薬は一包化されており、妻が管理し本人に渡している。 身長・体重：160㎝・58kg
ＡＤＬ	寝返り：敷布団の端をつかみ寝返りしている。起き上がり：布団に手や肘をつき起き上がる。離床状況：寝たり起きたり。午前中に犬の散歩が日課。移乗・移動：自立。屋内は伝い歩き、屋外は独歩可能であるが、500m程度の歩行で痛みが生じる。歩行：独歩可能。入浴：週３回程自宅で入浴。介助なし。
ＩＡＤＬ	調理：妻が行う。買い物：妻、長女、長女の子が行う。掃除・金銭管理：妻が行う。
認知	特別なこと以外は自分で決める。介護保険サービスの利用は断固として拒否。
コミュニケーション能力	その場では会話は成り立つ。15分程前に話したことは忘れ、「そんなことは言っていないし聞いていない」と怒鳴ることがある。
社会との関わり	近隣との付き合いはなく、散歩で会った人と挨拶をする程度。
排尿・排便	自立。
じょく瘡・皮膚の問題	問題なし。
口腔衛生	問題なし。
食事摂取	食事準備は妻による介助。摂取は自身で行える。
問題行動	家族はもとより、医師や支援者の助言は全く聞かず、大声で怒鳴ることがある。 物をどこに置いたかわからなくなり、家族を犯人扱いする。 辻褄が合わないことを話し、何度も繰り返している。
介護力	次女は自宅には寄りつかない。妻が主介護者だが、長女との関係が非常に悪く（一方的に責められている）、ストレス性の下血で入院することがあった。長女の子は本人とあまり話をしない。
居住環境	築65年の木造住宅。
特別な状況	妻がストレス性の下血で入院することがある。また、不眠症や昼に覚醒していないことがある。それにより、家事を失敗している。長女は双極性障害にて訪問看護の利用がある。長女の思い通りにならないことがリストカットの要因の１つになっている。長女は妻への暴言があるが、一方で「母親が心配だから」と言っているときがある。長女と次女の関係が悪く、次女は自宅に寄りつかない。本人はその状況を案じていて、長女と妻の間に入りたいと思っている。
その他	虐待等はなし。

前川さんのアローチャート

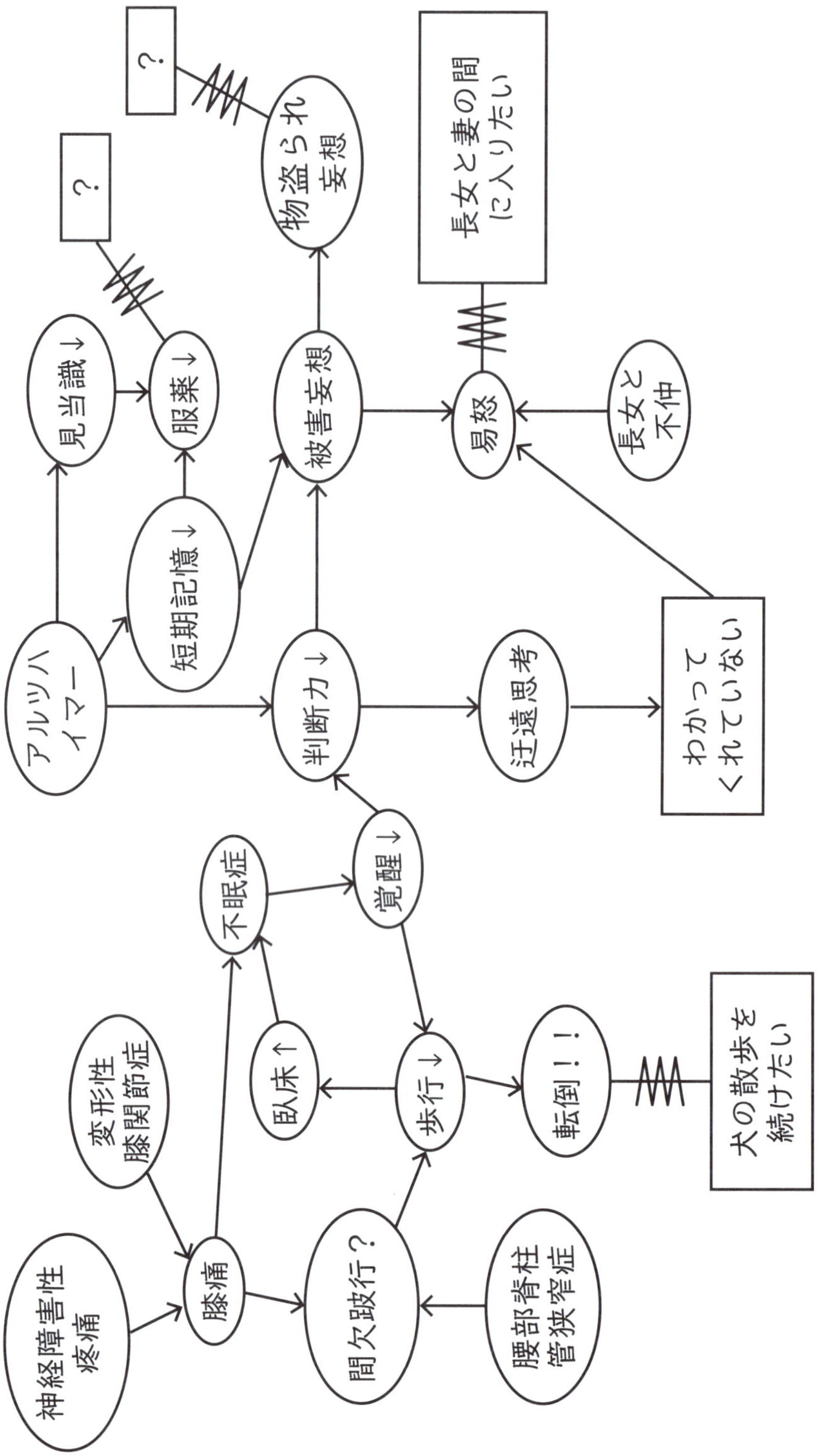

課題整理総括表

利用者名　前川　亮太　殿

作成日　／　／

自立した日常生活の阻害要因（心身の状態、環境等）			
	①変形性膝関節症および神経障害性疼痛による膝痛等で歩き続けられない	②アルツハイマー型認知症に伴う短期記憶低下による被害妄想	③判断力低下に伴う迂遠思考
	④長女と不仲	⑤	⑥

状況の事実　※1		現在　※2	要因※3	改善/維持の可能性※4	備考（状況・支援内容等）
移動	室内移動	**自立**　見守り　一部介助　全介助		改善　維持　悪化	①により屋外歩行が500m程度で痛みが生じ、休みながら歩いているため、犬の散歩を目的とした移動動作の評価、訓練を受けている。（1）
	屋外移動	自立　**見守り**　一部介助　全介助	①	**改善**　維持　悪化	
食事	食事内容	**支障なし**　支障あり		改善　維持　悪化	
	食事摂取	**自立**　見守り　一部介助　全介助		改善　維持　悪化	
	調理	自立　見守り　一部介助　**全介助**	③	改善　**維持**　悪化	
排泄	排尿・排便	**支障なし**　支障あり		改善　維持　悪化	
	排泄動作	**自立**　見守り　一部介助　全介助		改善　維持　悪化	
口腔	口腔衛生	**支障なし**　支障あり		改善　維持　悪化	
	口腔ケア	**自立**　見守り　一部介助　全介助		改善　維持　悪化	
服薬		自立　見守り　**一部介助**　全介助	②③	**改善**　維持　悪化	②③により薬の管理ができていないが、妻が管理、促しをしている。
入浴		**自立**　見守り　一部介助　全介助		改善　維持　悪化	
更衣		**自立**　見守り　一部介助　全介助		改善　維持　悪化	
掃除		自立　見守り　一部介助　**全介助**	③	改善　**維持**　悪化	③により家事全般において支援が必要であるが、もともと家事はしておらず、妻の役割となっている。
洗濯		自立　見守り　一部介助　**全介助**	③	改善　**維持**　悪化	
整理・物品の管理		自立　見守り　**一部介助**　全介助	③	改善　**維持**　悪化	
金銭管理		自立　見守り　一部介助　**全介助**	③	改善　**維持**　悪化	
買物		自立　見守り　一部介助　**全介助**	③	改善　**維持**　悪化	
コミュニケーション能力		**支障なし**　支障あり		改善　維持　悪化	②③④により、本人、妻がストレスフルな状況。別々でいられる時間をつくったり、家族間で無理なく協力できるように検討する必要がある。（2） ②③により物を置き忘れ、物盗られ妄想が出ている。
認知		支障なし　**支障あり**	②③④	改善　**維持**　悪化	
社会との関わり		支障なし　**支障あり**	①②③	改善　**維持**　悪化	
褥瘡・皮膚の問題		**支障なし**　支障あり		改善　維持　悪化	
行動・心理症状（BPSD）		支障なし　**支障あり**	②③	改善　**維持**　悪化	
介護力（家族関係含む）		支障なし　**支障あり**	②③④	**改善**　維持　悪化	
居住環境		**支障なし**　支障あり		改善　維持　悪化	
				改善　維持　悪化	

利用者及び家族の生活に対する意向	犬の散歩が続けられるようになりたい。長女と妻の間に入らないといけない。

見通し　※5	生活全般の解決すべき課題（ニーズ）【案】	※6
①により転倒リスクがあり、外出していないが、（1）を行うことで改善する見通しである。	犬の散歩を続けたい。	1
②③④により家族関係が悪化し、易怒性が高まっているが、（2）をすることで改善する見通しである。	長女と妻の間に入りたい。	2
②③により服薬管理ができないが、家族や専門職で確認などをすることで改善する見通しである。	薬を処方どおり飲めるようにしたい（本人には未確認）。	—
②③により物を置き忘れ、物盗られ妄想に発展しているが、定期的に確認、整理をすることで未然に防ぐことができる見通しである。	物がなくならないようにしたい（本人には未確認）。	—

第 1 表

居宅サービス計画書（1）

作成年月日　　年　月　日

初回・紹介・継続　　認定済・申請中

利用者名　前川　亮太　殿　　生年月日　　年　月　日　　住所

居宅サービス計画作成者氏名　　居宅介護支援事業者・事業所名及び所在地

居宅サービス計画作成（変更）日　　年　月　日　　初回居宅サービス計画作成日　　年　月　日

認定日　　年　月　日　　認定の有効期間　　年　月　日 ～　　年　月　日

要介護状態区分	要介護 1 ・ 要介護 2 ・ 要介護 3 ・ 要介護 4 ・ 要介護 5
利用者及び家族の生活に対する意向	（利用者）犬の散歩が続けられるようになりたいね。妻のことを護ってやりたい。 （家族：妻）夫にはまた散歩ができるような体になってもらいたい。
介護認定審査会の意見及びサービスの種類の指定	なし
総合的な援助の方針	脊柱管狭窄症や変形性膝関節症に伴い、歩行が不安であり転倒のリスクがあります。また、同居ご家族も病弱であり、介護を担うのに負担があります。ご自身の健康状態に気を配りながら、リハビリが行えるよう支援をしていきます。また、ご家族間でストレスが少ない生活が送れるように検討していきます。
生活援助中心型の算定理由	1．一人暮らし　2．家族等が障害、疾病等　3．その他（　　　）

第　2　表

居宅サービス計画書（2）

利用者名　前川　亮太　殿　　　　　　　　　　　　作成年月日　　　年　　月　　日

生活全般の解決すべき課題（ニーズ）	目標				援助内容					
	長期目標	（期間）	短期目標	（期間）	サービス内容	※1	サービス種別	※2	頻度	期間
犬の散歩を続けたい。	いつものコースで犬の散歩ができる。		20分程度の歩行ができる。		歩行訓練、運動機能評価、犬の散歩が安全に行える方法、生活習慣の改善提案	○	訪問看護		2回／週	
長女と妻の間に入りたい。	家族間で争いになることが減る。		物がなくならない。		物の整理の工夫と助言	○	訪問看護		1回／週	
					物の整理の工夫と助言	○	居宅介護支援		適宜	
			考えていることをわかってもらえる。		話を受け入れる 家族間の意見の収集	○	訪問看護		1回／週	
					話を受け入れる 家族間の話の仲介	○	居宅介護支援 地域包括支援センター		適宜	

※1　「保険給付の対象となるかどうかの区分」について、保険給付対象内サービスについては○印を付す。

※2　「当該サービス提供を行う事業所」について記入する。

情報分析の手順の解説

本文の情報に該当する「前川さんの情報」の項目（102～103頁）

現在の生活状況

既往歴／現病歴

健康状態

認知症の影響

このケースでは原因として、最も影響が大きそうな「**アルツハイマー型認知症**」に着目してみます。まずは、アルツハイマー型認知症とひとくくりにせず、中核症状と周辺症状に分けることで論理的な分析ができます。

短期記憶障害や**見当識障害**は認知症の代表的な中核症状として考えられますが、**迂遠思考**（話の細かいところにとらわれていたり、話がまわりくどいこと）は、周辺症状と考えられ、原因となる中核症状としては**判断力が低下**していることが考えられます。**被害妄想**も周辺症状であり、判断力低下と短期記憶低下によるものと考えられます（図1）。

図1

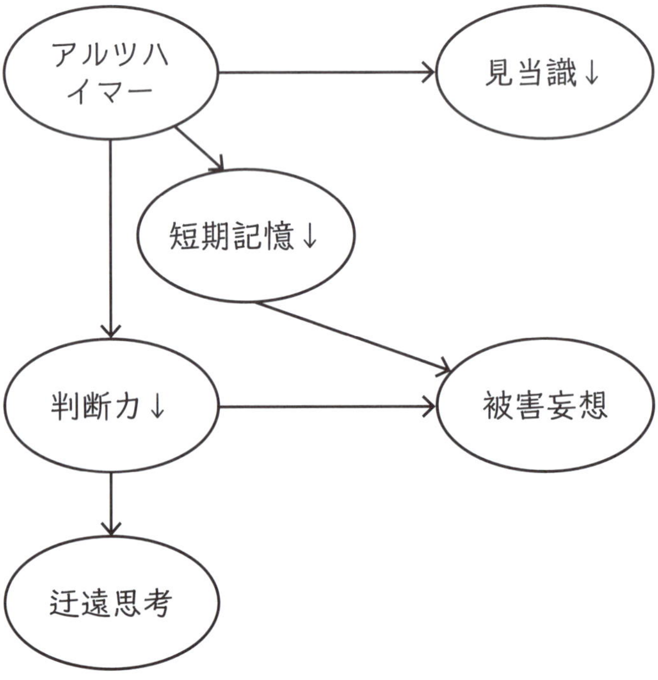

中核症状・周辺症状別の影響

それぞれの中核症状、周辺症状が生活上でどのような支障をきたしているのでしょうか。

まず、「以前に薬をなくして……」とあり、短期記憶障害、見当識障害という中核症状により**服薬管理ができなくなっている**ことがわかります。

健康状態

また、前川さんは物がなくなったとき、**家族を犯人扱い**することがあるようです。さらに、家族や支援者を怒鳴ったり、「辻褄が合わないことを話し、何度も繰り返している」というのは、**被害妄想**とあわせて、**易怒性が高くなっている**ことが考えられます。

問題行動

ここで、先程の迂遠思考と易怒性の関係を考えていきます。話の辻褄が合わないことは、前川さんの判断力低下によるものではないでしょうか。これは迂遠思考に影響しているととらえ、「物がみつからない」「薬のことがわからない」などの出来事から「気にならないことがおかしい」「はっきりしないと何も考えられない」などの思いが生まれ、そのせいで怒りっぽくなっていると想定できます。

他にも「「そんなことは言っていないし聞いていない」と怒鳴ることがある」とあります。さらに、長女との関係性は悪く「双方で「あいつが悪い」と言い合っている」とあります。言い換えると**わかってくれていない**というネガティブな思いを抱えているのではないでしょうか。

コミュニケーション能力

現在の生活状況

また、怒りっぽくなる原因には**長女との不仲**もあることがわかります（図2）。

図2

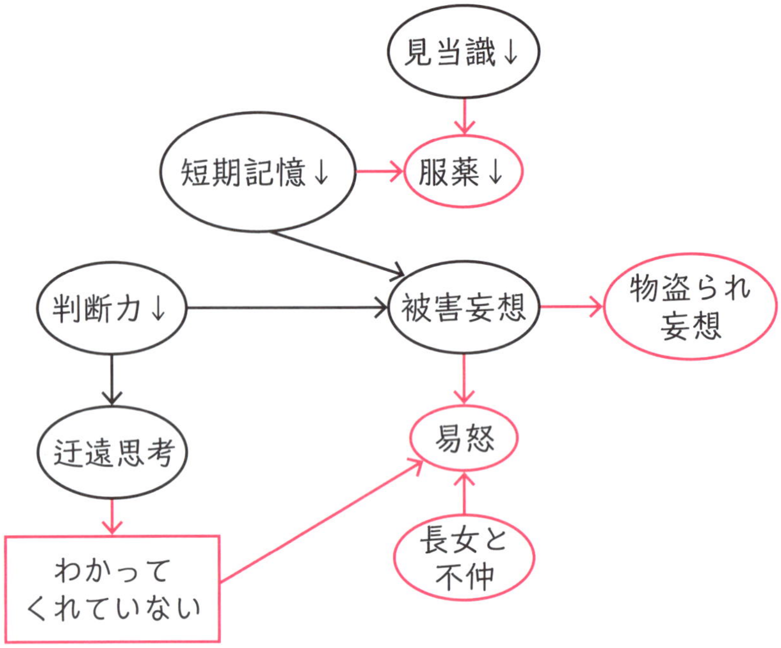

不眠症の影響

次に他の疾患についても考えてみましょう。

まず、高血圧症については、情報を確認する限り、支障をきたしている症状がないのでおいておきます。

既往歴／現病歴

ADL

それでは、**不眠症**を考えてみます。症状は「寝たり起きたり」と記載されており、不眠症により昼夜問わず、あまり**覚醒していない**ことがわかります。

また、覚醒していないということは、**判断力の低下**に影響していること、寝ていることが多いという理解ができます。寝ていることが多いことは不眠症の原因になっているととらえることができます（図3）。

図3

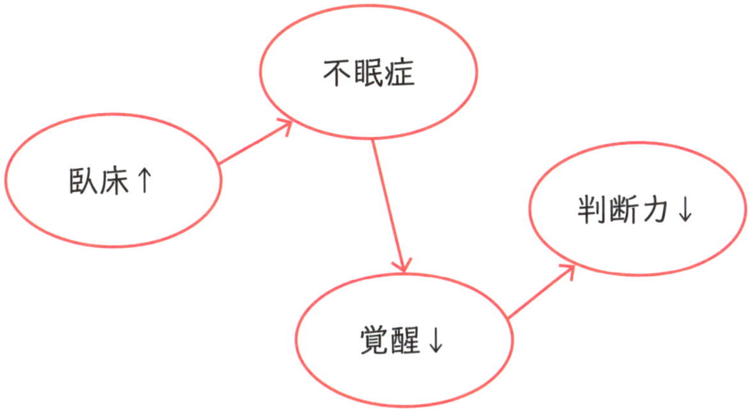

変形性膝関節症の影響

既往歴／現病歴

次に**変形性膝関節症**により何が起きているのかを考えます。

前川さんには、**膝の痛み**が生じているようです。この膝の痛みは神経障害性疼痛も影響していると考えられます。そして、痛みによってこれが不眠症の原因にもなっていることが考えられます（図4）。

図4

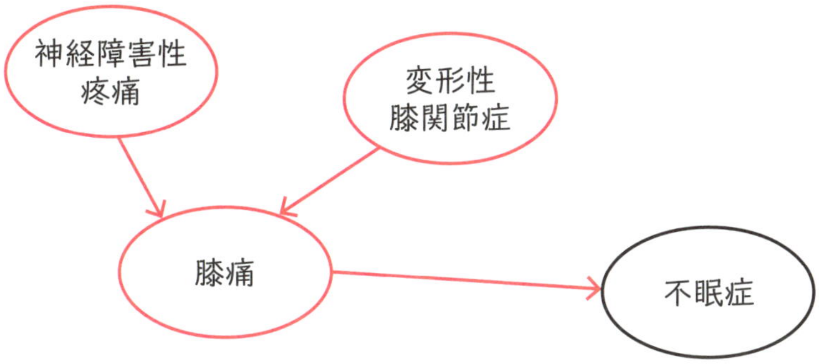

腰部脊柱管狭窄症の影響

ADL

「移動」は自立ですが、「屋内は伝い歩き、屋外は独歩可能であるが、500m程度の歩行で痛みが生じる」とあります。このような症状は**腰部脊柱管狭窄症**からくる**間欠跛行**なのではないかと想定されます。しかし、この点については医師からの明確な診断がないので「？」をつけて表します。

健康状態

犬の散歩中に**転倒**したのは、間欠跛行による**歩行状態の低下**の影響ではないでしょうか。

この歩行状態の低下ですが、覚醒していないこともその原因と考えられます。さらに、歩行状態が低下していることで寝ている時間が多くなっていると考えられ、覚醒↓をもたらし、それが歩行状態を低下させ……と、悪循環が生じています（図５）。

図５

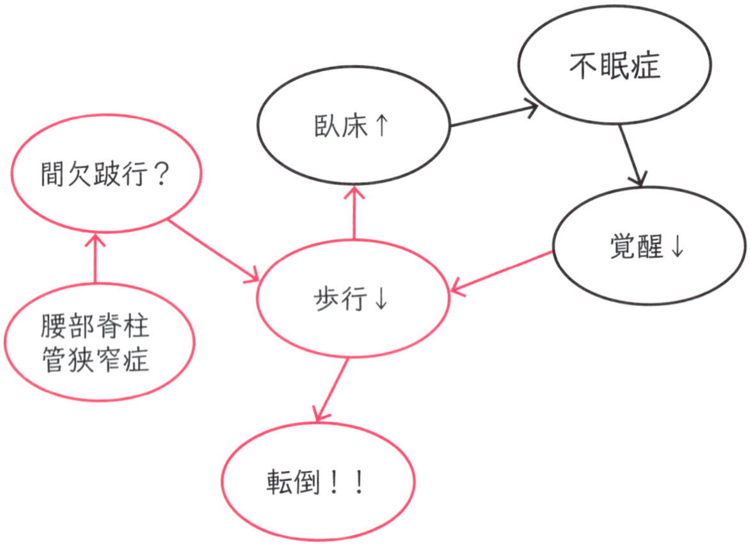

主観的事実との関係

前川さんは転倒してしまう危険性がありますが「犬の散歩は続けたい」と思っているようです。また、怒りを抱えていますが、一方で「長女は妻を責め込んでいて何とかしてほしい」と訴えており、**長女と妻の間に入りたい**と思っているようです（図６）。

主訴

特別な状況

図６

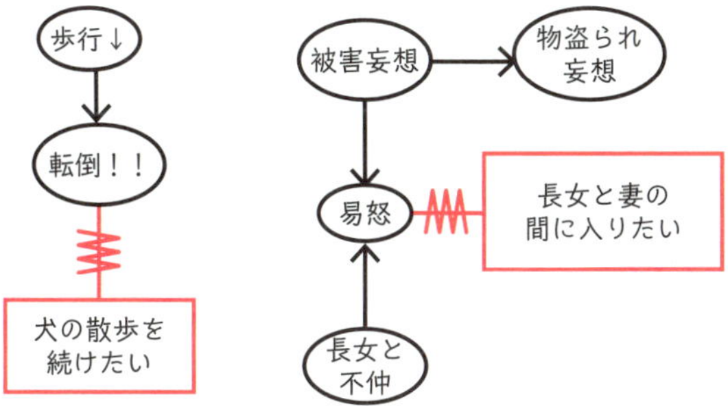

他にも服薬管理ができないこと、物盗られ妄想に対しても思うところがあると考えられますが、ここでは聞き取れていないので「？」を記入しておきます（図７）。

図７

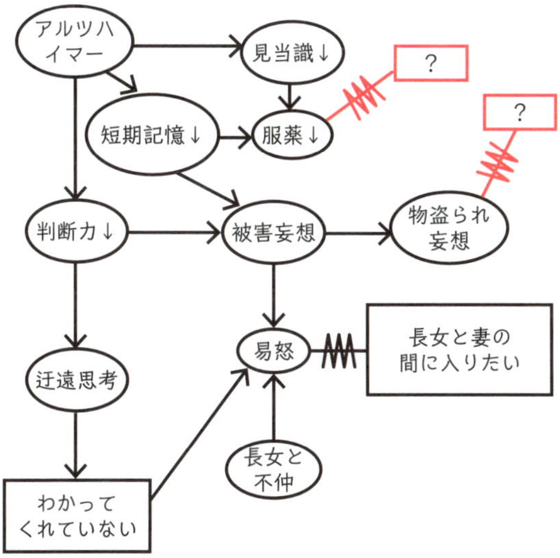

家族の状況の情報分析

前川さんには、基本情報やアセスメント概要を見る限り、家族間での関係性の悪化が生じる要因がいくつかあることがわかります。

今回は、ケアプランに展開する前に家族の状況も分析をしておきましょう。

世帯状況を見ると同居しているのは妻と長女、長女の子ですが、要因として考えられる情報は妻と長女に集約されていることから、妻と長女の分析をします。

妻の情報分析

現在の生活状況

まず、妻は**軽度の認知症**があり、それによりこれまでできていた家事がうまくいかなくなっているようです。そのことで精神的に**苦しい**思いをしているようですが、その思いの原因として、前川さんの介護を担っていること、また、長女からの暴言があることも考えられます。

介護力

特別な状況

その苦しいという思いから**ストレス性下血**を発症し、入院したことがあります。**不眠症**や**覚醒していない**こともあり、家事の失敗につながっているという悪循環も生まれています。

妻には、「**入院したい**」という思いもあるようですが、これは解放されたいという気持ちの表れかもしれません。ですが、「入院したくない」というアンビバレントな思いも抱え、葛藤していることがわかります。

その背景は何でしょうか。これは、「家のことは自分が何とかしたい」という思いがあると想定され、「苦しい」という思いとアンビバレントな関係にあることがわかります（図８）。

図8

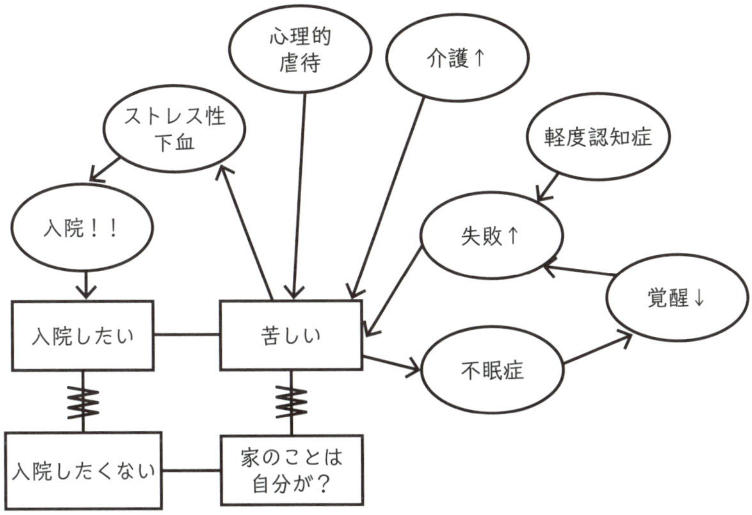

長女の情報分析

長女は、大学生の頃より**摂食障害**を発症し、その後、**双極性障害**の診断を受け、**リストカット**を繰り返しています。

これまでの生活歴
特別な状況

その要因として、幼少期に両親にかまってもらっていないという思いを抱えており、何らかの**虐待**を受けていた、若しくは虐待と感じていた可能性が考えられます。それにより摂食障害を起こし、双極性障害につながったことで被害妄想からリストカットを繰り返したり、妻（母親）に**暴言をはく**ことを繰り返しているようです。

リストカットのもう１つの要因に、思い通りにならないことがトリガーになっていることがわかります。ですが、暴言については「母親が心配だから」という発言もあり、その言葉の奥には何らかの思いがあることが想定されます。しかし、現状はそれが何かわかっていません。

ここで、妻のチャートと照らし合わせてみるとわかることがあります。それは、長女のチャートの「被害妄想による暴言」と妻のチャートにある「心理的虐待」が接点として考えられることです。しかし、「**母親が心配だから**」と言っていることに着目すると、妻は「**家のことは何とかしたい**」と考え、前川さんは「長女と不仲」で怒りを抱えているけれども「**妻に対する娘の暴言を何とかしたい**」「**妻を何とか**

したい」という思いを抱えている点から、三者三様で家族を思っているともいえることがわかります（図９）。

図９

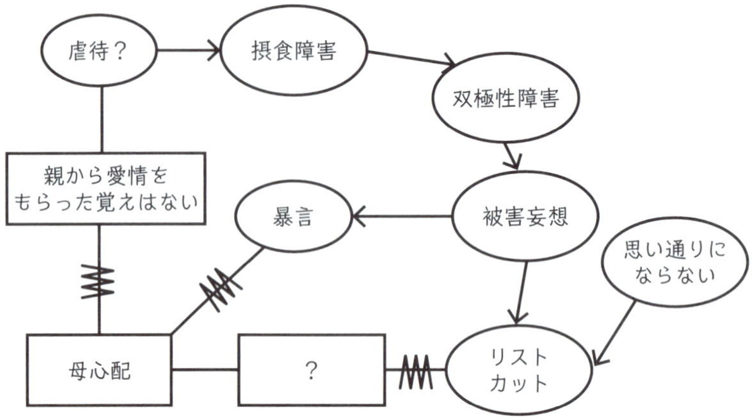

ケアプランに展開する

ここまで、３人のチャートを踏まえて分析をしてみました。ですが、ケアプランに展開をする場合、家族の状況は参考にするにとどめ、本人のチャートで考えます。なぜなら、ケアプランは前川さん自身のものであるからです。家族のチャートを混ぜてしまうと、どこかで混乱が起き、本人主体でないプランを立案してしまうおそれがあるからです。今回は、ニーズとして考えられる状況が４つありますが、本人の意思が確認できている２つを抽出していきます。

ニーズ１）犬の散歩を続けたい

阻害要因として考えられる転倒のリスクからさかのぼっていくと、根本原因に神経障害性疼痛、変形性膝関節症、腰部脊柱管狭窄症、臥床が増えているということがあります。ですが、臥床が増えているということ以外は改善が困難であることから、結果として記されている「歩行動作が低下している」ことに対して**20分程度の歩行ができる**と転換し、短期目標として設定します。

ニーズ2）長女と妻の間に入りたい

このニーズの原因はアルツハイマー型認知症が根本と考えられます。しかし、これも改善が困難なことから、「判断力低下」に対して補完していくことと、その先にある「被害妄想」と「迂遠思考」に対しても補完していくこと、そして「長女と不仲」に対しての配慮を検討し、**物がなくならない**、**考えていることをわかってもらえる**と転換し、短期目標として設定していきます。

ここでは家族間で三者三様にとらえていた家族を思う気持ちを反映していくこととし、介護の役割を明確にし、結果、妻と長女の負担を軽減していくことができるかを検討していきます。

図10

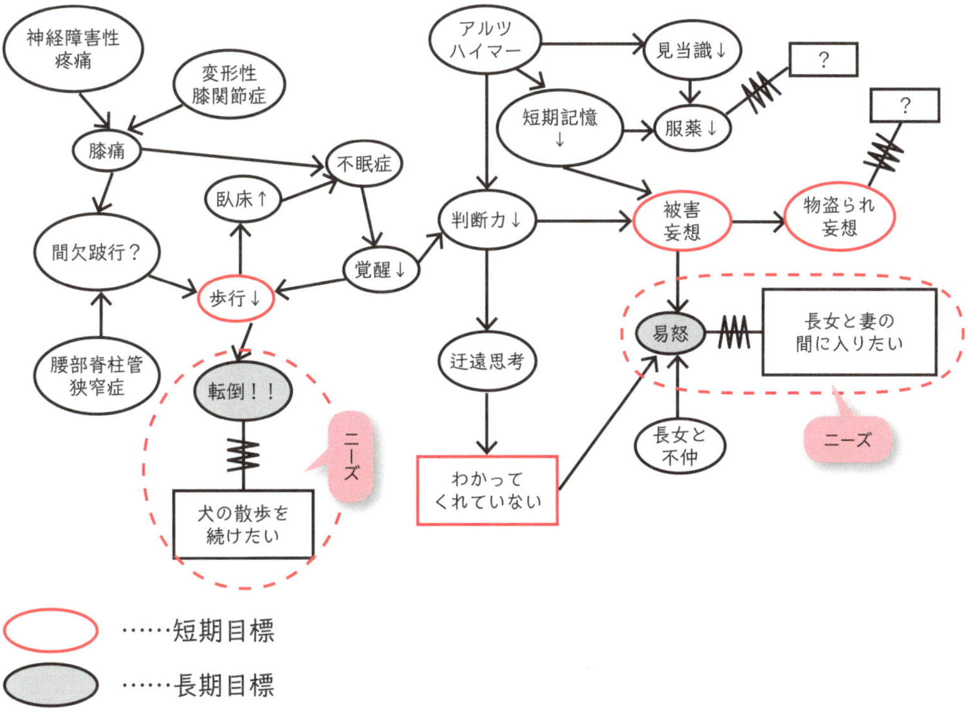

事例6　趣味活動を再開して生活の楽しみを取り戻したいと願う利用者の事例

石川さんの情報

基本情報に関する項目			
氏名 （年齢・性別）	石川朋香 （80歳・女性）	要介護度等	要支援１
障害高齢者の日常生活自立度	Ｊ１	認知症高齢者の日常生活自立度	自立
利用している サービスの状況	転居前は介護予防通所リハビリテーションを利用していた	既往歴／現病歴	逆流性食道炎（75歳）、高血圧・脂質異常症・慢性腎臓炎（77歳）、脊柱管狭窄症（61歳）、めまい、眼瞼下垂、右顔面神経麻痺
受診・通院の状況	内科、整形外科通院（月１回）	入院歴	
世帯状況（介護の状況）	長女、孫と同居	経済状況	国民・遺族年金（月20万円）
これまでの生活歴	国民学校に入学し、在学中に終戦をむかえる。花嫁修業として技芸の高校へ入学。 卒業後は洋裁学校に入るも19歳のときに結婚のため中退。夫の実家が経営する下宿で夫の姉とともに働く。20歳で長女、25歳で長男を出産。子どもが宗教関係の幼稚園に入園したことをきっかけに自身も入信。 30代から40代は地元代議士の事務所で働く。夫の転勤で転居。転居先でブライダルコンサルタントの資格を取得し、夫の勤務するホテルで仕事をする。その後も夫の転勤により各地を転々として57歳のとき結婚当初の土地へ戻る。 その後販売員などの仕事を続ける。自身の脊柱管狭窄症などを抱えながら63歳から義母の介護を行い72歳のときに看取る。79歳のときに夫が他界。そのショックで体重が10kg減少。その後１周忌を終えて現宅へ転居する。		
現在の生活状況	２か月前に隣区より転入。隣区では半日型の通所リハビリテーションを利用していた。 宗教団体に所属。仏賛歌のコーラスをしていたが、現在は行けていない。		
主訴	今より悪くならないように維持をしたい。 本人：女３人世帯なので家のなかでは困っていないが、なるべく世話をかけないでいたいので、リハビリで維持をしたい。考えてみたら、夫を失ったが、得たものも多かった。いつまでも後悔していても仕方がないと思えるようになった。以前にやっていた体操に似たようなものやコーラスやカラオケに参加したい。登山にも行きたい。 長女：私はあまり信用されてないし好かれていない。それでも世話をしたいと		

	は思っている。
課題分析（アセスメント）理由	転居による保険者、事業所の変更に伴う初回アセスメント。
課題分析（アセスメント）に関する項目	
健康状態	脊柱管狭窄症による右半身しびれ、足の上がりがよくない。 159㎝、53kg。１年半前、夫が他界してから10kg以上低下。 服薬は自立。
ＡＤＬ	麻痺・拘縮：右顔面神経麻痺、眼瞼下垂。 寝返り：自立。起き上がり：自立。離床状況：日中はほぼ離床している。 移乗：自立。移動：見守り。歩行（屋内）：伝い歩き。歩行（屋外）：杖歩行。 洗顔：毎朝自立。 入浴：自立、毎日入る。洗身：自立。洗髪：自立。整髪：自立。 更衣（上衣）：自立。更衣（下衣）：自立。
ＩＡＤＬ	調理：長女が行う。 買物：１日おき程度に駅前に行く。 掃除：家事はほぼしないが、洗濯だけする。 金銭管理：自立。 服薬：自立。
認知	問題なし。
コミュニケーション能力	意思伝達：可能。 視力：問題ないが眼瞼下垂あり。 聴力：問題なし。
社会との関わり	友人・近所・地域等：転居して間もないので友人は近隣にいない。 外出頻度と外出先：駅前や通院に行く。 集団適応：問題なし。 以前は登山やコーラスグループに参加していた。
排尿・排便	排尿：自立。排便：自立。利尿剤・下剤等：なし。
じょく瘡・皮膚の問題	皮膚状況：問題なし。
口腔衛生	歯：２本だけ差し歯、他は残存。口腔内状況：問題なし。 口腔ケア：毎食後はマウスウォッシュ、夜、入浴時に歯みがきをする。
食事摂取	食事：自立、調理は家族が行う。 嚥下：問題なし。 アレルギー：なし。 水分摂取：180mlのコップで10杯程度/日。
問題行動	なし。
介護力	主介護者：長女。副介護者：孫。
居住環境	12階建てマンション、２LDK、自室あり。
特別な状況	
その他	

石川さんのアローチャート

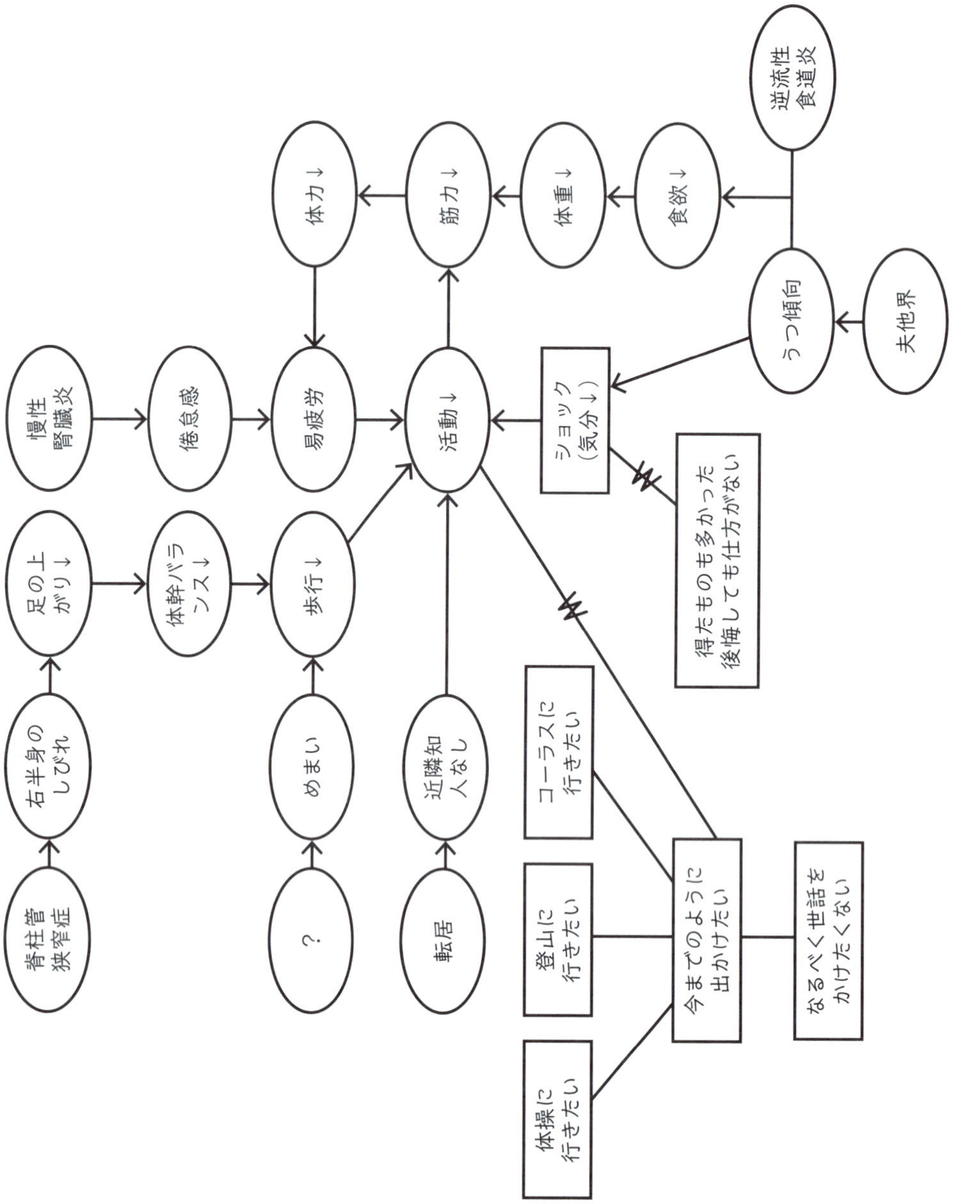

課題整理総括表

利用者名　石川　朋香　　　　　　　殿　　　　　　　　作成日　　／　　／

自立した日常生活の阻害要因（心身の状態、環境等）	①脊柱管狭窄症による右下肢動き低下	②めまい	③慢性腎炎による易疲労
	④食欲低下による体重減	⑤転居後のため近隣知人なし	⑥

利用者及び家族の生活に対する意向	今までのように出かけ、家族に世話にならずに過ごしたい。

状況の事実　※1		現在　※2	要因※3	改善/維持の可能性※4	備考（状況・支援内容等）
移動	室内移動	**自立**　見守り　一部介助　全介助		改善　維持　悪化	
	屋外移動	自立　**見守り**　一部介助　全介助	①②	**改善**　維持　悪化	屋外移動は杖を使用して移動。
食事	食事内容	支障なし　**支障あり**	④	**改善**　維持　悪化	②③と夫他界の精神的ショックで④あり。 家事は以前より実施。栄養改善傾向にあり。
	食事摂取	**自立**　見守り　一部介助　全介助		改善　維持　悪化	
	調理	自立　見守り　**一部介助**　全介助	②③④	改善　**維持**　悪化	
排泄	排尿・排便	**支障なし**　支障あり		改善　維持　悪化	
	排泄動作	**自立**　見守り　一部介助　全介助		改善　維持　悪化	
口腔	口腔衛生	**支障なし**　支障あり		改善　維持　悪化	
	口腔ケア	**自立**　見守り　一部介助　全介助		改善　維持　悪化	
服薬		**自立**　見守り　一部介助　全介助		改善　維持　悪化	
入浴		**自立**　見守り　一部介助　全介助		改善　維持　悪化	
更衣		**自立**　見守り　一部介助　全介助		改善　維持　悪化	
掃除		自立　見守り　一部介助　**全介助**	①②③	改善　**維持**　悪化	掃除は以前より家族が実施。
洗濯		**自立**　見守り　一部介助　全介助		改善　維持　悪化	
整理・物品の管理		**自立**　見守り　一部介助　全介助		改善　維持　悪化	
金銭管理		**自立**　見守り　一部介助　全介助		改善　維持　悪化	
買物		自立　見守り　一部介助　**全介助**	①②③	改善　**維持**　悪化	買い物は以前より家族が実施。
コミュニケーション能力		**支障なし**　支障あり		改善　維持　悪化	
認知		**支障なし**　支障あり		改善　維持　悪化	
社会との関わり		支障なし　**支障あり**	①②③④⑤	**改善**　維持　悪化	①②による歩行力の低下や、③と④がからみ合って以前のような活動性がなくなっている。
褥瘡・皮膚の問題		**支障なし**　支障あり		改善　維持　悪化	
行動・心理症状（BPSD）		**支障なし**　支障あり		改善　維持　悪化	
介護力（家族関係含む）		**支障なし**　支障あり		改善　維持　悪化	
居住環境		**支障なし**　支障あり		改善　維持　悪化	
				改善　維持　悪化	

見通し　※5	生活全般の解決すべき課題（ニーズ）【案】	※6
生活範囲の狭窄を生んでいる歩行力の低下による活動量の低下は、①と②により生じている。 ①と②については受診による状態のコントロールを図るとともに、①はリハビリテーションによる訓練の実施により状態を改善することで歩行力の低下を改善できる可能性があり、それにより活動量の低下を改善していけると思われる。 また、夫の他界によるうつ傾向からの気分的な落ち込みによる活動の低下は改善傾向にある。一方でその際に④となり、10kg以上の体重減を生じ筋力の低下を招き、体力の低下から活動量を低下させ、さらに筋力を低下させるという悪循環を招いている。また③を原因とする易疲労もこの悪循環の要因となっているため、栄養を整えて体力を回復するための食事のコントロールを継続する。 この両視点でのアプローチで希望する今までのように出かけたいというニーズに対応していけると考える。 ⑤については以前から行ってきた活動の再開を目指すとともに、地域にある同様の活動への参加などにより活動への意欲を回復できると考える。	活動が低下してきているけれど今までのように出かけて行きたい。	1

介護予防サービス・支援計画書（ケアマネジメント結果等記録表）

初回・紹介・継続	認定済・申請中	(要支援 1)・要支援 2	事業対象者

No.

利用者名　石川　朋香　殿　認定年月日　年　月　日　認定の有効期間　年　月　日～　年　月　日

計画作成者氏名　　　委託の場合：計画作成者事業者・事業所名及び所在地（連絡先）

計画作成（変更）日　年　月　日（初回作成日　年　月　日）　担当地域包括支援センター：

目標とする生活

1日	栄養のバランスが取れた食事を摂りながら、教わった自宅でできる体操をすることを日課にする。	1年	家族に世話をかけずに今まで行ってきた活動や地域のサークルなどへ参加できるようになる。

アセスメント領域と現在の状況	本人・家族の意欲・意向	領域における課題（背景・原因）	総合的課題	課題に対する目標と具体策の提案	具体策についての意向 本人・家族
（運動・移動について） 脊柱管狭窄症やめまいがあるために歩行が不安定。 また体重減による体力低下から疲れやすく、活動への参加も減ってきている。	本人：以前にやっていたような体操やコーラスのような活動へ参加したい。	■有　□無 脊柱管狭窄症による右半身のしびれや足の上がりにくさと、原因は不明であるがめまいがあることから歩行のバランスが悪く、活動量が減ってしまっている。	今までのように出かけたいが、足の力が落ちたことや腎臓機能の低下からの倦怠感、転居後の不慣れな土地での人との交流の機会が減少している。	【目標】 今まで行ってきたような活動の機会を取り戻す。 【提案】 1）脊柱管狭窄症の痛みや、めまいからくる歩行の不安定さを改善するために、機能訓練の実施や受診を継続する。 2）腎機能の低下や夫の逝去後の食欲低下や体重減、体力低下からの疲れやすさを改善するために、受診や栄養バランスのとれた食生活を送る。 3）近隣に知人などがおらず、なじみがないので、続けてきた活動や趣味の活動などで参加してみたいものを探し、参加をしてみる。	本人：外出する体力や歩く力をつけるために運動や訓練をする。
（日常生活（家庭生活）について） 家事全般は洗濯を除いて長女が実施。買い物は1日おきくらいに駅前に行っている。	本人：なるべく家族に世話をかけたくない。 長女：色々あっても世話をしたいとは思っている。	■有　□無 食欲の低下から体重が減り、筋力や体力が低下していることで疲れやすくなっているが、自分でできる家事は一部実施している。			本人：今以上に悪くしないためにきちんと診察や検査を受けたい。できる家事は今後も自分で行いたい。 長女：体力をつけるために腎臓に配慮してきちんと栄養の取れる食事をつくるようにする。
（社会参加、対人関係・コミュニケーションについて） 夫が他界して1人暮らしになり、1周忌を終えて今の地域へ来たが、知人などがおらず一緒に活動を楽しむような仲間がいない。	本人：夫を失ったけれど得たものも多かった。いつまでも後悔していても仕方がないので色々活動したい。	■有　□無 転入後間もないために、近隣の知人などがおらず、参加できる活動などもよくわからない。			本人：参加できる教室や、サービス活動などの情報を得て参加できそうなものへ参加してみる。
（健康管理について） 脊柱管狭窄症によるしびれや、慢性腎臓炎による倦怠感もあり、疲れやすさがあるためにサークルへ参加するなどの活動量が減っている。	今以上に悪くしたくない。	■有　□無 慢性腎臓炎による倦怠感や、体重減による体力低下からの疲れやすさは活動量を低下させ、さらに筋力低下を招くという悪循環を生んでいる。			

目標	支援計画					
	目標についての支援のポイント	本人等のセルフケアや家族の支援、インフォーマルサービス（民間サービス）	介護保険サービス又は地域支援事業（総合事業のサービス）	サービス種別	事業所（利用先）	期間
今まで行ってきたような活動の機会を取り戻す。 そのために体力を取り戻すための栄養管理や運動の機会をつくるとともに、医療機関を受診し、体調を整えながら地域の活動への参加を続けられるようになる。	継続した受診による痛みの管理とともに、足の力と歩行時の体のバランスを保つための運動を実施する。	本人：定期受診・毎日自宅での体操などを行う。	足上げ、体幹バランスの訓練、歩行訓練や評価を実施。	介護予防通所リハビリテーション		
			痛みの管理。	医療機関（整形外科）		
	倦怠感・疲れやすさなどを悪化させないためにも定期的な診察や検査を受け、腎機能の数値の改善を図る。	本人：定期受診をする。服薬等をきちんと行う。	定期検査・助言。	医療機関（内科）		
	めまいの原因がわからないので、専門医へ受診して必要な治療を受けられるようにする。	本人・家族：受診・検査を受ける。	受診先との調整・情報共有。	地域包括支援センター		
			めまいの治療。	医療機関（耳鼻咽喉科）		
	腎機能との兼ね合いに配慮したバランスのよい調理ができるように助言する。	家族：調理を実施。 ※洗濯などできる家事は本人が実施。	管理栄養士などの調整・紹介。	地域包括支援センター		
			栄養の助言や食事メニューの提案。	市役所（管理栄養士）		
	体操教室やコーラスなど今まで行ってきたような活動ですぐに参加できそうな教室などへ参加し、一緒に行う仲間をみつける。	本人：興味のある活動へ参加し、知り合いを増やす。				
		ボランティアセンター：地域のサービス活動の紹介・見学の調整。 自治会：体操やコーラスなどの実施。		ボランティアセンター 自治会		

健康状態について
□主治医意見書、健診結果、観察結果等を踏まえた留意点

【本来行うべき支援が実施できない場合】
妥当な支援の実施に向けた方針

総合的な方針：生活不活発病の改善予防のポイント

基本チェックリストの（該当した項目数）／（質問項目数）を記入して下さい
地域支援事業の場合は必要な事業プログラムの枠内の数字に○印をつけて下さい

	運動不足	栄養改善	口腔内ケア	閉じこもり予防	物忘れ予防	うつ予防
予防給付または地域支援事業	／5	／2	／3	／2	／3	／5

地域包括支援センター	【意見】
	【確認印】

計画に関する同意

上記計画について説明を受け、同意いたします。

年　　月　　日　　　　印

情報分析の手順の解説

健康状態・疾患情報等をおさえる

本文の情報に該当する「石川さんの情報」の項目（118〜119頁）

まずは原因を断定しやすい疾患等の影響について考えましょう。いったん現病歴など含めて情報をおさえておきましょう。

既往歴／現病歴

石川さんは既往歴のなかでも、**脊柱管狭窄症**があります。また、**右顔面神経麻痺**や**眼瞼下垂**などがあることもわかります。

健康状態

まずここでは、原因と結果が明確な脊柱管狭窄症が**右半身のしびれ**やそれによる**足の上がりの悪さ**をもたらしていることをつなぎます（図１）。

図１

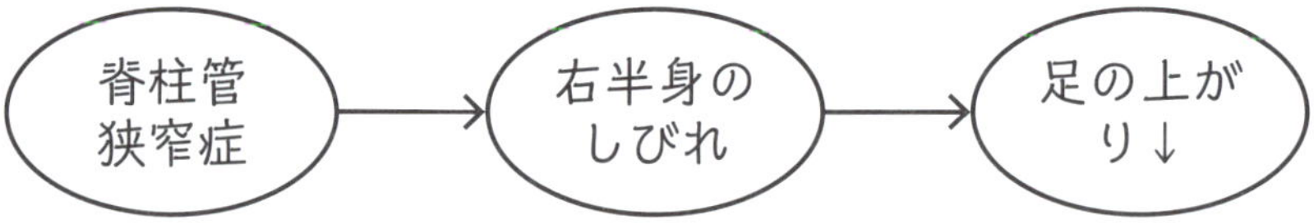

次に足の上がりの悪いことによって起きていることを考えてみましょう。

ADL

屋内での伝い歩きや**屋外での杖歩行・見守り**というのは、つかまらなかったり、杖を使用しない状況では足の上がりの悪さから体幹のバランスが悪く、歩行が不安定になっているのではないかと考えられます。

既往歴／現病歴

また、**めまい**もバランスの低下に影響していると考えられます。めまいの原因は不明であるので「？」として情報を入れておきます（図２）。

図2

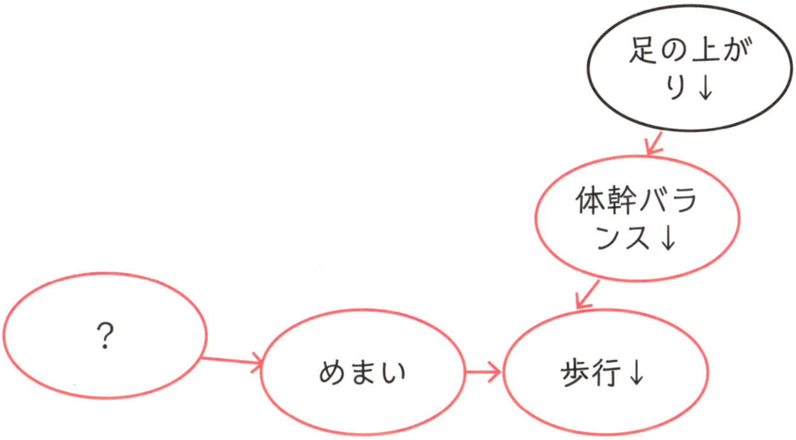

「活動」の影響

石川さんは**歩行の不安定さ**がありながらも**通院や駅前に行くこと**などはしています。

IADL

しかし、**転居後間もないこともあり友人は近隣にはいません**。そのことから活動の範囲は限定されてしまっていると思われます。そのため活動の低下を招いていると考えました（図３）。

社会との関わり

図3

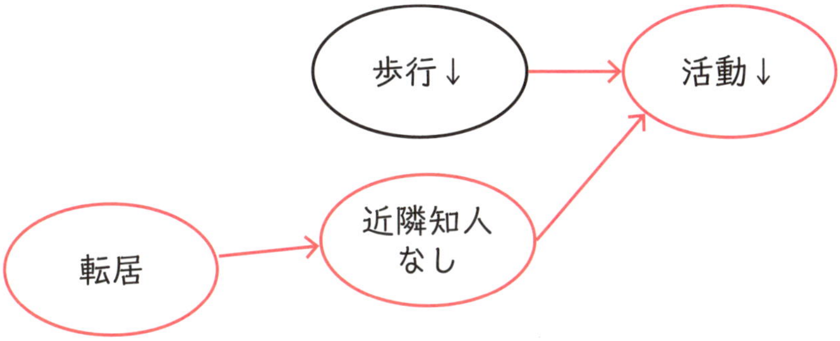

活動の低下については図３からの活動範囲の限定以外の原因を考えてみましょう。

既往歴／現病歴

石川さんは**慢性腎臓炎**を患っていることから、**倦怠感**や**疲れやすさ**があると思われます。それによって**筋力の低下**や**体力の低下**を招いていることが考えられます。体力の低下はさらに疲れやすさを生じさせるという悪循環が生じていることがわかります（図４）。

図４

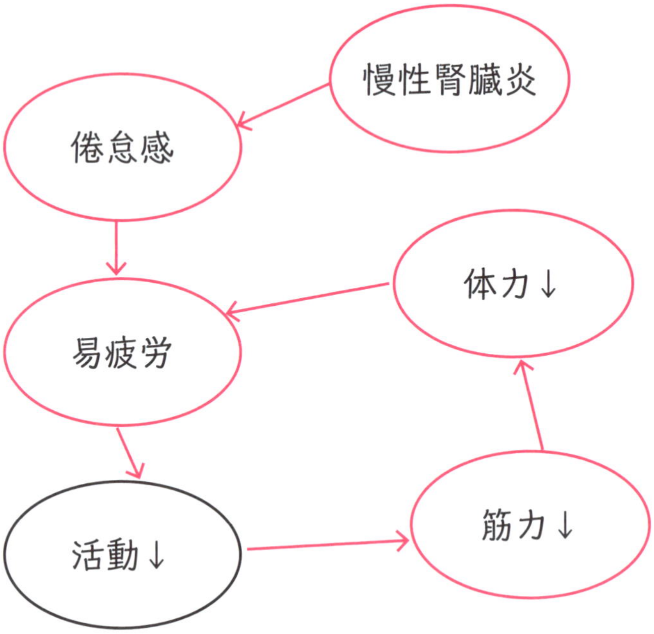

体重減少の影響

これまでの生活歴

健康状態

高齢者にとって体重の急激な変化は大きなリスクとなります。そのため、**ご主人を看取ってから、**そのショックで食欲が低下し**体重が10kg以上減少**してしまったことに着目しましょう。

既往歴／現病歴

急激な体重減少は低栄養だけでなく、筋肉量の低下といった状況も起きることが考えられます。また、**逆流性食道炎**も食欲不振に拍車をかけた可能性があります。

これまでの生活歴

さらに、ご主人を看取ったショックは気持ちの落ち込みを生じさせ、活動量を低下させたことにもつながっていると考えられます。**「ショック（気持ちの落ち込み）」**というのは本人の感じた思いなので主観的情報として記載（□で囲む）します（図５）。

図5

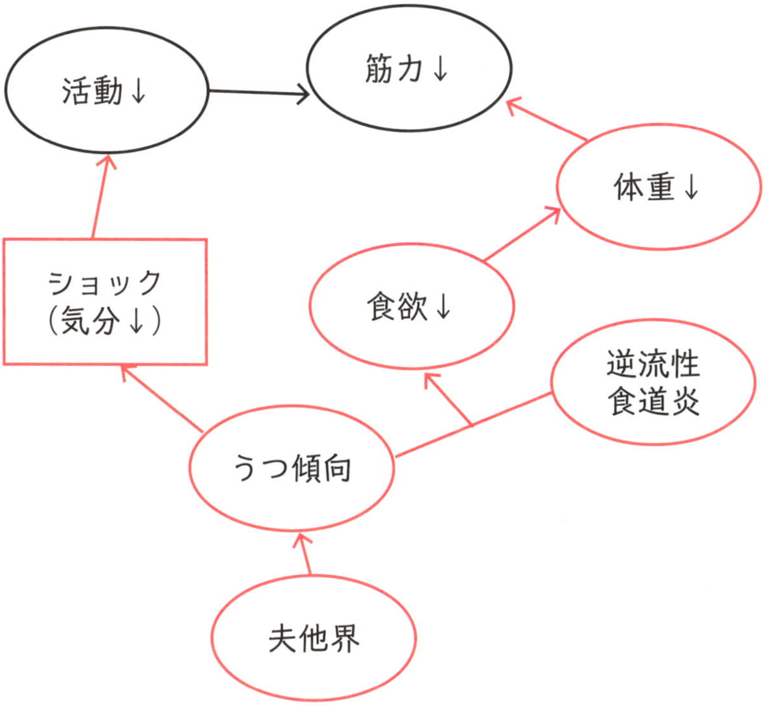

なお、「既往歴／現病歴」欄にある**高血圧・脂質異常症・右顔面神経麻痺**や**眼瞼下垂**などは現在の生活に大きな支障を起こしていないと判断して今回は保留しておきます。ただし、本人の情報として不必要という意味ではないことに注意しておきましょう。

既往歴／現病歴

主観的事実との関係

今回は本人の意思がはっきりと複数確認できますので、まずは情報の整理をしてみましょう。

石川さんは「**今より悪くならないように維持をしたい**」という思いをもっていることが確認できます。その背景には、なるべく家族に世話をかけないでいたいという思いがあるようです。そのためリハビリテーションで維持したいと考えています。そして、以前やっていた体操や信仰している宗教団体のコーラス、カラオケなどに参加をしたいという思いがあり、登山にも行きたいと話しています。

主訴

また、現在住んでいる地域は**転入間もなくであり、気軽に行き来ができるような友人などは近隣ではできていない**状況です。

これまでの生活歴
社会との関わり

「今より悪くなりたくない」の要因

主訴

さて、石川さんに「**今より悪くならないように維持をしたい**」という思いを抱かせている要因は何でしょうか。

アローチャートの「活動の低下」を見ましょう。ここには様々な要因が差し込んでいるのがわかります。「活動の低下」を招いている原因「**歩行の不安定**」は、**脊柱管狭窄症**を原因とする流れや**めまい**からくる流れがあります。さらに図４で示した悪循環では「歩行の不安定」のほかに、**慢性腎臓炎**からくる流れである「**疲れやすさ**」も原因となっています。

ADL

既往歴／現病歴

したがって、現状の石川さんの生活は様々な要因から活動の低下を招いている状況にあると考えられるので、解決に最も時間がかかる「下流」部分だととらえ、そこに石川さんの主観的情報をつなぎます。

「活動の低下」に対して「**今より悪くならないようにしたい**」という思いは、現状を維持したいという思いよりも、維持したい背景を参考にして「今までのように様々な活動をしに出かけて行きたい」と言い換えました。

さらに、石川さんは**なるべく家族に世話をかけたくない**という思いももっています。そしてその思いは自身が活動の低下した今の状況を改善し、今までのように様々な活動ができる力を取り戻していくことであるといえます（図６）。

図６

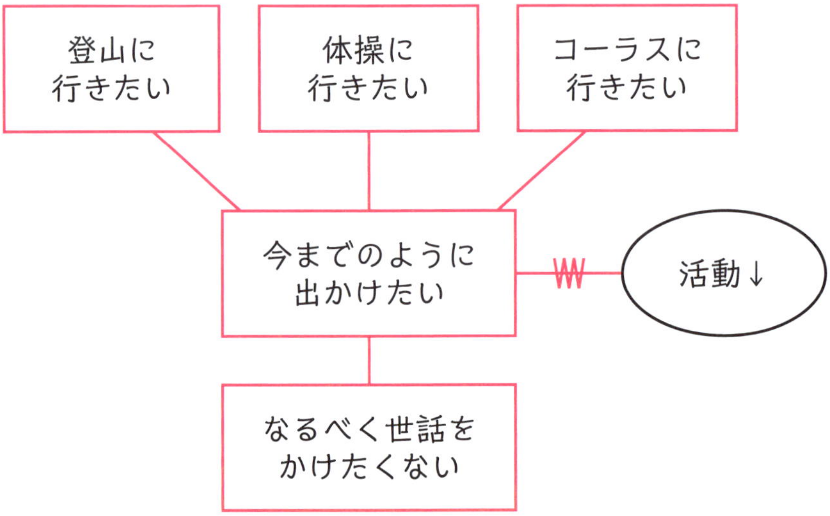

「ショック」だけど「得たものもある」

客観的情報を分析した際に、夫の他界に伴っての気分の落ち込みが活動の低下を招いていった経緯がありましたが、現在は「**夫を失ったが、得たものも多かった。いつまでも後悔していても仕方がないと思えるようになった**」という発言がありました。

主訴

そのため、この情報同士はアンビバレントな関係ではありますが、それでも徐々に改善をしている状態と考えましたので、「**得たものも多かった**」「**後悔しても仕方がない**」という主観的情報は、今後の生活に向けての大切な思いの表れととらえ、本人の言葉そのままを引用して描きます（図７）。

図７

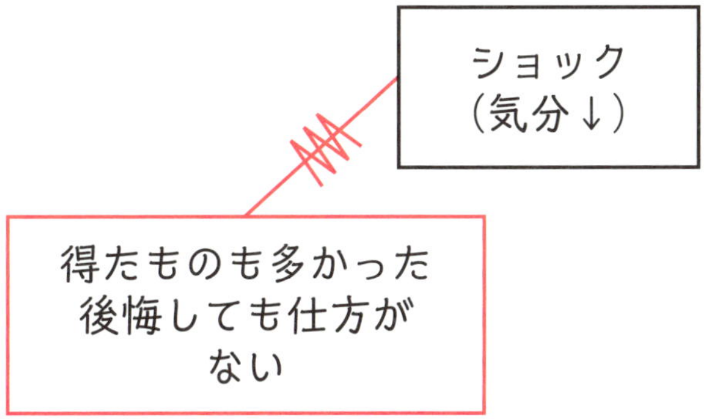

ケアプラン（予防プラン）へ展開する

総合的課題）今までのように出かけたいが、足の力が落ちたことや腎臓機能の低下からの倦怠感、転居後の不慣れな土地での人との交流の機会が減少している

今まで行ってきた様々な活動や参加してきたサークルなどがあり、その活動をもう一度取り戻したいという思いがありますので、ここを総合的課題としてとらえました。

この活動の低下を招いている原因の改善を図っていくために、プランの４領域ごとの課題をアローチャートから見ていきます。

「運動・移動について」は、脊柱管狭窄症を原因とするしびれや足の上がりの悪さ、めまいを原因とする歩行不安定が課題としてあります。

「日常生活（家庭生活）について」は、夫の他界に伴うショック（気持ちの落ち込み）やそれによる食欲の低下で体重が減っていくことなどが原因としてありました。このために、体力の低下と易疲労が課題になっています。しかし、家族に世話をかけないように洗濯など自分でできる家事を行ってもいます。

「社会参加、対人関係・コミュニケーションについて」は、転居後間もない地域であるため近隣に知人がいない、以前参加していたような活動があるのかもよくわからないという状況が課題としてあります。

「健康管理について」は、慢性腎臓炎による倦怠感や体重減による体力低下や筋力低下が悪循環を招いている状況にあることが課題です。

今まで行ってきたような活動の機会を取り戻すことを目標として、それに対する具体策の提案を３つあげました。

１つ目は、脊柱管狭窄症の痛みやめまいによる歩行の不安定さを改善すること、２つ目は、腎機能低下や夫の他界後の食欲低下、体重減、体力低下からの易疲労を改善するための受診や食生活の見直しを提案しています。３つ目、近隣に知人がなく、なじみがない土地柄であることから、趣味の活動など参加できるような活動を探していくことを提案しています。

図8

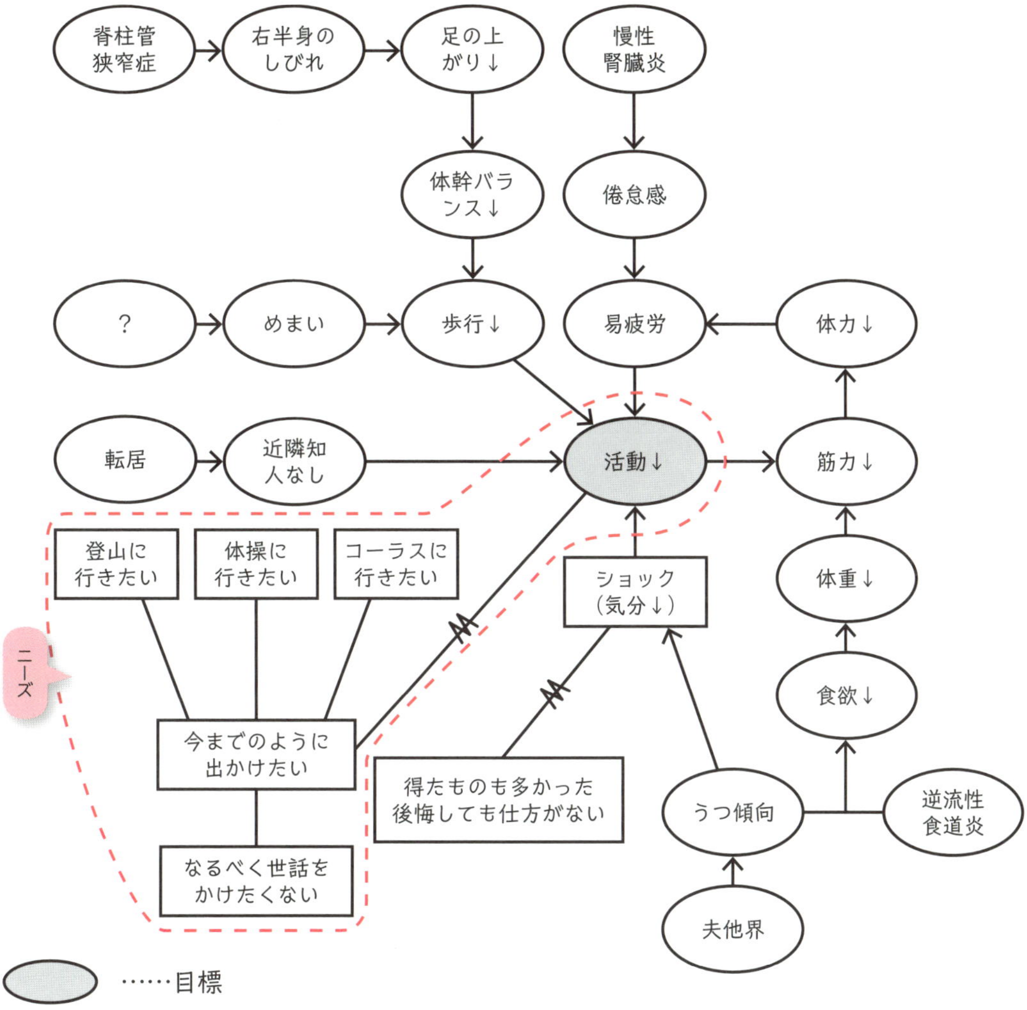

脊柱管
狭窄症
右半身の
しびれ
足の上
がり↓
慢性
腎臓炎
体幹バラ
ンス↓
倦怠感
?
めまい
歩行↓
易疲労
体力↓
転居
近隣知
人なし
活動↓
筋力↓
登山に
行きたい
体操に
行きたい
コーラスに
行きたい
ショック
(気分↓)
体重↓
ニーズ
食欲↓
今までのように
出かけたい
得たものも多かった
後悔しても仕方がない
うつ傾向
逆流性
食道炎
なるべく世話を
かけたくない
夫他界
……目標

事例 7 介護者の入院で１人暮らしをすることになった利用者の事例

上沢さんの情報

<table>
<tr><th colspan="4">基本情報に関する項目</th></tr>
<tr><td>氏名
（年齢・性別）</td><td>上沢直子
（97歳・女性）</td><td>要介護度等</td><td>要介護１</td></tr>
<tr><td>障害高齢者の日常生活自立度</td><td>Ａ２</td><td>認知症高齢者の日常生活自立度</td><td>Ｊ２</td></tr>
<tr><td>利用しているサービスの状況</td><td>地域密着型通所介護</td><td>既往歴／現病歴</td><td>３年前に総胆管結石ステント挿入と横行結腸がん手術
緑内障、心房細動、高血圧症（時期不明）</td></tr>
<tr><td>受診・通院の状況</td><td>Ｂ病院（２か月に１回受診）
Ｄ病院（３か月に１回受診）</td><td>入院歴</td><td>３年前にＢ病院およびＣ病院</td></tr>
<tr><td>世帯状況（介護の状況）</td><td>長男夫婦と同居
長男は要介護４（４年前に脳梗塞・左半身麻痺）
主介護者は長男の妻</td><td>経済状況</td><td>本人は国民年金
長男・長男の妻は厚生年金</td></tr>
<tr><td>これまでの生活歴</td><td colspan="3">24歳で結婚。２男２女を授かり、実家が農家だったため、主に野菜づくりに精を出した。ときにアルバイトをして生計を助けた。夫は病院の用務員として勤務していた。75歳のときに夫が他界。その後は１人暮らしとなる。８年ほど気ままに１人の生活を送っていたが、夜間は寂しかったようで、長男夫婦と相談し、長男宅に身を寄せることとなった。</td></tr>
<tr><td>現在の生活状況</td><td colspan="3">長男夫婦と生活。自宅の隣にある畑で野菜をつくることが楽しみ。畑に出るときは長男の妻が付き添う。家にいるときは、食事と畑に行く以外はベッドに横になって過ごすことが多い。来訪者がいれば、お茶を出すなどして話をする。</td></tr>
<tr><td>主訴</td><td colspan="3">本人：もう入院するような病気にはなりたくない。長男の妻が手術を受けることになり、１人で自宅に残らざるを得ない。もし転んだりしたときに、どうすればよいのかがとにかく心配。家事は目が悪いこともあり長男の妻が行ってくれていたため、手伝いがないと生活がままならなくなってしまうので、手伝ってほしい。</td></tr>
<tr><td>課題分析（アセスメント）理由</td><td colspan="3">主介護者である長男の妻が病気療養のため１か月程介護ができない状況になり、ケアプランを変更するため。</td></tr>
<tr><th colspan="4">課題分析（アセスメント）に関する項目</th></tr>
<tr><td>健康状態</td><td colspan="3">３年前の入院までは緑内障や便秘での受診はあったものの、大きな病気やけがなく過ごしてきた。１年に２度の手術を受けたことで、疲れやすくなったと感じている。</td></tr>
</table>

	服薬内容：降圧剤、抗血小板薬、下剤、眠剤 服薬状況：内服薬は、より確実に飲むことができるようにと長男の妻の管理となっている。手渡しすると飲むことができる。
ADL	移動：すり足。屋内は独歩。屋外ではシルバーカーを使用。ときに手引き歩行。気をつけて歩いていることもあり、転倒の経験はない。 起居：自立。固定ベッド使用。原因不明だが右足に変形（過回外か？診断を受けたことがない）、拘縮がみられバランスを取れないため、床からの立ち上がりができない。 入浴：短時間でもよいので湯船につかりたいと希望あり。自宅では浴槽のまたぎ動作ができないため、通所介護で週３回、介助を受け入浴（浴槽に低い階段が設置されている）。 移乗と排泄は自立。
IADL	もともと調理はしていたが、IH調理器具に変わってからは行っていない。 金銭管理：自立。
認知	現在問題はない。
コミュニケーション能力	視力：原因不明だが、右目は全く見えない。左目は緑内障で視野狭窄がある。 聴力：やや聞こえにくさはあるが、少し大きめの声や静かな所で話すなど工夫すれば問題はない。補聴器はつけていない。
社会との関わり	手術を受ける前までは、数か月に１回は旅行などにも出かけていた。 もともとは社交的で通所介護に出かけることを楽しみにしている。 携帯電話で娘たちや友人と連絡を取っている。 近所にお茶飲み友達もいて、「お嫁さんの入院中は、できることは手伝いますよ」と申し出あり。
排尿・排便	トイレで排泄。たまに間に合わず尿失禁あり。20：00～６：00は３回程トイレに起きる。夜間は尿取りパッド使用。パッドの使用は自立。排便は毎日ある。
じょく瘡・皮膚の問題	現在トラブルはない。
口腔衛生	上下義歯。歯みがきは声かけで行える。
食事摂取	視野狭窄で見えにくい部分があるが、最初に説明すると問題なく食べられる。医師から薬をきちんと飲むように指示があるため、朝・昼・夕の食事はきちんと摂らなくてはいけないと思っている。
問題行動	現在問題はない。
介護力	主介護者は長男の妻。次男夫婦も車で10～15分の距離に住んでいるが、次男の妻との折り合いが悪く、かかわりはない。娘２人は他県に嫁いでいる。 長男の妻は、「自分の入院中も生きがいでもある畑仕事には出てもらいたい、ただ１人で外に出て転倒したりはしないかと心配」と言う。
居住環境	バリアフリーの２階建て住宅。長男の持家。 結腸がんの治療時の退院に合わせ、自宅トイレに手すりをつけたり、IH調理器具に交換するなどの工事を行っている。
特別な状況	
その他	長男が要介護４の認定を受け同居。左半身麻痺のため、起居動作や入浴や排泄には絶えず介助が必要。妻の療養期間中は、介護老人保健施設に入所を予定。

上沢さんのアローチャート

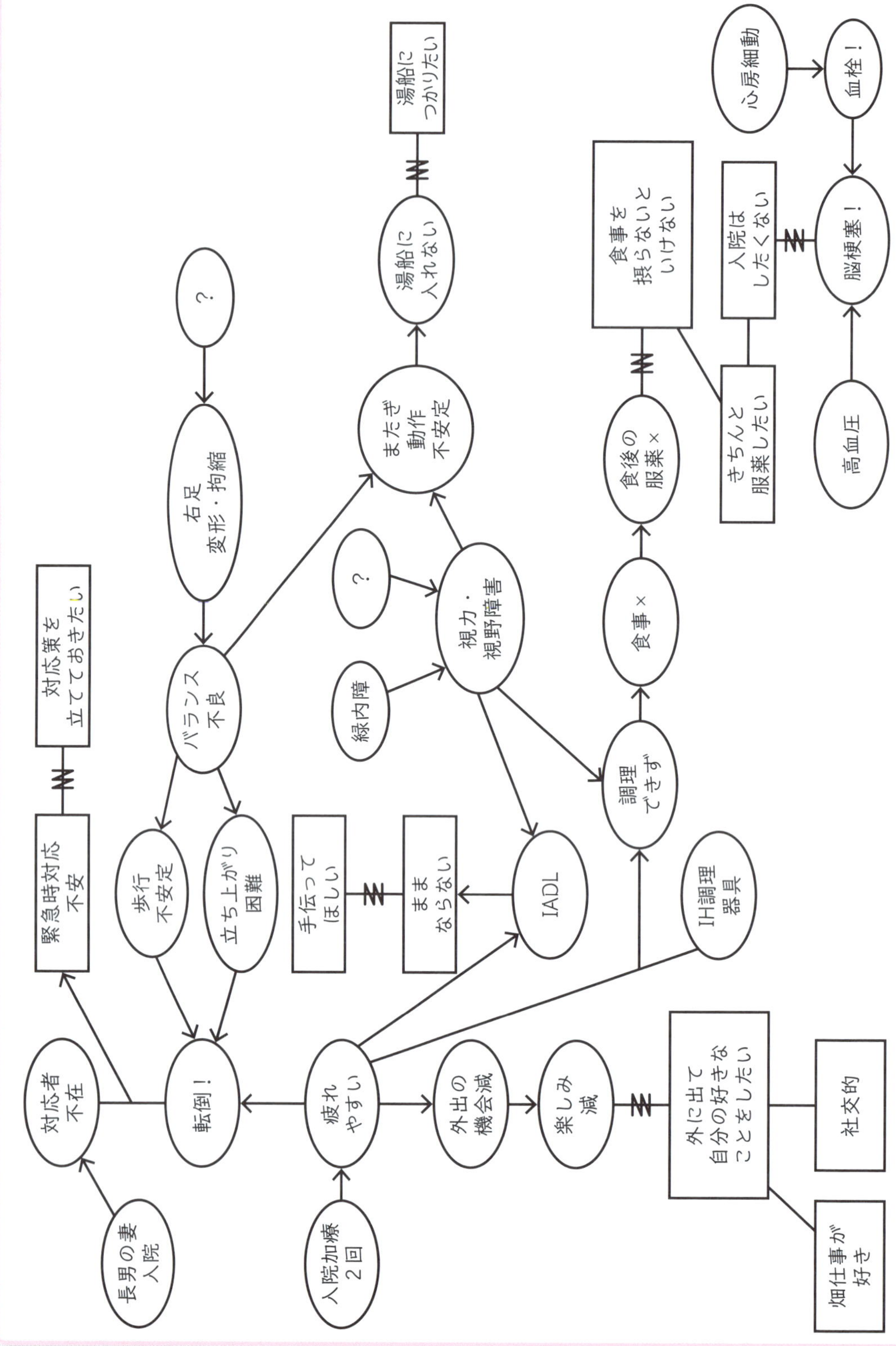

課題整理総括表

利用者名　上沢直子　殿

作成日　　／　　／

自立した日常生活の阻害要因（心身の状態、環境等）	①バランス不良	②体力の低下	③血栓をつくりやすい
	④視野狭窄	⑤	⑥

利用者及び家族の生活に対する意向	

状況の事実　※1		現在　※2	要因※3	改善/維持の可能性※4	備考（状況・支援内容等）
移動	室内移動	**自立**　見守り　一部介助　全介助		改善　維持　悪化	屋内すり足。 屋外はシルバーカーを使用。
	屋外移動	自立　見守り　**一部介助**　全介助	①	改善　**維持**　悪化	
食事	食事内容	**支障なし**　支障あり		改善　維持　悪化	
	食事摂取	**自立**　見守り　一部介助　全介助		改善　**維持**　悪化	
	調理	自立　見守り　**一部介助**　全介助	②④	改善　**維持**　悪化	
排泄	排尿・排便	**支障なし**　支障あり		改善　維持　悪化	
	排泄動作	**自立**　見守り　一部介助　全介助		改善　維持　悪化	
口腔	口腔衛生	**支障なし**　支障あり		改善　維持　悪化	
	口腔ケア	**自立**　見守り　一部介助　全介助		改善　維持　悪化	
服薬		自立　見守り　**一部介助**　全介助	④	改善　**維持**　悪化	医師から確実な服薬の指示あり。
入浴		自立　見守り　**一部介助**　全介助	①	改善　**維持**　悪化	通所介護ではリフトを使っての入浴を実施中。
更衣		**自立**　見守り　一部介助　全介助	①	改善　維持　悪化	
掃除		自立　見守り　一部介助　**全介助**	②④	改善　**維持**　悪化	家事全般を長男の妻が担っていた。
洗濯		自立　見守り　一部介助　**全介助**	②④	改善　**維持**　悪化	
整理・物品の管理		自立　見守り　**一部介助**　全介助	②④	改善　**維持**　悪化	
金銭管理		**自立**　見守り　一部介助　全介助		改善　維持　悪化	
買物		自立　見守り　一部介助　**全介助**	②④	改善　**維持**　悪化	
コミュニケーション能力		**支障なし**　支障あり		改善　維持　悪化	
認知		**支障なし**　支障あり		改善　維持　悪化	
社会との関わり		支障なし　**支障あり**	②	**改善**　維持　悪化	
褥瘡・皮膚の問題		**支障なし**　支障あり		改善　維持　悪化	
行動・心理症状（BPSD）		**支障なし**　支障あり		改善　維持　悪化	
介護力（家族関係含む）		支障なし　**支障あり**		**改善**　維持　悪化	長男の妻が入院加療となる間、近隣より支援の申し出あり。
居住環境		**支障なし**　支障あり		改善　維持　悪化	
				改善　維持　悪化	

見通し　※5	生活全般の解決すべき課題（ニーズ）【案】	※6
①身体のバランスが不良のため、起居動作が不安定であり、転倒のリスクがある。 (1)屋内の動線に配慮して環境を整えたり、関節の拘縮が進まないよう、右ひざの拘縮予防のためのケアを行い、転倒などの事故がないように努める。 (2)不測の事態のときに、誰かがすぐに駆けつけたり、連絡を取り合う体制を整えることで、不安を軽減することができる。 ②体力の低下や視野狭窄があることで、外出の機会やIADLの低下をきたしている。そのため、 (1)外出時に付き添いをしてもらうことで、今まで楽しみにしてきたことを続けることができる。 (2)家事を手伝ってもらうことで、安心して自宅での生活を継続する。 ＊①②により、長男の妻が不在の間、安心して在宅で過ごすことができるようにする。 ③1日3回の食事をきちんと摂り、医師から指示された服薬を続けることで、健康を維持したり、症状の進行をおさえられるように努める。 ④浴槽をまたがなくても湯船につかることができる環境下で、入浴を支援し、気持ちよく入浴することができる。	急に困ったときに対応してもらえるようにしておきたい。	1
	きちんと服薬ができ、入院をするような病気にならないようにしたい。	2
	外に出て、自分の好きなことを楽しみたい。	4
	湯船につかりたい。	5
	家族が不在の間の家事を手伝ってほしい。	3

第 1 表

居宅サービス計画書（1）

作成年月日　　　年　　月　　日

初回・紹介・継続　　認定済・申請中

利用者名　上沢　直子　殿　　生年月日　　年　　月　　日　　住所

居宅サービス計画作成者氏名

居宅介護支援事業者・事業所名及び所在地

居宅サービス計画作成（変更）日　　年　　月　　日　　初回居宅サービス計画作成日　　年　　月　　日

認定日　　年　　月　　日　　認定の有効期間　　年　　月　　日 ～　　年　　月　　日

要介護状態区分	要介護１ ・ 要介護２ ・ 要介護３ ・ 要介護４ ・ 要介護５
利用者及び家族の生活に対する意向	（利用者）入院をするような病気にはなりたくない。嫁が入院している間、１人暮らしになってしまうので、何かあったときにどうすればよいかを教えてもらい、自宅で生活していきたい。 （家族：長男の妻）１か月ほど入院します。その間、近所の方々や介護保険サービスを利用することで義母が安心して、今までどおりに過ごしてもらいたい。私も、早くよくなって、戻ってきます。 （家族：長男）自分は、老健に入所して生活します。母を１人で自宅においていくことは心配ですが、母もショートステイを利用するより、住み慣れた自宅で過ごせるほうがよいように思います。
介護認定審査会の意見及びサービスの種類の指定	
総合的な援助の方針	主介護者である●●様（注：長男の妻）が、入院加療されることになり、約１か月間、完全に１人暮らしとなられます。その間、少しでも安心して過ごせるよう、いつでも、誰かに連絡を取れるよう準備をしておきます。また、ご近所の方々が、介護のサポートを担ってくださると申し出てくださっています。ご協力に感謝し、介護について情報を共有し合っていきます。
生活援助中心型の算定理由	１．一人暮らし　２．家族等が障害、疾病等　３．その他（　　　　）

第　2　表

居宅サービス計画書（2）

利用者名　上沢　直子　殿　　　　　　　　作成年月日　　　年　　月　　日

生活全般の解決すべき課題（ニーズ）	目標 長期目標	（期間）	短期目標	（期間）	援助内容 サービス内容	※1	サービス種別	※2	頻度	期間
急に困ったときに対応してもらえるようにしておきたい。	家族が不在の間も、安心して在宅での生活を送ることができる。		緊急時にすぐに対応してもらう体制を整え、連絡することができる。		・緊急時にコールのできる端末機の設置 ・緊急時の相談に応じる（24時間通報体制加算あり） ・緊急時の連絡網の作成・周知 ・通院と処方の受け取り	○ ○	夜間対応型訪問介護 本人・家族 居宅介護支援 本人・長男の妻		毎日 単独 月1回	
きちんと服薬ができ、入院をするような病気にならないようにしたい。	入院することなく、自宅での生活を続けることができる。		3食の食事と服薬を欠かさず行うことができる。		・朝食の準備 ・朝食後の薬のセッティング	○	訪問介護		毎日	
					・昼食の準備 ・昼食後の薬のセッティング	○	知人・民生委員 通所介護		週5回 週2回	
					・夕食の配達・セッティング ・夕食後の薬のセッティング		配食サービス		毎日	
家族が不在の間の家事を手伝ってほしい。	家族が不在の間も安心して在宅での生活を送ることができる。		転倒などの事故がなく、屋内での生活を送ることができる。		・室内の整理整頓や掃除を行う	○	訪問介護		週2回	
			清潔な衣類を着て過ごすことができる。		・洗濯・取り入れの介助					
			日用品が準備され、生活に不自由なく過ごすことができる。		・買物リストの作成 ・日用品の買い物の代行		本人 知人・民生委員		適時	
外に出て、自分の好きなことを楽しみたい。	自分の好きなことができて、生活を楽しむことができる。		畑に出て作業することができる。		・畑に出て一緒に作業を行う		知人・民生委員		適時	
			簡単な作業や語らいを楽しむことができる。		・レクリエーションや趣味活動などの場の提供	○	通所介護		週2回	
湯船につかりたい。	湯船につかって、ほっとすることができる。		週2回の入浴ができる。		・入浴の介助	○	通所介護		週2回	

※1　「保険給付の対象となるかどうかの区分」について、保険給付対象内サービスについては○印を付す。
※2　「当該サービス提供を行う事業所」について記入する。

情報分析の手順の解説

本文の情報に該当する「上沢さんの情報」の項目（132～133頁）

ケアプラン見直しの理由

今回のケアプランの見直しは、普段より上沢さんの見守りや家事を担っている長男の妻が約１か月の入院加療をしなくてはならないためでした。

長男も脳梗塞の後遺症で要介護状態にあるため、介護老人保健施設に入所することになりました。しかし、上沢さんは、その約１か月の間、転倒などの不安があるものの１人で生活することを選択しました。

主訴

ADL

上沢さんは、まず「**もし転んだりしたときに、どうすればよいのかがとにかく心配**」と訴えています。この「転んでしまうのでは」という不安は、**右足が変形・拘縮**していることにより体のバランスが悪く、立ち上がりや歩行が不安定なことによると考えられます。右足の変形・拘縮については原因がわからないので「？」を入れておきます（図１）。

図１

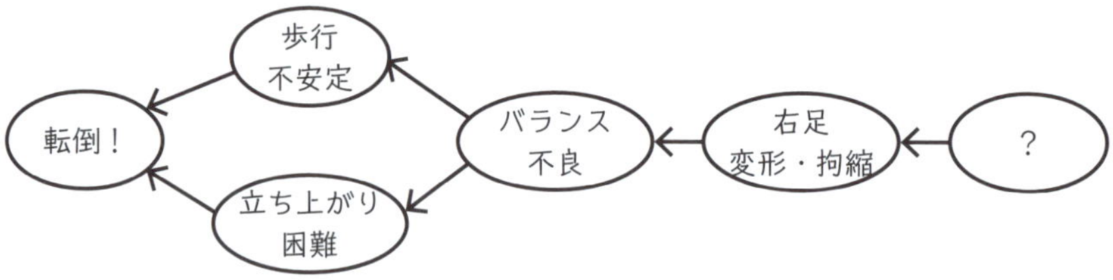

主訴

そして、普段はいてくれる長男の妻が入院することで、**急なことがあったときに対応してもらえる人がいないという不安**な気持ちを描き入れます（図２）。

図2

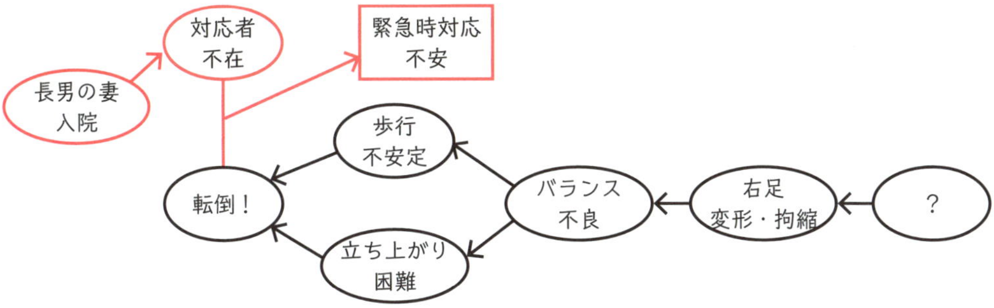

家事への心配

長男の妻が入院することで、心配していることのもう１つが、日々の家事です。上沢さんは**緑内障**や原因不明の**失明**により、家事は長男の妻の支援を受けていました。そのため、**手伝いがないと生活がままならない**と言っています（図３）。

コミュニケーション能力

主訴

図3

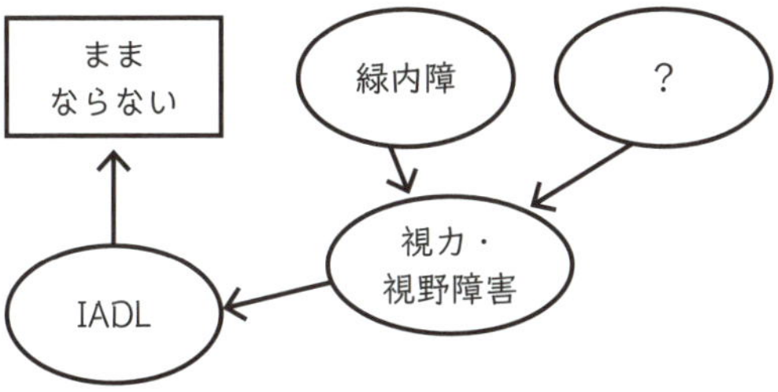

健康状態

居住環境

IADL

コミュニケーション能力

また、IADLのなかでも調理については、3年前の入院加療の後の**疲れやすさ**や、その際に**IH調理器具**に変えたことも加わり、1人で調理して食事をすることができなくなっているようです。また、食事ができないということは、その後の服薬もできないということともつながってきます。さらに、服薬のしづらさは、**視力障害**があることも関係していると考えられます（図4）。

図4

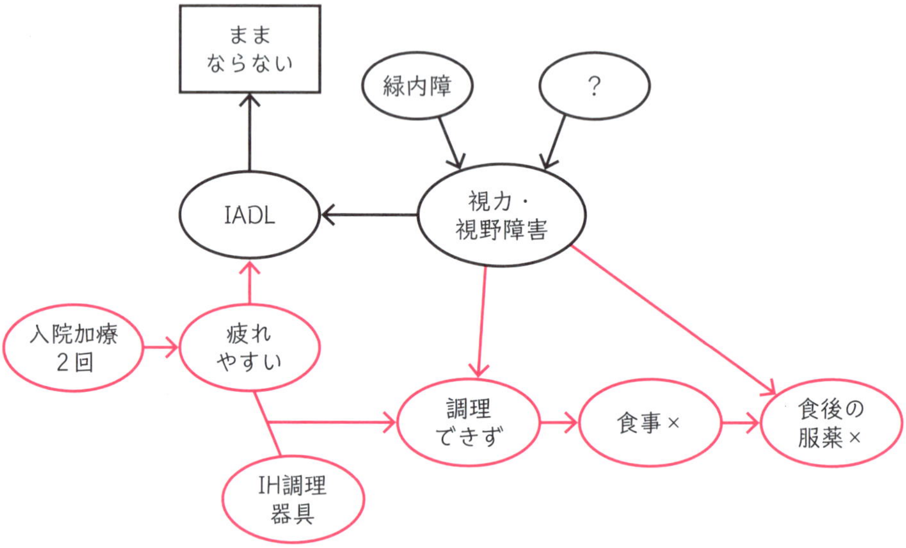

生活への影響

ここで、図２と図４を並べてみて、生活に影響し合っている情報がないかを考えます。

社会との関わり

疲れやすさは、生活を送るうえでの楽しみであった**外出の機会を減らしたり**、転倒のリスクにつながったりしていると考えられます。そして自宅での入浴が行われていないことについては、動作時のバランスの悪さや、視力障害があることが影響しているのではないかと考えられます（図５）。

図５

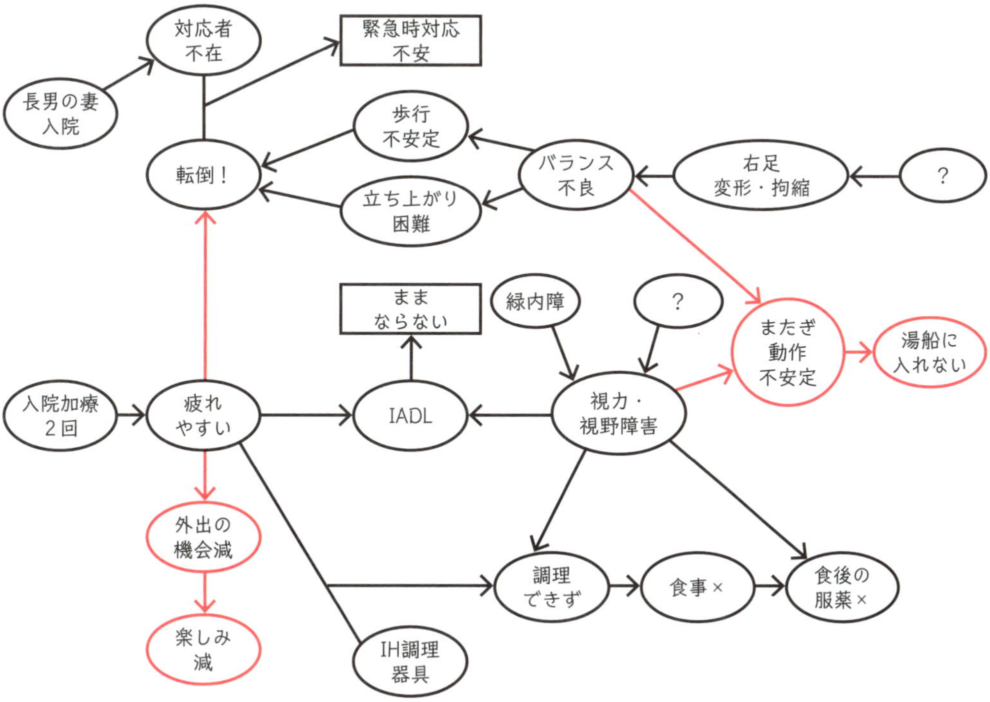

医療的側面

健康状態

医療的側面についても確認しましょう。

処方されている薬を確認すると、眠剤や下剤のほか、**高血圧**や、心房細動による**血栓**ができるのを予防するための薬があります（図6）。

図6

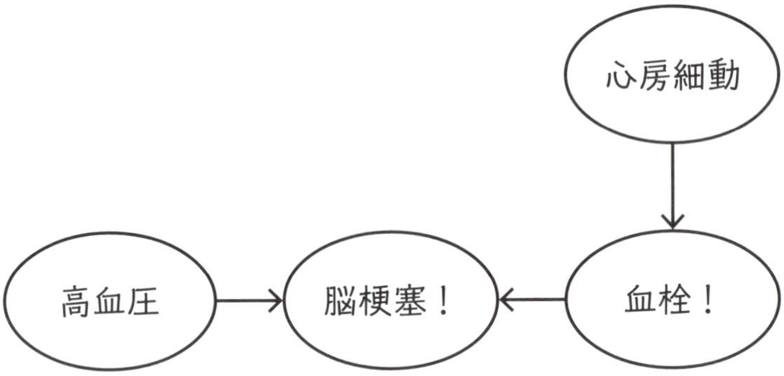

主観的事実の分析

冒頭と同様に、ケアプランの見直しに至った事柄から確認します。

今回は、いつもそばにいてくれる**長男の妻が入院加療**となることから、万が一、転倒したりしたときに**対応してくれる人がいない**ことに対する不安があり、その対策を立てておく必要がありました（図７）。

主訴

図７

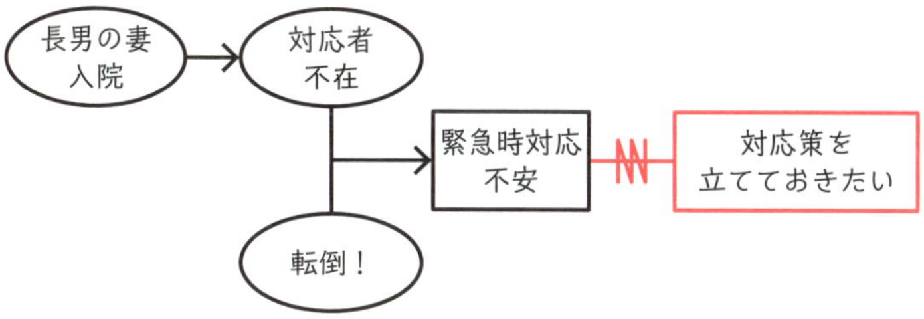

次に、家事、入浴、外出について、「**家事を手伝ってほしい**」、「**湯船につかりたい**」、「**社交的**」「**畑仕事が好き**」といった上沢さんの思いを描き入れます（図８）。

主訴
ADL
社会との関わり
現在の生活状況

図８

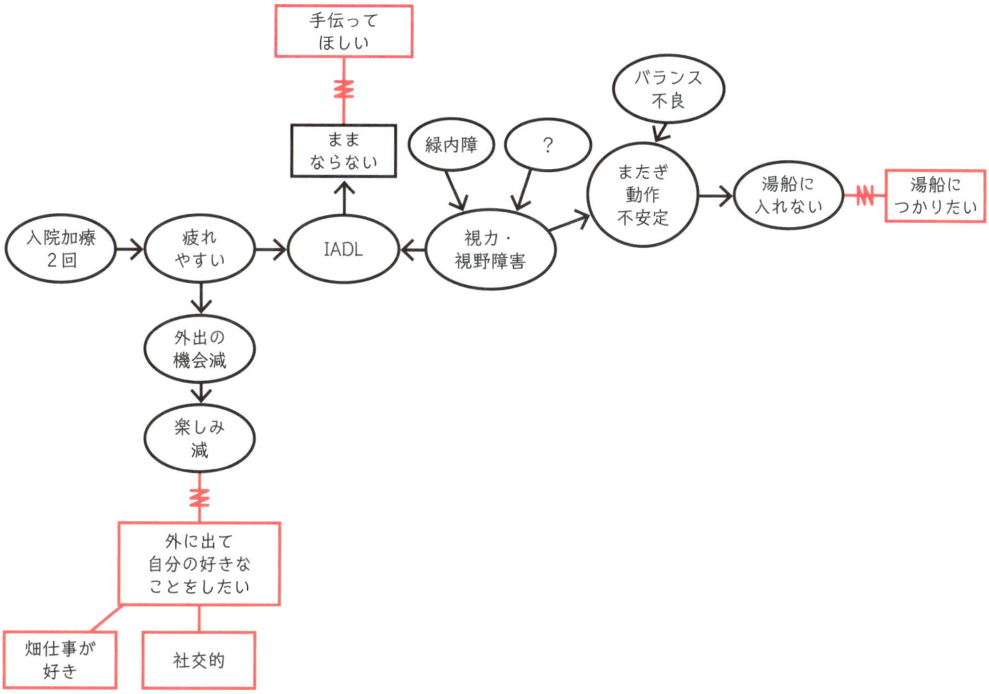

医療的側面についての分析

食事摂取

主訴

そして、医療的側面では、医師からきちんと薬を飲むようにと指示を受けていることもあり、上沢さんは**薬を飲む**ためにも**食事をきちんと摂りたい**と思っています。

本人の価値観と「**入院はしたくない**」という思いについて図に描き入れてアローチャートをつなげ、分析を終了します（図9）。

図9

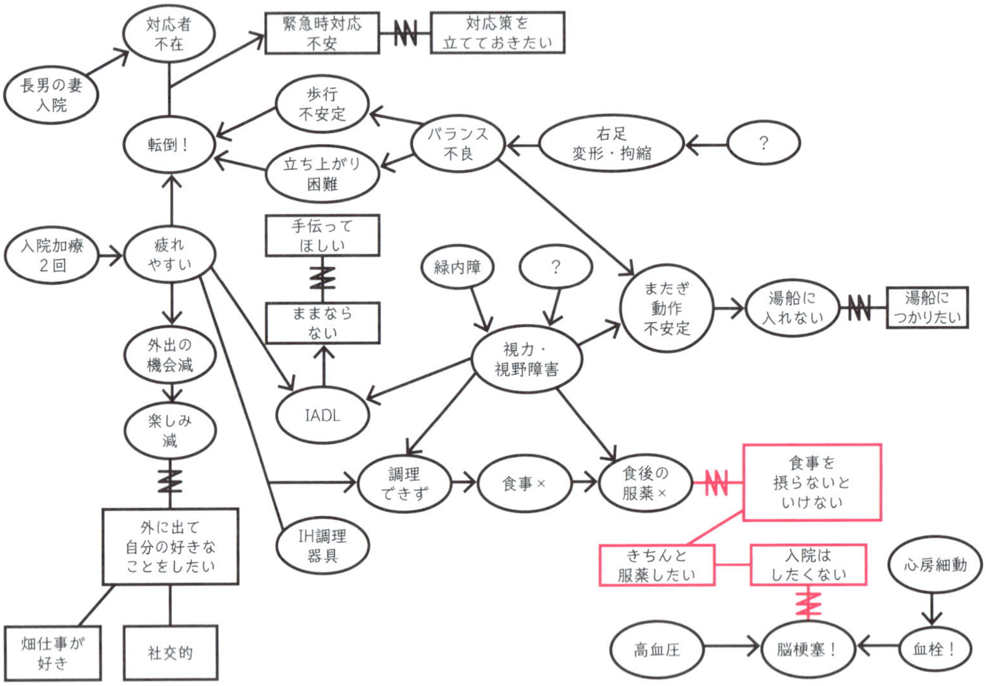

ケアプランへの展開

見直し前でのケアプランは「外に出て自分の好きなことをしたい」と「湯船につかりたい」というニーズに対応して、地域密着型通所介護のみを利用していました。これから長男の妻が入院期間中は完全に１人暮らしとなってしまうことについてのニーズを追加し、ケアプランを作成しました。

ニーズ１）急に困ったときに対応してもらえるようにしておきたい

今回は、長男の妻の入院加療により完全に１人暮らしになってしまうため、転倒などの不測の事態が生じたときの不安を縮小し、安心して１人暮らしの生活を営める状況をつくっておくことを長期目標にしました。

そして、万が一生じてしまった**緊急時にすぐに対応してもらう体制を整え、連絡することができる**ことを短期目標にしました。

また、緊急事態が生じたときにどう対応するのかということと同じくらいに、緊急事態が生じないようにしておくことも重要です。その１つは脳梗塞などの疾患を予防することであり、もう１つは、転倒のリスクの軽減です。これらについては、下記のニーズ２、ニーズ３のなかで対応していくこととします。

支援にあたっては、地域密着型サービスである夜間対応型訪問介護を利用し、24時間通報対応加算も利用することにより、いつでも外部の人と連絡を取ることができるようにしました。その際に、どのように連絡を取り合うかということも本人や家族と一緒に決めておくようにします。

ニーズ２）きちんと服薬ができ、入院をするような病気にならないようにしたい

上沢さんには視力・視野障害があるため、服薬のセットをすることや服薬しやすく介助することを行います。

同時に、「薬をきちんと飲むためにも、３食の食事をきちんと摂りたい」と語っていることから、食事摂取と医師の指示に基づき服薬を行うということを１つのニーズとして判断しました。そのため、入院することなく自宅で生活を送れることを長期目標に、**３食の食事と服薬を欠かさず行うことができること**を短期目標としました。

長男の妻が入院期間中に薬がなくならないように、本人には通院し、処方を受けておいてもらい、各食事の準備の際、薬も一緒にセットしてもらうようにサービス実施機関や知人らに周知します。

ニーズ３）家族が不在の間の家事を手伝ってほしい

上沢さんは３年前に年に２度の手術を行いました。その後から疲れやすさが増し、調理器具をIH調理器具に変えたことや、視力・視野障害もあることなども相まって、日常的な家事は長男の妻が担っていました。

今回は入院期間が約１か月と限定的であることから、「家族が不在の間も安心して在宅での生活を送ることができる」ということを長期目標に、家事、なかでも「**転倒などの事故がなく、屋内での生活を送ることができる**」「**清潔な衣類を着て過ごすことができる**」「**日用品が準備され、生活に不自由なく過ごすことができる**」ことを短期目標としました。なお、アローチャートではスペースの都合から１つにまとめてしまっているところを、ケアプランでは具体的に示すようにします。

今回は、知人らからも支援の申し出をしてもらっていますので、知人らが「ついで」にできることとして、買い物の支援を依頼し、ほかのことを訪問介護に依頼します。

ニーズ４）外に出て、自分の好きなことを楽しみたい
ニーズ５）湯船につかりたい

この２つのニーズについては、長男の妻が入院中も、それまでの生活リズムの習慣を変えずに営めるよう、「好きなことができて、生活を楽しむことができる」「湯船につかって、ほっとすることができる」ということを長期目標にしました。

そして、この２つのニーズに対する短期目標については、本人の願いや価値観に沿って望ましい状況を考え、「**畑に出て作業することができる**」「**簡単な作業や語らいを楽しむことができる**」「**週２回の入浴ができる**」と設定しました。

図10

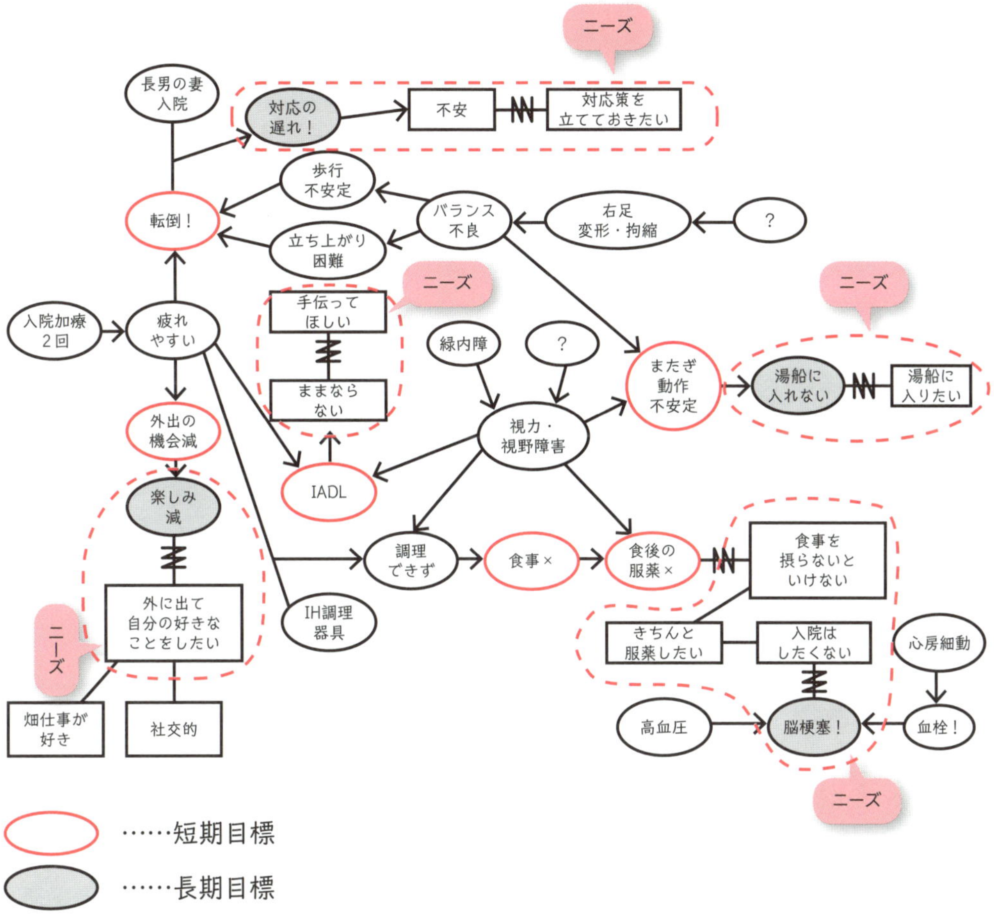
ニーズ
長男の妻
入院
対応の
遅れ！
不安
対応策を
立てておきたい
歩行
不安定
転倒！
バランス
不良
右足
変形・拘縮
?
立ち上がり
困難
ニーズ
手伝って
ほしい
ままなら
ない
入院加療
2回
疲れ
やすい
緑内障
?
またぎ
動作
不安定
ニーズ
湯船に
入れない
湯船に
入りたい
外出の
機会減
視力・
視野障害
IADL
楽しみ
減
調理
できず
食事×
食後の
服薬×
食事を
摂らないと
いけない
外に出て
自分の好きな
ことをしたい
IH調理
器具
ニーズ
きちんと
服薬したい
入院は
したくない
心房細動
畑仕事が
好き
社交的
高血圧
脳梗塞！
血栓！
ニーズ
……短期目標
……長期目標

事例 8　介護老人保健施設で在宅復帰を目指す利用者の事例

鈴木さんの情報

基本情報に関する項目			
氏名 （年齢・性別）	鈴木洋子 （72歳・女性）	要介護度等	要介護２
障害高齢者の日常生活自立度	Ａ２	認知症高齢者の日常生活自立度	Ⅱａ
利用しているサービスの状況	介護老人保健施設（老健）入所中	既往歴／現病歴	高血圧、脳梗塞、左膝蓋骨骨折
受診・通院の状況	老健入所中	入院歴	脳梗塞（40日） 左膝蓋骨骨折（60日）
世帯状況（介護の状況）	１人暮らしで未婚（離婚歴２回、子なし）	経済状況	厚生年金（月７万円）
これまでの生活歴	７人きょうだいの６番目に出生。学校卒業後就職するも23歳で結婚し退職。しかし、３年で離婚。その後、同県内の病院で看護補助となり60歳まで働く。50歳頃に２度目の結婚をするも３年程度で離婚。 退職後は姪（長兄の娘）を頼りに生まれ故郷に帰り生活を始める。１人暮らしは寂しいとのことで里親探しをしていた犬を引き取る。仕事に従事することはなく、趣味のパッチワークや畑作業（自分が食べる程度の野菜）、犬の散歩や世話をしてきた。 長年病院勤めをしてきたが、自分自身が受診をすることを嫌い、定期的な受診を継続したことがなく、内服薬等が処方されても途中で中止してしまう。 慢性的に血圧は高かったようだが、治療することなく生活していたようで４年前に脳梗塞を発症し入院となる。 退院後は姪の支援や配食サービスなどを受けていたが、１年前に自宅玄関で転倒、左膝蓋骨を骨折し入院し手術を受ける。退院時に介護保険の申請をし、サービス利用を検討。脳梗塞の再発予防のための病状管理やリハビリテーションの継続の必要性が高いとのことで、退院後は老健へ入所し在宅復帰を目指すこととなった。		
現在の生活状況	老健にて生活中。特に介護やリハビリテーションの拒否はなく生活状況は良好。		
主訴	早く家に帰りたい。犬を散歩に連れて行ってやりたい。		
課題分析（アセスメント）理由	在宅復帰に向けた最終計画のためのアセスメント。		

課題分析（アセスメント）に関する項目	
健康状態	内服により血圧は正常範囲数値でコントロールを目標にしている。 入所中の新たな疾患等はない。右半身麻痺は軽度であったものの利き手ということもありIADLや動作時のふらつきに影響がある。高次脳機能障害については現段階では発生しておらず、梗塞範囲からも可能性は低い。 身長150㎝、体重60kg、BMI 26.7、HbA1c 5.8、ALB 4.2 服薬：処方どおりに内服するためには声かけなどの支援が必要。管理を任せると、飲まない可能性が高い。
ＡＤＬ	起き上がり：ベッドサイドレール、介助バーを使用すれば可能。寝返りは自立。 移動：距離は休憩なしで50m程度歩けるが、ふらつきがあり転倒リスク高。屋内手段→ T字杖で歩行。屋外手段→ 歩行器、T字杖で歩行。用事がない限りは、ベッドで横になって本やテレビを見ている。散歩等はリハビリテーションの時間以外は積極的にしない。 移乗：車の乗り降りは見守りが必要であるが、日常生活の移乗動作は手すりや肘かけ等があれば自立。 入浴：髪や体の左側を上手に洗うことができず、介助を要す。浴槽のまたぎ動作は浴槽内の段差解消と手すりがあれば可能。 更衣：ボタンを上手に留められず、前開きの服を嫌がることが増えている。ズボンの着脱は座位で行う。季節感にあった服装をすることができる。 整容：整髪や洗面などは規則正しく日課として声かけなしで行えている。
ＩＡＤＬ	調理：座位であれば可能。買物：移動手段さえ確保できれば可能。 掃除：こまめに整理整頓している。きれい好きで掃除機を使いたい希望がある。 金銭管理：自立であるが若い頃から浪費癖がある。
認知	服薬の認識ができないことがある。
コミュニケーション能力	言語障害が見られ、言葉が出にくいものの、意思の伝達には支障ない。 視力：支障なし。聴力：支障なし。
社会との関わり	友人・近所：学生時代を過ごしていた土地であり同級生や先輩後輩も多い。 地域のなかで行事等には顔を出していたが、脳梗塞後から外出頻度も減り、社会性の狭小化が見られている。施設内では居室で過ごすことも多く、他の入所者とは食事のときなどに会話をする程度。
排尿・排便	尿意便意はあるが、間に合わず尿漏れがある。布下着に尿取りパッド使用。 交換は自分で行える。ポータブルトイレの使用を希望することが多い。
じょく瘡・皮膚の問題	特になし。
口腔衛生	上下とも自歯。朝と夕に歯みがきをしており、口臭なし。声かけは必要なし。
食事摂取	右半身麻痺は軽度だが利き手のため箸の使用頻度は低い。スプーンならば食べこぼしはない。嚥下機能の低下がSTから指摘され、食事・水分でのむせがある。味が薄いなどの訴えは多くあるものの、残さずに食べている。
問題行動	特になし。
介護力	同町内の姪夫婦のみだが、姪の夫はがん闘病中で入退院を繰り返している。
居住環境	木造平屋建。借家であるが住宅改修は施工された状態であった。 老健：多床室
特別な状況	特になし。
その他	周囲の人の影響で食事嗜好の偏りが強くなり、濃い味つけ、塩気が濃いもの、肉類が好み。姪によると、昔から外食を好み、給与の多くを食に使う生活をしており、離婚の原因の１つに食事が影響しているとのこと。

鈴木さんのアローチャート

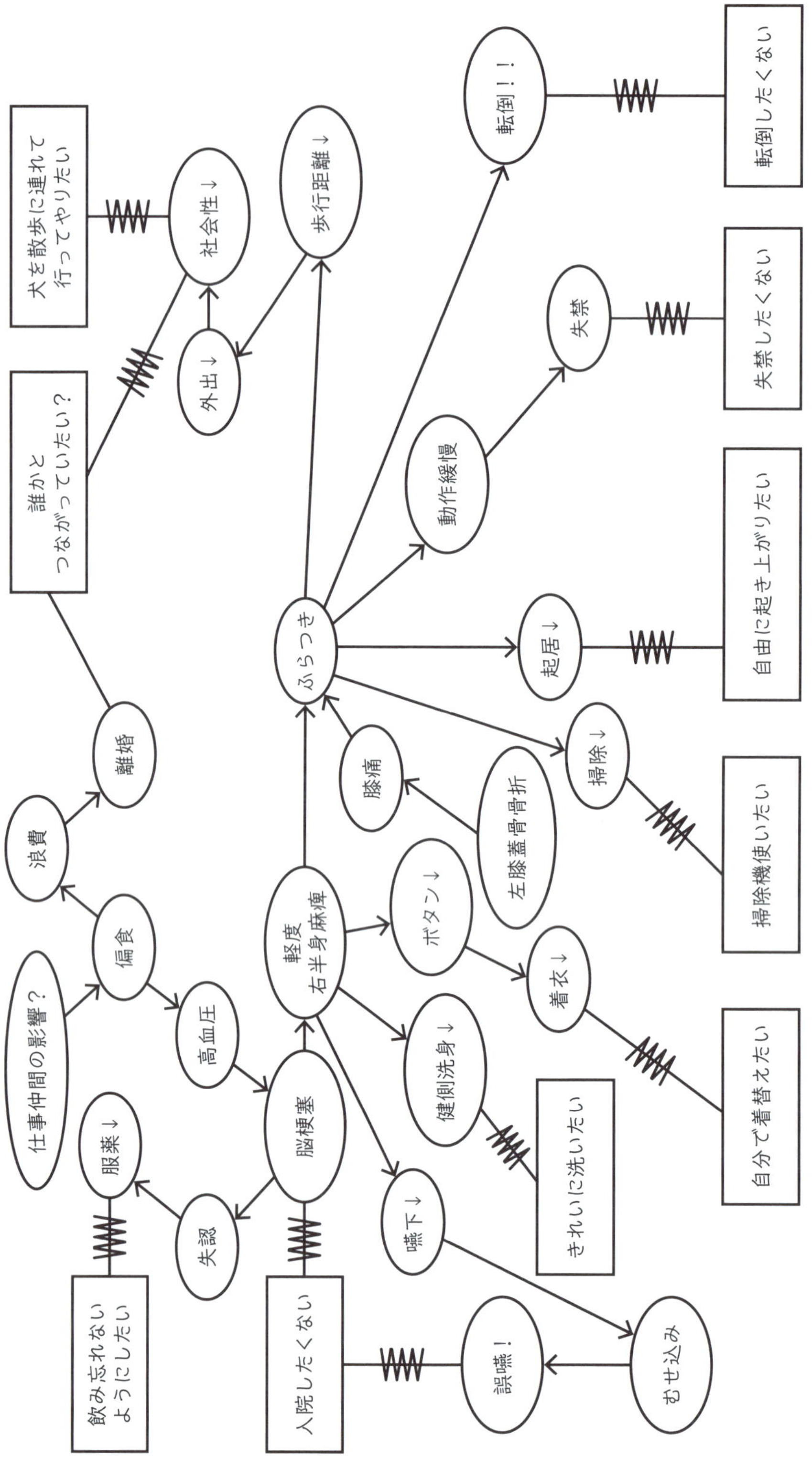

課題整理総括表

利用者名　鈴木洋子　殿　　　　作成日　　／　　／

自立した日常生活の阻害要因（心身の状態、環境等）			
	①右半身麻痺、膝痛によるふらつき	②嚥下力低下	③偏食
	④失認	⑤健側の洗身ができない	⑥ボタンかけができない

利用者及び家族の生活に対する意向	早く家に帰りたい。 犬を散歩に連れて行ってやりたい。

（○で囲まれた項目を **太字** で示す）

状況の事実　※1		現在　※2	要因※3	改善/維持の可能性※4	備考（状況・支援内容等）
移動	室内移動	自立　**見守り**　一部介助　全介助	①	**改善**　維持　悪化	①に対してリハビリテーションによる動作訓練と福祉用具の選定により生活機能と範囲の向上を図る。（1）
	屋外移動	自立　見守り　**一部介助**　全介助	①	**改善**　維持　悪化	
食事	食事内容	支障なし　**支障あり**	②③	**改善**　維持　悪化	
	食事摂取	**自立**　見守り　一部介助　全介助		改善　維持　悪化	
	調理	自立　見守り　**一部介助**　全介助	①	改善　**維持**　悪化	②に対して嚥下評価とリハビリテーションを行い、嚥下力の改善を図る。（2）
排泄	排尿・排便	支障なし　**支障あり**	①	**改善**　維持　悪化	
	排泄動作	**自立**　見守り　一部介助　全介助		改善　維持　悪化	
口腔	口腔衛生	**支障なし**　支障あり		改善　維持　悪化	③に対して栄養指導を行う。（3）
	口腔ケア	**自立**　見守り　一部介助　全介助		改善　維持　悪化	
服薬		自立　見守り　**一部介助**　全介助	④	**改善**　維持　悪化	
入浴		自立　見守り　**一部介助**　全介助	⑤	**改善**　維持　悪化	④に対して服薬等の声かけにて確認の補完を行う。（4）
更衣		自立　見守り　**一部介助**　全介助	⑥	**改善**　維持　悪化	
掃除		自立　見守り　**一部介助**　全介助	①	**改善**　維持　悪化	
洗濯		自立　見守り　**一部介助**　全介助	①	改善　**維持**　悪化	⑤に対して自助具の使用で入浴動作の自立を目指す。（5）
整理・物品の管理		自立　見守り　**一部介助**　全介助	①	改善　**維持**　悪化	
金銭管理		自立　見守り　**一部介助**　全介助	④	改善　**維持**　悪化	
買物		自立　見守り　**一部介助**　全介助	①	改善　**維持**　悪化	
コミュニケーション能力		**支障なし**　支障あり		改善　維持　悪化	⑥に対して自助具の使用で更衣動作の自立を目指す。（6）
認知		**支障なし**　支障あり		改善　維持　悪化	
社会との関わり		支障なし　**支障あり**	①	**改善**　維持　悪化	
褥瘡・皮膚の問題		**支障なし**　支障あり		改善　維持　悪化	
行動・心理症状（BPSD）		**支障なし**　支障あり		改善　維持　悪化	
介護力（家族関係含む）		**支障なし**　支障あり		改善　維持　悪化	
居住環境		**支障なし**　支障あり		改善　維持　悪化	
病気の再発		支障なし　**支障あり**	③	**改善**　維持　悪化	

見通し　※5	生活全般の解決すべき課題（ニーズ）【案】	※6
①により屋内外の移動に支障があるが、（1）によりバランスの改善と動き方の向上を図ることで移動動作や外出範囲が改善する。 ②により食事摂取に支障があるが、（2）をすることで誤嚥性肺炎のリスクが軽減する。 ③により高血圧の悪化と脳梗塞再発のリスクがあるが、（3）によりリスクが軽減する。 ①により、排泄が間に合わないが、（1）により失禁が改善する。 ④により服薬管理に支障があるが、（4）により適切に服薬できる。 ⑤により、自宅での入浴が困難であるが、（5）により可能になる。 ①により出かける機会が減少しているが、（1）により外出のための身体機能の向上が可能になる。 ⑥によりかぶりの服しか着られなくなっているが、（6）によりボタンのある服を自分で着ることが可能になる。	入院したくない。	1
	薬を飲み忘れないようにしたい。	2
	体をきれいに洗いたい。	3
	自分で着替えたい。	4
	掃除機を使いたい。	5
	自由に起き上がりたい。	6
	失禁したくない。	7
	転倒したくない。	8
	犬を散歩に連れて行ってやりたい。	9

第 1 表

施設サービス計画書（1）

作成年月日　　年　月　日

初回・紹介・継続　　認定済・申請中

利用者名　鈴木　洋子　殿　　生年月日　　年　月　日　　住所

施設サービス計画作成者氏名及び職種

施設サービス計画作成介護保険施設名及び所在地　介護老人保健施設

施設サービス計画作成（変更）日　　年　月　日　　初回施設サービス計画作成日　　年　月　日

認定日　　年　月　日　　認定の有効期間　　年　月　日 ～　　年　月　日

要介護状態区分	要介護１　・　要介護２　・　要介護３　・　要介護４　・　要介護５
利用者及び家族の生活に対する意向	（利用者）自分の身体を取り戻して、早く家に帰りたい。もう入院などしない人生を送りたい。 （家族：姪）病院嫌いなところがあるので、施設でも帰りたいと言ってばかりだと思うが、自宅で生活ができるようになってから帰ってきてほしい。
介護認定審査会の意見及びサービスの種類の指定	
総合的な援助の方針	脳梗塞、左膝蓋骨骨折と４年前から入院を繰り返した生活となっていますが、自宅では畑仕事や犬の世話など、自身の生活動作だけでなく役割がある生活を継続してきたことから、その能力を回復させることはQOLの視点からも重要となります。 血圧の管理を継続し、脳梗塞の再発を予防するとともに、適切なリハビリテーションによる機能回復ならびに動作の獲得ができるよう、医療と介護の連携を専門職間で密にするとともに、在宅生活の再開に向け居宅介護支援事業所ならびにサービス事業への橋渡しを行います。

第　2　表

施設サービス計画書（2）

利用者名　鈴木　洋子　殿　　　　　作成年月日　　　年　　月　　日

生活全般の解決すべき課題（ニーズ）	目標：長期目標	目標：（期間）	目標：短期目標	目標：（期間）	援助内容：サービス内容	援助内容：担当者	援助内容：頻度	援助内容：期間
入院したくない。	脳梗塞が再発せず、誤嚥性肺炎のリスクを軽減できる。		血　圧　が140～130／90～80 mmHgの範囲内で安定する。		・定期の診察、異常時の診察 ・バイタルチェック、病状観察（脳梗塞再発リスクがあり、症状変化に注意する）	医師 看護職 介護福祉職	週１回 毎日 毎日	
			バランスの取れた食事が摂れる。		・食事は減塩食（６g以下／日）で提供する	管理栄養士	毎日	
			嚥下機能が向上し、むせの頻度が減少する。		・スクリーニング検査の実施ならびに結果をもとに嚥下訓練を実施 ・食事前の嚥下体操の実施（食堂に出るまでに、自分で体操ができるよう支援：体操カード使用）	言語聴覚士 介護福祉職 本人	週１回 毎食前 毎食前	
			退所後の食生活について理解するとともに、座位姿勢での調理ができる。		・栄養指導、調理指導（減塩食のコツや調味料の上手な使い方、高齢者でも可能な簡単なレシピなど） ・座位での調理手順、方法、テーブルの高さや椅子の位置、調理器具の位置など	管理栄養士 作業療法士	２週に１回 週１回	
薬を飲み忘れないようにしたい。	薬を処方どおり飲める。		服薬の方法が認識できる。		・内服薬管理・配薬（渡すだけでなく、内服確認まで行う）、薬カレンダートレーニング	看護職 介護福祉職	毎日 毎日	
体をきれいに洗いたい。	１人で体をきれいに洗える。		洗体タオルが使えるようになる。		・洗体タオルの使用ができるように訓練する	理学療法士 作業療法士	週１回	
			健側の清潔が保てる。		・健側の洗身介助	介護福祉職	週２回	
自分で着替えたい。	前開きの服も自分で着ることができる。		自分で準備し、かぶりの服を着替えられる。		・着替えの準備、ベッド上での着替え	本人	毎日	
			ボタンをかけることができる。		・ボタンエイドを使用して着替えができるように訓練する	理学療法士 作業療法士	週１回	
掃除機を使いたい。	自宅で掃除機を使って掃除ができる。		今より15分長く立っていられる。		・立位保持訓練を行う	理学療法士	週１回	
			使える掃除機が見つけられる。		・軽量でスティックタイプの掃除機の選定と使用訓練をする	作業療法士	適宜	
自由に起き上がりたい。	自由に起き上がれる。		起き上がる際のバランスが保てる。		・起居動作が安定するよう寝台等を含めた環境整備を行い、動作が容易にできるようにする	介護福祉職 作業療法士	随時 必要時	

失禁したくない。	自宅トイレで用が足せる。		トイレまで速やかに行ける。		・排泄動作の安定、トイレまでの移動時間の短縮が図れるように支援する（自宅の居室～トイレは８m） ・失禁時の着替え、整容等の支援 ・ROM訓練（膝関節：伸展、屈曲／下肢伸展挙上／股関節内外／肩関節内外）、手足指把持訓練、FIM評価を継続的に実施し機能変化を確認する	理学療法士 作業療法士 介護福祉職 理学療法士	必要時 必要時 毎日 週２回	
転倒したくない。	自宅に戻っても転倒せずに過ごせる。		歩行、方向転換が安定する（未舗装路の歩行20m）。		・自主訓練（実施前に職員へ声をかけ、廊下歩行、屋外歩行などの見守りを受ける） ・福祉用具選定	本人 療法士	毎日 必要時	
犬を散歩に連れて行ってやりたい。	以前のように犬を散歩に連れていける。		膝の痛みが軽減する。		・膝の状態の確認と痛みのコントロールを行う	医師	週１回	
			50m歩けるようになる。		・歩行動作訓練を行う。 ・自主訓練（実施前に職員へ声をかけ、廊下歩行、屋外歩行などの見守りを受ける）	理学療法士 本人	週２回 適宜	

情報分析の手順の解説

「脳梗塞」の影響

本文の情報に該当する「鈴木さんの情報」の項目（148～149頁）

既往歴／現病歴

鈴木さんの施設入所の根本的な原因となったと考えられる**脳梗塞**に着目してみます。まずは、疾患で生じている症状と動作の支障を考えます。

健康状態

ADL

鈴木さんは、軽度の右半身麻痺があり、「動作時のふらつきに影響がある」とあり、現状「50m程度歩けるが、ふらつきがあり転倒リスク高」な状況です。

つまり、この事例では、**右半身麻痺**による**ふらつき**によって「**転倒**」が起こっています。これは過去のことではありますが、繰り返しているということを考え、過去の現象としてとらえず、未来の「リスク」としてとらえます（「転倒」に「！！」をつける）。

また、ふらつきによって**歩行距離が短くなる**ので、**外出が大変**になっているということもわかります（図１）。

図 1

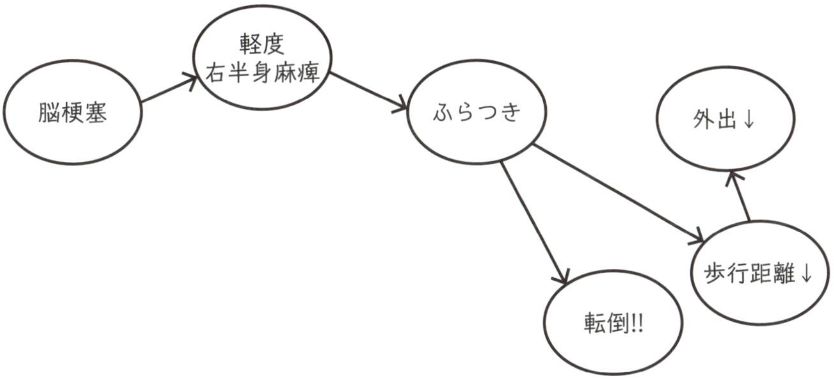

社会との関わり

外出が大変になっていることは「地域のなかで行事等には顔を出していたが、脳梗塞後から外出頻度も減り、**社会性の狭小化**が見られている」という点からは客観的事実としてとらえることができます。

既往歴／現病歴

なお、ふらつきの原因は**左膝蓋骨骨折**による**膝痛**も影響しているでしょう（図2）。

図2

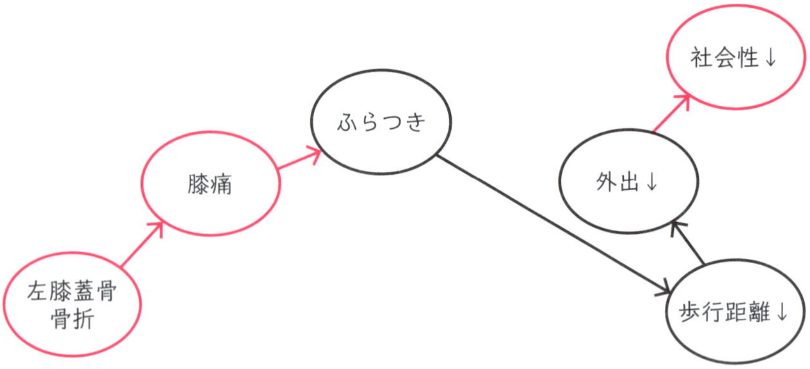

ADL

排尿・排便

IADL

ふらつきは転倒のリスクのみならず、**起居動作の不安定**やIADLに支障をきたしています。つまり、**歩行動作が緩慢**になっていることで**失禁**してしまう、**掃除機を使いたいと思っていても使えない**という支障を生んでいます。

この点は施設に入所していると支援体制が多いことで見落とされてしまう可能性があります。在宅復帰を視野に入れるのであれば重要ですので着目しておくとよいでしょう（図3）。

図3

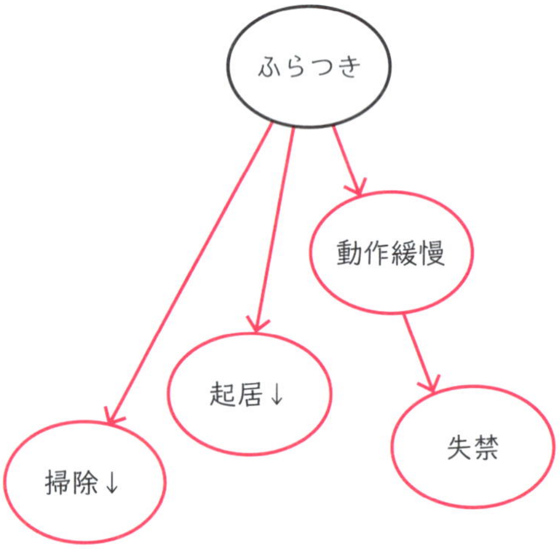

右半身麻痺からの影響

ここで、ふらつきの原因である「右半身麻痺」にさかのぼります。

鈴木さんにとって右半身麻痺は、大きな阻害要因となっています。「ふらつき」以外の支障をきたしている要因である可能性があると考え、確認をします。

まず、言語障害が出ているようですが、「意思伝達には支障ない」ことから、本人の強みとしてとらえられますが、特に対処する必要がないのでここでは表記しません。

コミュニケーション能力

食事は健側の手で食べられますが、**嚥下機能の低下**が言語聴覚士の評価でも指摘されており食事・水分の**むせ**があることから**誤嚥のリスク**があると考えられます（リスクの表記に関しては前述のとおりですが、これまで誤嚥性肺炎になったことはないので「！」を１つ減らしています）。

食事摂取

動作面では、入浴の際に**健側が洗えない**こと、**ボタンが上手に留められない**ので**前開きの服を着ることが苦手**であることがわかります（図４）。

ADL

図４

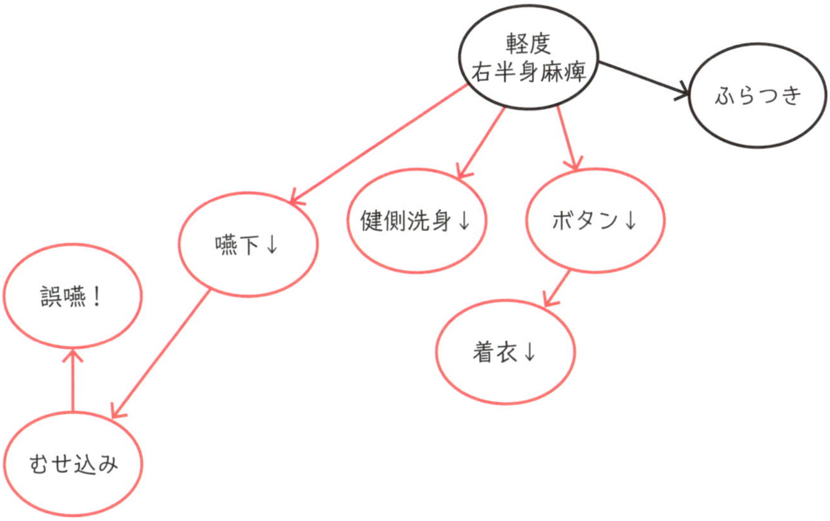

さらにさかのぼり脳梗塞が引き起こしていることがほかにもあるのか確認します。すると、**服薬の管理に影響が出ている**可能性があることがわかります。これは**失認**によるものと考えられます。

これまでの生活歴

健康状態

その他

次に脳梗塞の原因は何かを探ります。もともと、血圧が高かったことが原因と考えられます。その原因をさらに考えると、**食事嗜好の偏り**が考えられます。また、食事へのこだわりは若い頃からの**浪費癖**の原因でもあるようで、それは**離婚**にもつながっているようです（図5）。

図5

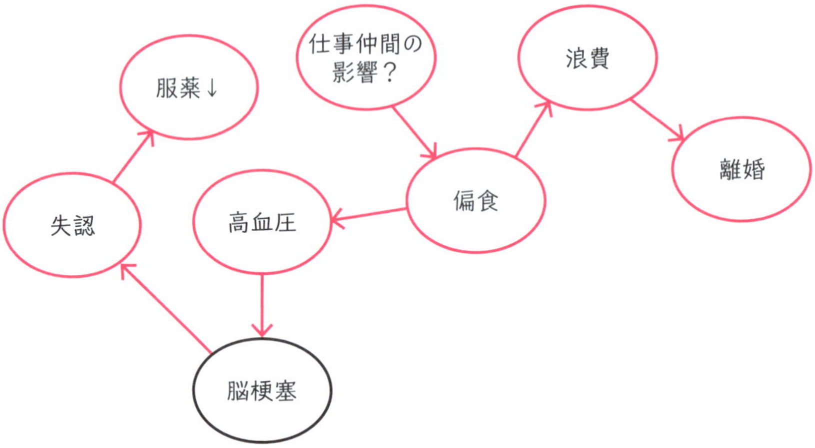

主観的事実の影響

鈴木さんは、「自分の身体を取り戻して、早く家に帰りたい。もう入院などしない人生を送りたい」「犬を散歩に連れて行ってやりたい」と言っています。

「入院しない人生」と犬の散歩は、自宅で過ごしていたときの生活習慣であり、具体的な思いととらえられます。しかし、「自分の身体を取り戻して」「早く家に帰りたい」は漠然としていることから、言葉に込められた裏側の思いを探る必要性があります。

介護老人保健施設に入所する場合、利用者は基本的には自宅に戻ることを前提としています。ですから「自分の身体を取り戻して」は、日常生活動作に支障が出ている現在の状況に着目していくと具体的な思いが現れます。

チャートでADL、IADLに関して最終的に行きついている客観的事実に対する思いを1つひとつ確認してみます。

また、「早く家に帰りたい」は誰もが思う気持ちだと思います。「どうして早く家に帰りたいのか？」「家に帰って何がしたいのか？」を考えてみましょう。

鈴木さんの場合、１人での生活が長く、自分なりの（自分だけの）生活スタイルがあったのではないでしょうか。すると自宅への思いも強いと思われます。また、ともに暮らしていた愛犬に対する思いも強いでしょう。これは、「犬を散歩に連れて行ってやりたい」として表現されています。

これまでの点を踏まえて、主観的事実が現れる点を確認します（図６）。

図６

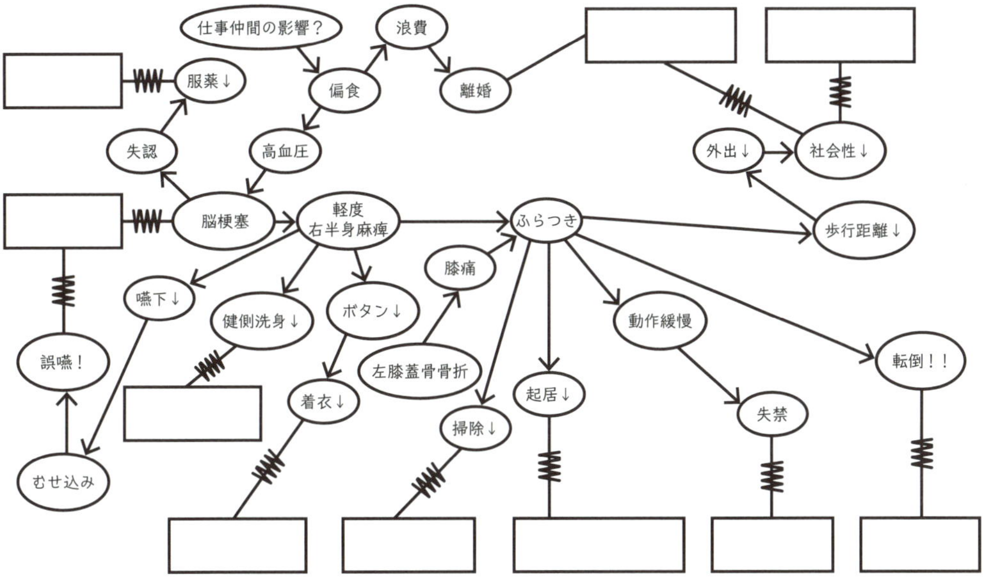

ケアプランに展開する

今回は本人が表している３つのニーズと、アローチャートの下流をたどり、新たに現在の生活上で支援が必要な６つのニーズを確認することができました。

ただし、「浪費癖」から「離婚歴」があることについては「社会とのつながりを求める気持ちが潜在的にあるのではないか」と推察しますが、明確に思いを聞けているわけではないので保留とします。

ニーズ1）入院したくない

入院につながる要因として脳梗塞の再発と、誤嚥性肺炎のリスクが想定されます。長期目標は、「脳梗塞が再発しない」ことと「誤嚥性肺炎を発症しない」という2つになります。「脳梗塞の再発」は、原因として偏食による血圧上昇が考えられることから、血圧のコントロールをするために状態の把握と塩分摂取量の調節ができている状況を具体的、数値的に検討し**血圧が140～130/90～80mmHgの範囲内で安定する、バランスの取れた食事が摂れる**と転換し、短期目標としていきます。「誤嚥性肺炎のリスク」は自宅に帰ったときを考慮し**嚥下機能が向上し、むせの頻度が減少する**と転換し、短期目標にします。他にも**退所後の食生活について理解するとともに、座位姿勢での調理ができる**と転換し、短期目標とし、在宅復帰後の生活を念頭におくことも重要です。

ニーズ2）薬を飲み忘れないようにしたい

服薬が行えない原因として「失認」が想定されるので、**服薬の方法が認識できる**という短期目標を設定します。この目標については、脳梗塞による機能低下によるものなので自身だけで改善、実施をしていくことが困難な状況と判断できます。よって、動作の補完をしていくことが想定され、維持的、継続的な目標になると考えられます。

ニーズ3）体をきれいに洗いたい

右半身麻痺により左側（健側）の洗身が不十分なことは容易に想定できます。よって「動作の習得」と「動作の補完」が必要となります。結果として、**洗体タオルが使えるようになる**と転換し、短期目標とします。あわせて**健側の清潔が保てる**という短期目標を設定することで動作を補完する入浴支援が訓練をしている状況でも実施できるように担保していきます。

ニーズ4）自分で着替えたい

右半身麻痺によりボタンがうまく留められないことから前開きの洋服を着なくなっている状況と、自宅に戻った際に1人暮らしとなることを踏まえる必要があります。

自立支援の観点から、自宅で過ごす際は自分で着ることができるようにできるだけ前開きではない洋服で過ごすことにして、**自分で準備し、かぶりの服を着替えられる**と転換し、短期目標として設定します。

しかし、フォーマルな洋服を着るような外出等の状況も想定し、前開きの洋服も着ていくことができるよう「動作の補完」がなされるように**ボタンをかけることができる**と転換し、短期目標の設定も念頭におくとよいでしょう。

ニーズ5）掃除機を使いたい

きれい好きでこまめに整理整頓をしていることを踏まえ、自身で掃除機をかけられるようにできるかを検討します。

掃除機がかけられない原因として、立位バランスが低下していることがあるので、立位バランスの安定について具体的、数値的な動作の習得を検討し、**今より15分長く立っていられる**、また、**使える掃除機が見つけられる**という短期目標を設定し、環境の整備もあわせて検討していくことが必要です。

ニーズ6）自由に起き上がりたい

自宅に戻った際は、１人暮らしとなることから、１人での起居動作は自立した生活や生活リズムの構築を考えるうえでも非常に重要と考えられます。この課題も右半身麻痺により起き上がる際のバランスの低下が影響しているので、身体状況にあった起居動作が行えるように具体的、数値的な動作の習得を前提に**起き上がる際のバランスが保てる**と転換し、短期目標とします。また、動作が容易に行えるように環境整備を行っていくことも念頭におく必要があります。

ニーズ7）失禁したくない

排泄に関しては羞恥心や自尊心に直結するデリケートな課題です。この課題も右半身麻痺によるバランス低下が原因としてあり、動作が緩慢になっています。よって移動動作の段階的な習得が必要であり、具体的、数値的な目標設定として、**トイレまで速やかに行ける**という短期目標を設定します。また、習得していく段階での排泄動作の補完や用具等による環境整備も検討し、1人でも失禁せずに過ごせるようにしていくことも考えていく必要があります。

ニーズ8）転倒したくない

転倒を繰り返していることから、自宅内の環境や想定される生活において転倒しない移動や移乗動作の習得、環境整備を検討していきます。この課題については、他の課題で担保されていない「ふらつき」の原因である「膝痛」の軽減、玄関の出入りや外出先の状況を踏まえた動作や環境について段階的に改善が図れるように**歩行、方向転換が安定する（未舗装路の歩行20m）**と転換し、短期目標の設定をします。

ニーズ9）犬を散歩に連れて行ってやりたい

長く1人暮らしをしていた鈴木さんにとって愛犬の存在は大きいと想定されます。入院中も心配をしているので主訴として明確に表出されているモチベーションの高い課題です。

鈴木さんは主に犬の散歩によって社会とつながっていたともいえます。よって、入院前に行っていた状況に改善ができるのか検討します。現状、可能な歩行距離が50m程度なことや移動時のバランスが低下している状況で以前のように犬を連れて歩くことも困難だと想定されます。この課題では「歩行距離の延伸」を段階的に設定することとし、**50m歩けるようになる**を短期目標にします。あわせて**膝の痛みが軽減する**という短期目標を設定し、移動動作の阻害要因が軽減できるようにしていきます。

図7

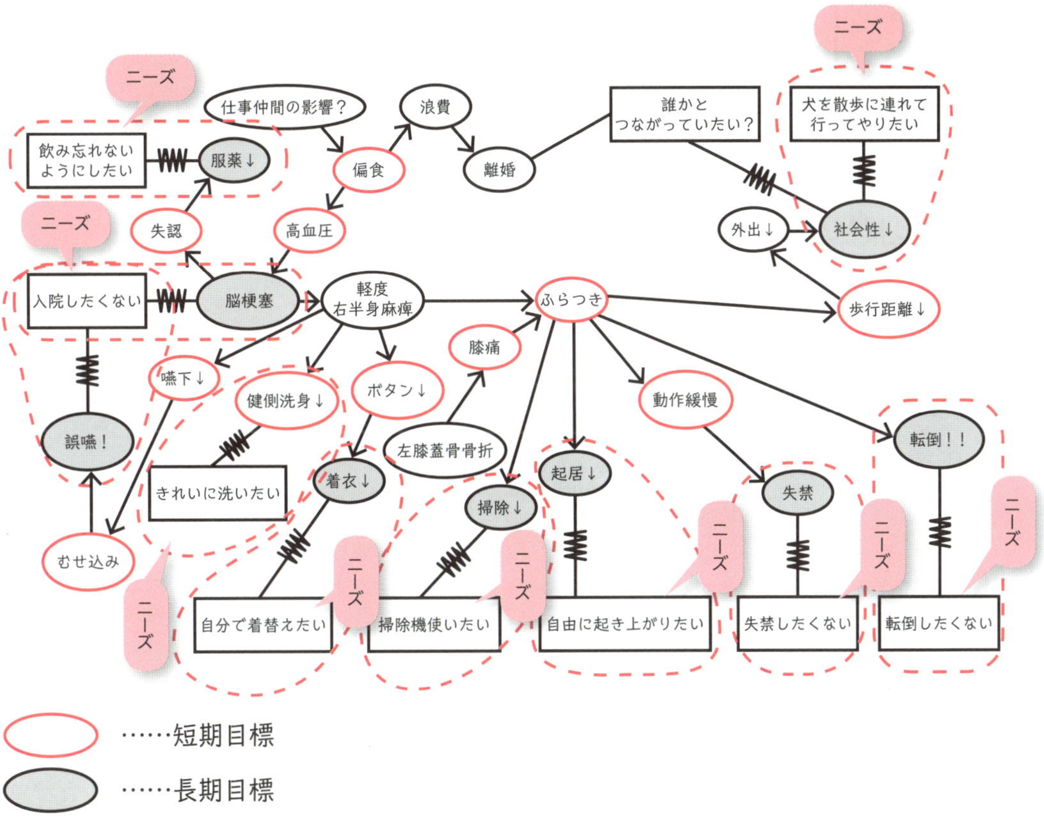
ニーズ
飲み忘れないようにしたい
服薬↓
仕事仲間の影響？
浪費
偏食
離婚
誰かとつながっていたい？
ニーズ
犬を散歩に連れて行ってやりたい
ニーズ
失認
高血圧
外出↓
社会性↓
入院したくない
脳梗塞
軽度右半身麻痺
ふらつき
歩行距離↓
膝痛
嚥下↓
健側洗身↓
ボタン↓
動作緩慢
転倒！！
誤嚥！
左膝蓋骨骨折
起居↓
きれいに洗いたい
着衣↓
掃除↓
失禁
むせ込み
ニーズ
ニーズ
ニーズ
ニーズ
ニーズ
ニーズ
自分で着替えたい
掃除機使いたい
自由に起き上がりたい
失禁したくない
転倒したくない
……短期目標
……長期目標

事例 9　住み慣れた地域で本人らしく1人の暮らしを続ける利用者の事例

栗山さんの情報

基本情報に関する項目			
氏名 （年齢・性別）	栗山聖子 （78歳・女性）	要介護度等	要介護１
障害高齢者の日常生活自立度	Ｊ２	認知症高齢者の日常生活自立度	Ⅱａ
利用している サービスの状況	看護小規模多機能型居宅介護	既往歴／現病歴	心筋梗塞（50代半ば）、アルツハイマー型認知症、高血圧症、脂質異常症、陳旧性心筋梗塞、両変形性膝関節症
受診・通院の状況	自転車で外来通院（２週に１回）	入院歴	76歳のとき肺炎にて
世帯状況（介護の状況）	１人暮らし	経済状況	遺族年金、厚生年金
これまでの生活歴	鉄道会社に勤務する父親の転勤に伴い、家族で引っ越しをしながら暮らしてきた。 高校卒業後、県外に就職。結婚し男児をもうけるが離婚。そして、長男が３歳のときに再婚。その後次男と三男が生まれる。50代半ばで心筋梗塞発症。50代後半に夫の両親の介護をするために夫の故郷に転居。５年前に夫が他界し１人暮らしとなる。その頃から物忘れの症状が見られ始め、アルツハイマー型認知症との診断を受ける。		
現在の生活状況	１人暮らし。キーパーソンの次男は県外に単身赴任中。 町外に住む次男の妻が時々通って生活の援助をしている。		
主訴	物忘れが進んで困っているが、家族には迷惑をかけたくない。不要な買い物が多いと言われて息子に怒られてしまうのがつらいのでどうにかしたい。１人でいると耳鳴りや頭痛がして勘違いが増えてしまう。 病気をしたり体を弱らせて人に迷惑をかけたくない。		
課題分析（アセスメント）理由	物忘れなどの進行により家族関係の困難が生じ始めたため要介護度の見直し。		
課題分析（アセスメント）に関する項目			
健康状態	高血圧症、脂質異常症、陳旧性心筋梗塞で通院。５年前にアルツハイマー型認知症の診断を受ける。１年前に感冒症状が悪化し肺炎の診断にて１週間入院。回復し、現在は２週に１回の外来通院を行っている。		

ADL	自立。両変形性膝関節症はあるが床上動作も安定している。自転車に乗って３km離れたスーパーまで毎日買い物に行っている。
IADL	調理：炊飯は行うが調理はほぼ行っていない。惣菜を購入している。 掃除：大切な書類や郵便物をなくしてしまう。 買い物：重複して同じ物を買う。「自分のお金だもん、適度に買い物くらいしたい」と話す。 金銭管理：買い物の支払いなどはその場でできている。手持ちの現金がなくなるとATMで現金を下ろしているが、預金残高などの管理は難しくなっており、残高不足により月払いの引き落としができないことが増えている。お寺に払うお布施の額がわからなくなり過剰に包んだりするなど、他者の見守りや助言が必要になっている。 服薬：飲み忘れがある。
認知	物忘れ。理解力の低下。新しいことや不慣れなことにはとまどいが大きい。
コミュニケーション能力	その場での疎通は良好。接客業をしていたこともあり、聞き上手、話し上手。
社会との関わり	20年前に転居後、親しい友人もおらず近隣との交流は稀薄。 買い物へ立ち寄る店のことについては「付き合いもあるから行ったら何か買わなきゃ悪いと思う」と話す。
排尿・排便	自立。
じょく瘡・皮膚の問題	問題なし。
口腔衛生	問題なし。
食事摂取	摂食動作は自立。食事がどれくらい取れているか不明。半年前から徐々に体重が減っている。アルブミン値4.6、BMI 19.7。
問題行動	認知症により、目的もあいまいなままに自転車で出かけることが増えている。買い物内容や量の判断や金銭の管理が困難になり家族とのトラブルが増えている。
介護力	町外に次男家族が住んでいるが、キーパーソンの次男は県外へ単身赴任、次男の妻も仕事をしており、介護力は不安定。
居住環境	問題なし。
特別な状況	なし。
その他	なし。

栗山さんのアローチャート

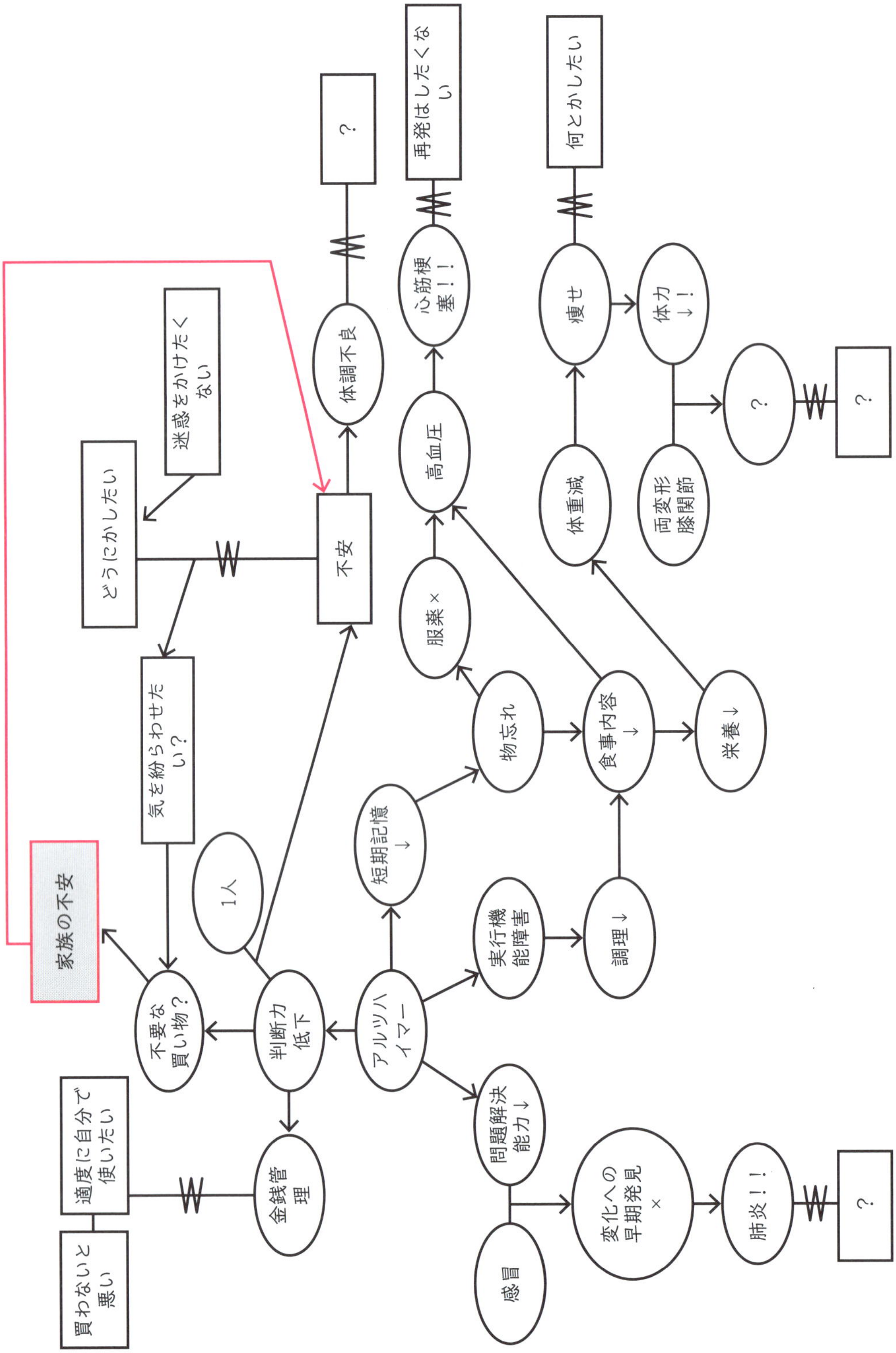

課題整理総括表

利用者名　栗山　聖子　　殿　　　　作成日　　／　／

自立した日常生活の阻害要因（心身の状態、環境等）	①認知機能低下による短期記憶障害	②認知機能低下による判断力低下	③認知機能低下による実行機能障害
	④１人の不安	⑤	⑥

利用者及び家族の生活に対する意向	物忘れは進んできているが家族に迷惑をかけずに生活をしていきたい。

状況の事実 ※1		現在 ※2	要因※3	改善/維持の可能性※4	備考（状況・支援内容等）
移動	室内移動	**自立**　見守り　一部介助　全介助		改善　維持　悪化	体重減の進行と膝関節症の痛みが生じた場合にリスクあり。
	屋外移動	**自立**　見守り　一部介助　全介助		改善　維持　悪化	
食事	食事内容	支障なし　**支障あり**	①③	**改善**　維持　悪化	他者がともに食事の準備などを実施することで改善可能性あり。
	食事摂取	**自立**　見守り　一部介助　全介助		改善　維持　悪化	
	調理	自立　見守り　**一部介助**　全介助	③	**改善**　維持　悪化	
排泄	排尿・排便	**支障なし**　支障あり		改善　維持　悪化	
	排泄動作	**自立**　見守り　一部介助　全介助		改善　維持　悪化	
口腔	口腔衛生	**支障なし**　支障あり		改善　維持　悪化	認知機能の低下に伴う状況要観察。 食事摂取低下への影響など観察。
	口腔ケア	**自立**　見守り　一部介助　全介助		改善　維持　悪化	
服薬		自立　見守り　**一部介助**　全介助	①	改善　**維持**　悪化	
入浴		**自立**　見守り　一部介助　全介助		改善　維持　悪化	
更衣		**自立**　見守り　一部介助　全介助		改善　維持　悪化	
掃除		自立　見守り　**一部介助**　全介助	③	**改善**　維持　悪化	寂しさを紛らわすために外出し買い物をしているが不要なものが多く、その処分もできないので他者が随時介入し適量や適切な処分への声かけを実施することで改善の可能性あり。
洗濯		**自立**　見守り　一部介助　全介助		改善　維持　悪化	
整理・物品の管理		自立　見守り　**一部介助**　全介助	②	**改善**　維持　悪化	
金銭管理		自立　見守り　**一部介助**　全介助	②	**改善**　維持　悪化	
買物		自立　見守り　**一部介助**　全介助	①②③④	**改善**　維持　悪化	
コミュニケーション能力		**支障なし**　支障あり		改善　維持　悪化	
認知		支障なし　**支障あり**	①②③④	改善　**維持**　悪化	
社会との関わり		支障なし　**支障あり**	①②③④	**改善**　維持　悪化	商店などの理解を図ることで買い物時のトラブルなどを回避できる。
褥瘡・皮膚の問題		**支障なし**　支障あり		改善　維持　悪化	
行動・心理症状（BPSD）		支障なし　**支障あり**	①②③④	改善　**維持**　悪化	金銭の管理を適切に実施することで関係性を改善可能と考える。
介護力（家族関係含む）		支障なし　**支障あり**	②④	**改善**　維持　悪化	
居住環境		**支障なし**　支障あり		改善　維持　悪化	
				改善　維持　悪化	

見通し ※5	生活全般の解決すべき課題（ニーズ）【案】	※6
ADL機能の著しい低下はみられないが、アルツハイマーの進行により服薬の未遵守や食生活に支障が出ている。そのために従来よりあった高血圧の管理がおろそかになりつつあり、心臓機能の低下を再発させるリスクを呼んでいる。 また、判断力の低下は金銭の管理を困難にしており買い物をしたいという思いの反面、家族の心配を大きくしている。 本人は認知症症状の進行から１人での暮らしに不安を抱き、そのことで体調不良を生んでいるが、気分転換に外出しての買い物は上記のとおり家族の不安を余計に強くしているという悪循環を生んでいる。	心筋梗塞などの病気は再発させたくない。	1
	最近痩せてきている。理由はわからないけれど体が弱らないように何とかしたい。	2
②④によって生じてくる買い物等の行動に他者が随時かかわることで本人の不安な気分を解消するとともに家族の心配を軽減させられる可能性がある。	自分のお金だから適度に買い物もしたい。	3
また、現在は生じていないが体調不良への自身の判断力の低下から重篤な状態にならないようにするための生活状況の観察や痩せによる体力の低下と両変形性膝関節症の悪化による生活支障が生じないように早期の介入をできる体制を整える必要あり。	体調の変化に早期に対応できる体制を検討して重篤な状態にならないようにしたい。	—

第　1　表

居宅サービス計画書（1）

作成年月日　　　年　　月　　日

初回・紹介・継続　　認定済・申請中

利用者名　栗山　聖子　殿　　生年月日　　年　　月　　日　　住所

居宅サービス計画作成者氏名　　　　居宅介護支援事業者・事業所名及び所在地

居宅サービス計画作成（変更）日　　年　　月　　日　　初回居宅サービス計画作成日　　年　　月　　日

認定日　　年　　月　　日　　認定の有効期間　　年　　月　　日 ～　　年　　月　　日

要介護状態区分	要介護１（○）・要介護２・要介護３・要介護４・要介護５
利用者及び家族の生活に対する意向	（利用者）昔のように行く所がなくなって今はスーパーくらい。１人でいると色々不安や寂しさからなじみのスーパーへ行くが、やっぱり何も買わないわけにはいかないのでお金を使ってしまい、使いすぎと息子に叱られる。なるべく心配をかけないで暮らせたらと思っているので、体も弱らせるわけにはいかない。 （家族：息子）時々しか顔を出せないが、心臓の病気なんかもしているので健康に気をつけてほしいと思っている。日頃の体調管理をお願いしたいと思っている。
介護認定審査会の意見及びサービスの種類の指定	
総合的な援助の方針	ご主人の介護をやり遂げられた後も、ご家族の見守りを受け仏様を守りながらお１人で頑張っていらっしゃいます。 ご病気の悪化や再発の防止をご家族や関係機関と連携しながら支援します。 健康状態を保つためにも栄養を考えた食事づくりなどを一緒に行っていきましょう。必要に応じて買い物などについてご家族様と相談をしながら進めていきます。 暮らし慣れた地域のなかで安心して出かけていけるように日頃の連絡体制をつくっていきます。
生活援助中心型の算定理由	１．一人暮らし　２．家族等が障害、疾病等　３．その他（　　　　）

第　2　表

居宅サービス計画書（2）

利用者名　栗山　聖子　殿　　　　　　　　　　作成年月日　　　　年　　月　　日

生活全般の解決すべき課題（ニーズ）	援助目標				援助内容					
	長期目標	（期間）	短期目標	（期間）	サービス内容	※1	サービス種別	※2	頻度	期間
心筋梗塞などの病気は再発させたくない。	疾患の悪化や再発を防止することができる。		受診日を忘れずに診察を受けることができる。		診療・療養の相談		主治医			
					服薬指導		かかりつけ薬局			
					受診の確認・声かけ	○	看護小規模スタッフ（看護師）			
			服薬がしっかりとでき、食事のバランスを整えることができる。		バイタル測定・体重測定 服薬の準備・声かけ	○	看護小規模スタッフ（看護師）			
					食事献立の助言		看護小規模スタッフ（介護職）			
			緊急連絡体制を整える。		緊急時の体制確保	○	看護小規模スタッフ（計画作成者）			
					SOSシステムや緊急通報		○○市			
					近隣との協力		見守り支援チーム			
最近痩せてきている。理由はわからないけれど体が弱らないように何とかしたい。	栄養を考えた食事の献立をつくったり買い物ができることで体力を維持できる。		栄養のバランスを考えた献立に沿った食事ができ、体重の減少を防げる。		調理の代行や補助	○	看護小規模スタッフ（介護職）			
					栄養指導		看護小規模スタッフ（看護師）			
			賞味期限の過ぎた食品など不要なものの整理ができる。		冷蔵庫や食品の整理		看護小規模スタッフ（介護職）			
自分のお金なんだから適度に買い物もしたい。	声かけや少しの手伝いを受けながら安定した金銭管理ができ、家族の心配を減らすことができる。		計画を立ててスーパーで買い物をすることができる。		買い物をする品物の助言や声かけ	○	看護小規模スタッフ（介護職）			
							○○スーパー			
			定期的な支払いなどの管理ができる。		管理		家族			
					家族への相談・助言	○	看護小規模スタッフ（計画作成者）			

※1　「保険給付の対象になるかどうかの区分」について、保険給付対象内サービスについては○印を付す。
※2　「当該サービス提供を行う事業所」について記入する。

情報分析の手順の解説

本文の情報に該当する「栗山さんの情報」の項目（164～165頁）

アルツハイマー型認知症の及ぼす影響

既往歴／現病歴

主訴

問題行動

認知

支援の必要な要因になっている**アルツハイマー型認知症**は、栗山さんにどのような影響を与えているのでしょうか。なぜアルツハイマー型認知症から考えるのかというと、**物忘れの進行**や**お金の使い方での家族とのトラブル**が生じているといった部分は今後の生活に最も影響が出るのではないかと予測できるからです。

認知

さて、金銭の管理のトラブルの原因にはアルツハイマー型認知症による**判断力の低下**が考えられます。また、**物忘れ**は短期記憶障害がその中核症状として現われていると考えました（図１）。

図１

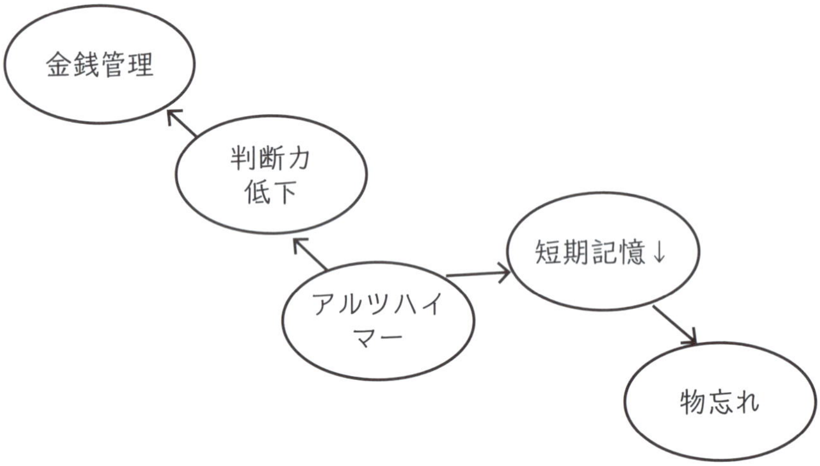

食事内容の偏りがもたらす影響

IADL

物忘れの結果、**服薬が未遵守**であること、また食事について、**できあいの物が多くなり、栄養のバランスが悪くなっている**ことがうかがえます。

食事内容の問題はアルツハイマー型認知症による実行機能障害を原

因として**調理が困難**となることからであると考えられます。さらに、**惣菜などに偏っている**ことは塩分過多となっていることも考えられます。

惣菜などの食事内容の偏りは、従来より疾患として有している**高血圧の悪化**を招くとともに心筋梗塞の再発リスクを有しています（図2）。

既往歴／現病歴

図2

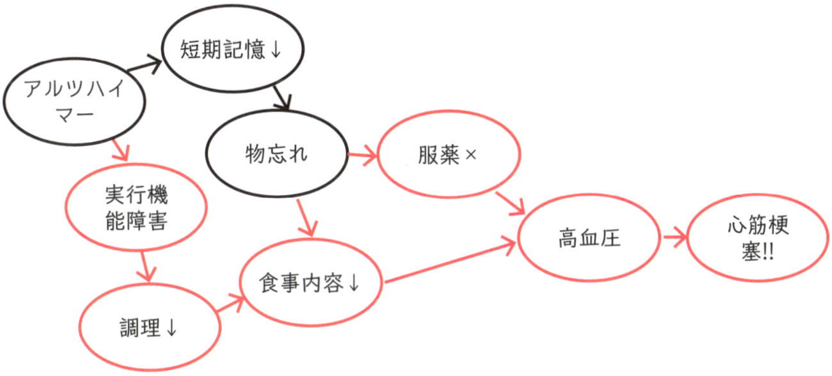

さらに、食事内容の偏りは栄養状態の低下を招き、それによって**半年前から徐々に体重の減少が起き**、痩せの状態を招いていることに影響していると考えられます（図3）。

食事摂取

図3

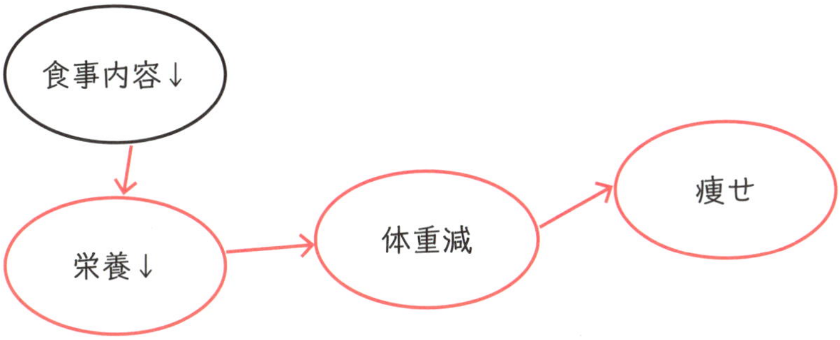

買い物を取り巻く影響

惣菜などを購入する際に起きていることについても見てみましょう。

IADL

買い物についてはアルツハイマー型認知症により必要な**物品の購入に関して適切な判断ができていない**状況にあることがわかります。

主訴

判断力の低下は1人で過ごす時間の多い本人にとって「**不安**」となっている様子がわかります。

主訴

「不安」というのは本人の主観的情報ですので、通常なら後々考えることですが、そのことが**耳鳴りや頭痛といった体調不良**を招いていることからここでも必要と判断しました（図4）。

図4

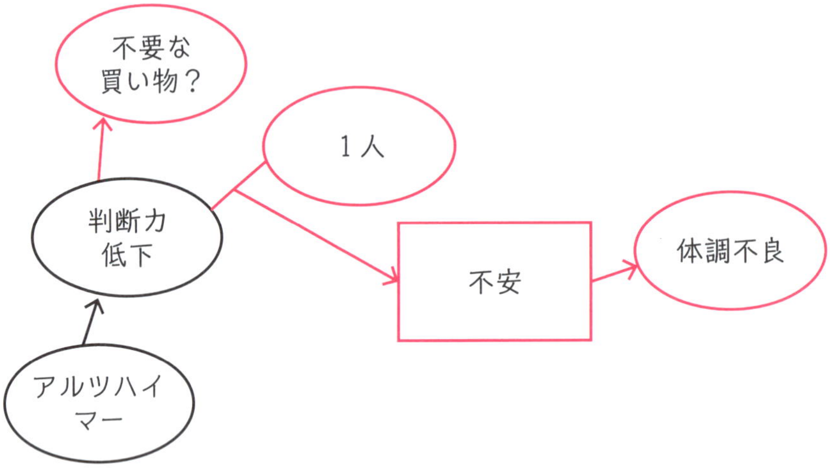

感冒など疾病・疾患等のリスク

健康状態

現在顕在化しているわけではないようですが、最近**感冒（かぜ）から肺炎を誘発している**ことがありました。アルツハイマー型認知症により栗山さんが自身の体調などを適切に判断し、早期に自身の体調変化を察知できない状況があったと考えられますので、今後繰り返しのリスクとなる可能性があると考えて情報をつないでおきます（図5）。

図５

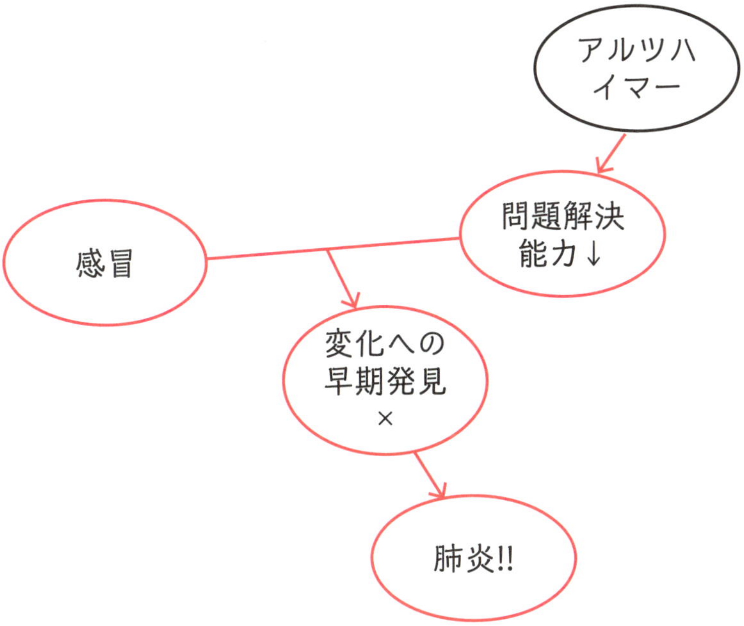

同様に、現在は**両変形性膝関節症の痛み**などは生じておらず、状態を見ても歩行状態等への影響も出ていません。しかし、今後痩せによる体力の低下発生のリスクを考えた場合、膝の痛みが発生した際には歩行など含めてADLに支障が出る可能性があると考えて、アローチャートにつなぎます（図６）。

既往歴／現病歴

ADL

図６

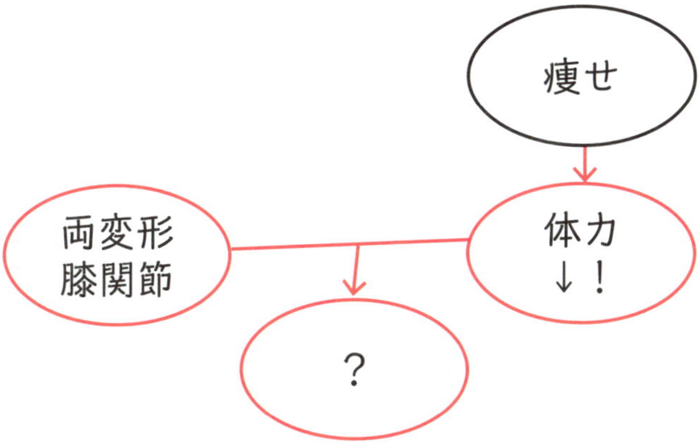

図５、図６は基本情報には載っていませんが、専門職として予測すべきリスクとして追加します。

主観的事実の分析

図４でも取り扱った「不安」という主観的事実に注目しましょう。

主訴

栗山さんは、１人でいる寂しさや不安をどうにかしたいと思い、気を紛らわそうとする思いがあるのではないでしょうか。そしてその**どうにかしたい**という考えが、買い物という行動につながっているのではないかと考えられます。しかし、アルツハイマー型認知症による判断力の低下によって、**それが不要な物品の購入**につながっている様子がわかります（図７）。

問題行動

図7

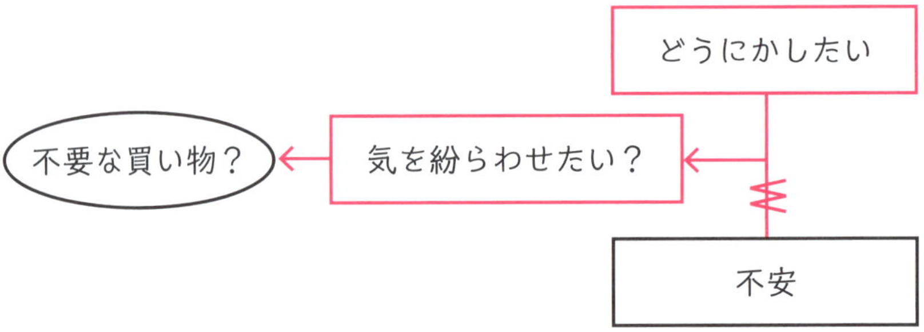

IADL

買い物をするためには金銭管理も重要ですが、アルツハイマー型認知症からの判断力低下でその**金銭管理も難しく**なってきている状況があります。ところが、本人は買い物について**自分のお金だから適度に使いたい**とも思っています。

コミュニケーション能力

栗山さんは**過去に接客業の経験**があります。立ち寄ったお店に「**何か買わないと悪い**」と考えていることは、その接客業の経験とも関係があるのではないかと推察しました（図８）。

図8

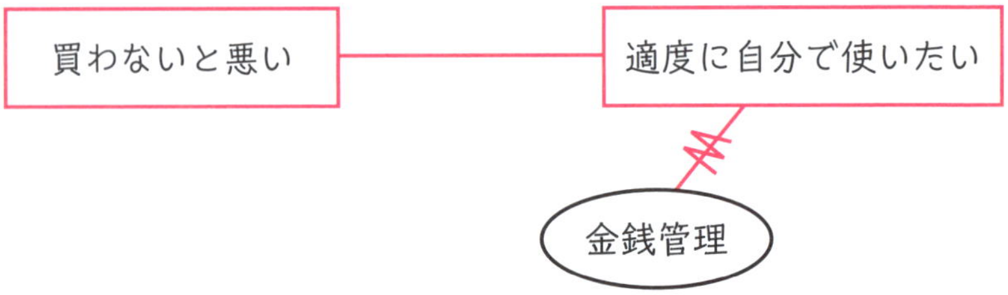

自身の健康についての思い

現在の栗山さんからは、**心筋梗塞などの再発を避けたい**という思いや、**体を弱らせて迷惑をかけたくない**という思いが見てとれます。

主訴

また、痩せてきていることに対して体を弱らせないようにしたいという思いも抱いているのではと考えられます（図９）（図10）。

図９

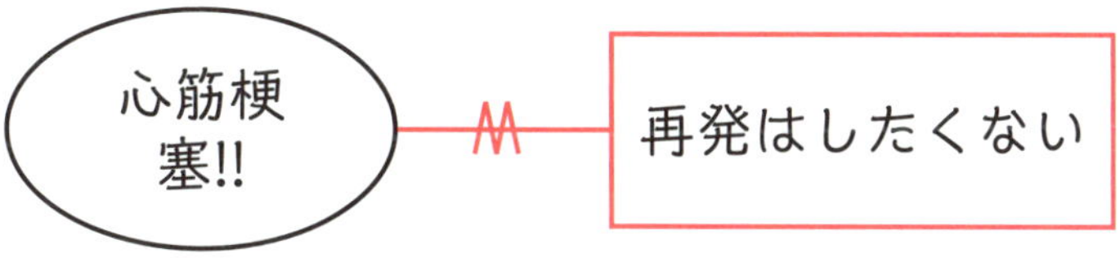

図10

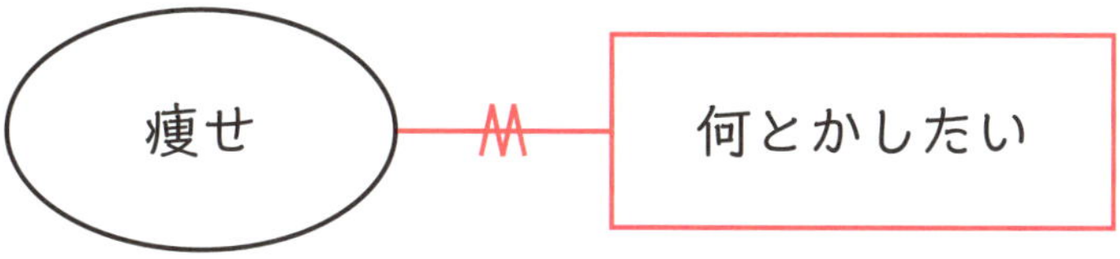

家族の思いと本人の思い

最後に、家族の不安とそれにつながる本人の不安を見てみましょう。

家族の不安が本人の不安となっていることから、ここでは家族の主観的事実も取り上げます。

本人の金銭の管理や買い物の様子に関して、家族の不安をつなぎます。家族の主観的事実はわかりやすいように色を分けて記載しておきます。

家族が不安に思って栗山さんを叱ってしまうことは本人の不安にもつながっています。それによってまた「**どうにかしたい**」という本人の思いは「**家族に迷惑をかけたくない**」という思いであることがわかります。しかし、状況としてはそれでも不要な買い物をしてしまうということを結果的に生み、家族の不安になってしまっていることがわかります（図11）。

主訴

図11

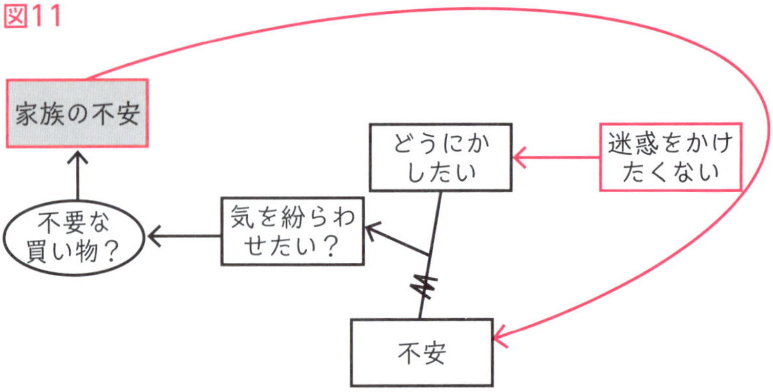

ケアプランに展開する

ニーズ1）心筋梗塞などの病気は再発させたくない

既往歴の高血圧や心筋梗塞などの再発や悪化を防止することは健康面からも重要な要因ととらえ、ニーズとしました。

本人も思っている再発のリスクを回避することですが、アルツハイマー型認知症からくる物忘れや実行機能障害によって服薬や食事の管理などが困難となっています。しかしアルツハイマー型認知症は治癒が困難ですので、その次の情報として**受診日を忘れずに診察を受けることができる**こと、**服薬がしっかりとでき、食事のバランスを整えることができる**ことを短期目標としています。

また1人暮らしであるために、心疾患の悪化などによる緊急時に適切な判断が難しいと思われるため、**緊急連絡体制を整える**ことを短期目標にしています。

ニーズ2）最近痩せてきている。理由はわからないけれど体が弱らないように何とかしたい

体重減が生じ、痩せの状況が生じています。これに対して本人は体を弱らせたくないという思いがありますので、ニーズとしています。

ニーズの解消として献立をつくったり買い物を行うといった体を動かす行為をすることで体力を維持できることがよいと思いますので、これを長期目標としました。

そのために**栄養のバランスを考えた献立に沿った食事ができ、体重の減少を防げる**こと、**賞味期限の過ぎた食品など不要なものの整理ができる**ことを短期目標としています。

ニーズ3）自分のお金なんだから適度に買い物もしたい

栗山さんは金銭のやり取りや管理が難しくなっていますが、自分のお金なので適度に買い物をしたいという思いをもっていますので、これを３つ目のニーズとしました。

栗山さんのニーズを生んでいることの大きな原因は判断力の低下でしょう。これは支払いなどの金銭管理の困難と、不要な買い物をしてしまうことによる家族の不安という２つの課題を生んでいることがアローチャートからわかります。

そこで、このニーズを解決していくために、この２つの課題の解決を短期目標としました。

金銭管理については**定期的な支払いなどの管理ができる**こととし、買い物については、**計画を立ててスーパーで買い物をすることができる**ことを短期目標としました。不要な買い物をなくすことは家族の不安をなくすことですので、一見、家族のニーズのようにとらえられますが、アローチャートを見るとそのことにより本人の不安が生じて、それがまた不要な買い物へとつながっていることもわかりますので、ここでは解決する課題として取り上げました。

定期的な支払いなどの管理は家族とともに支援をしていきます。また、不要な買い物については家族の了承を得て、本人が決まって足を運ぶ店の人に連絡先などの周知を図り、１人で不安になる前に一緒に支えてくれるようお願いをし、同様の事例があった際に一緒に支えあう地域づくりの展開も考えていきます。

ニーズ4）体調の変化に早期に対応できる体制を検討して重篤な状態にならないようにしたい

自身の体調不良や悪化に対し、早期に介入をして対応をすることで１年前の肺炎を患ったときのようなことを繰り返さないこと（①）や、万が一、痩せが進行した場合にはさらに体力の低下を招くリスクがあり、両変形性膝関節症とあいまって何かしらのニーズを生じさせる危険があります（②）。判断力の低下は、ともに考え助言をしてくれる人が身近にいない１人の生活によって不安を招き、体調不良を生んでいる状況があります（③）。これらを課題整理総括表においてはニーズとして記載をしました。

しかし、①については看護小規模多機能型居宅介護事業所のスタッフがかかわることで体調変化の早期発見、②についてはニーズ２に対しての支援で痩せを改善し、体力低下のリスクを回避できる可能性があること、③についてはニーズ３における家族の心配を減らすこととあわせて、①と同様にスタッフが判断力の低下をサポートすることで軽減できる可能性があることから、ここではケアプラン上のニーズとしては取り上げませんでしたが、サービス担当者会議などにおいてスタッフ間で共有しておくことはもちろん必要だと思われます。

本事例は、認知症症状による判断力の低下などにより生じている不安を、本人が自分なりに解決しようとした結果、自身の健康管理や金銭の管理に不安が強くなる……という皮肉な状況にあります。これらが別居の家族の不安を強くしてしまい、結果として本人が１人での生活に不安を抱えてしまうという状況が生じています。

本事例の不安を受け止められる体制を支援者と地域とがともにつくっていく視点でケアを展開することが大事です。

図12

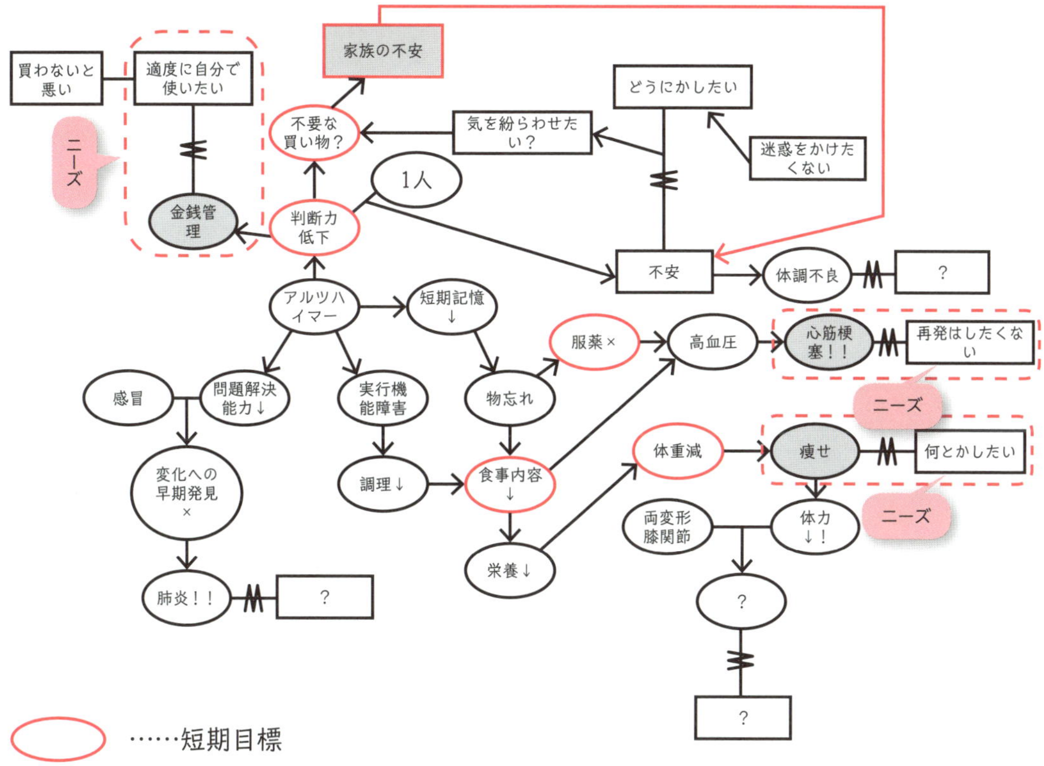

……短期目標

……長期目標

事例10 「まだできる」の言葉からかかわりの見直しを行った利用者の事例

坂部さんの情報

基本情報に関する項目			
氏名 （年齢・性別）	坂部里美 （93歳・女性）	要介護度等	要介護１
障害高齢者の日常生活自立度	Ａ１	認知症高齢者の日常生活自立度	Ⅱａ
利用しているサービスの状況	通所介護（週２回） 訪問介護（週７回）	既往歴／現病歴	左大腿骨転子部骨折（85歳） 脳梗塞（89歳）
受診・通院の状況	通院（月１回）	入院歴	５年前に脳梗塞で入院。その後の入院はない。
世帯状況（介護の状況）	有料老人ホームに入所中。キーパーソンは孫。	経済状況	国民年金、夫の遺族年金月12万程度
これまでの生活歴	夫と２人暮らしをしていたが82歳のときに夫が亡くなり１人暮らしとなった。85歳のときに転倒し、左大腿骨転子部骨折し入院。退院を機に長男宅に身を寄せ同居が始まった。 長男夫婦は共働きで、坂部さんは孫（当時大学生と高校生）や長男夫婦のために洗濯や夕食の支度などを行っていた。90歳のとき、交通事故で長男が、病気（乳がん）で長男の妻が相ついで亡くなり、孫２人と３人の生活となった。 日中は１人となるため、要介護認定を申請。要介護１の認定を受け、通所介護の利用を開始。通所介護のない日は、洗濯や簡単な掃除、調理などを行うなどして過ごしていた。 92歳のときに孫が結婚することになり、有料老人ホームに入所となった。		
現在の生活状況	有料老人ホーム（住宅型）入所中。		
主訴	私にはまだまだ自分でできることがある。孫の面倒もみてきたのに何でここ（有料老人ホーム）に入らないといけないのか納得がいかないが、孫には迷惑をかけられないので仕方がない。		
課題分析（アセスメント）理由	入所後、慣れない施設の生活に対する不安やあきらめから、入所者とのトラブルや施設職員への迷惑行為、夜間の頻尿などが見られていた。本人の「まだまだできることがある」との言葉に、施設職員も年齢だけで家事能力を過小評価していたのではという気づきがあり、再アセスメントを行うこととした。		
課題分析（アセスメント）に関する項目			
健康状態	高血圧（130mmHg／75mmHg）で内服中。脳梗塞の既往あり。麻痺等の後遺症は見られない。状態は安定している。		

ＡＤＬ	円背があり、体幹バランスが悪く、かがむ動作は苦手。室内歩行はゆっくりとだが杖歩行で自立。屋外は物忘れによる方向指示が必要で見守り、路面の状況によっては介助が必要。入浴は浴槽の移乗、手の届かない部分の洗いは介助が必要。湯につかると必ず「気持ちがほっとするね」と言う。更衣は時間がかかるが自立。
ＩＡＤＬ	調理は施設入所中なので施設が行う。買い物は必要なものは病院受診時に施設職員と一緒に行く。金銭の管理は孫（長男）が行うが少額の管理はできる。 入所直後は内服を自己管理していたが、飲み忘れることがあったため、今は食後に１回分ずつ水、薬を渡している。 掃除は、掃除機などの重いものを持ったり、床の細かいところの掃除は行いにくい。 洗濯は、洗濯機の操作はできる。低いところで干したり、取り入れたりはできる。
認知	年相応との医師の判断（Ⅱa）。物忘れや判断力の低下は見られ必要に応じて指示は必要。
コミュニケーション能力	少し耳は遠いが会話をするには問題はない。自分の思いを発信はできるが相手の気持ちを受け入れることには消極的で、時折トラブルが発生する。
社会との関わり	施設入所中。施設の行事で地域の行事や施設行事に参加している。週２回のなじみのある通所介護（在宅時行っていたデイサービスセンター）で、おしゃべりしたり体を動かすことを楽しみに出かけている。
排尿・排便	日中は落ち着いているが夜間に何度もトイレに行く。普通の下着を着用している。月に２～３回尿失禁や便の拭き残しはある。リハビリパンツやパッドの使用は、「こんなのは使いたくない。私はそんな物を使うような年寄りではない」と拒否している。
じょく瘡・皮膚の問題	特にない。
口腔衛生	部分入れ歯使用。施設では毎食後施設の職員の誘導のもと、口腔ケアが行われている。入れ歯は夕食後施設職員によって洗浄管理されている。
食事摂取	配膳されると自分で摂取できる。お茶や水分は自分で準備し飲むことができる。
問題行動	自分より要介護度の重い利用者に対し、「私はあなたのようには手がかからない」「あなたたちは何もできないでいる」と、否定的な言葉を発することがある。 夜間、施設内をウロウロすることがあり、職員が眠るように促すと、職員の手を振りほどき「自宅に帰る」と声を荒げるときがある。
介護力	主介護者だった長男夫婦の死後、若い孫２人（長男、次男）が同居し、みていた。孫（長男）が結婚し子どもが生まれることになり、また、孫（次男）も結婚が決まり同居が難しくなった。 キーパーソンが孫（長男）であり、月１回程度はひ孫を連れて会いに来てくれる。
居住環境	有料老人ホーム（住宅型）
特別な状況	
その他	

坂部さんのアローチャート

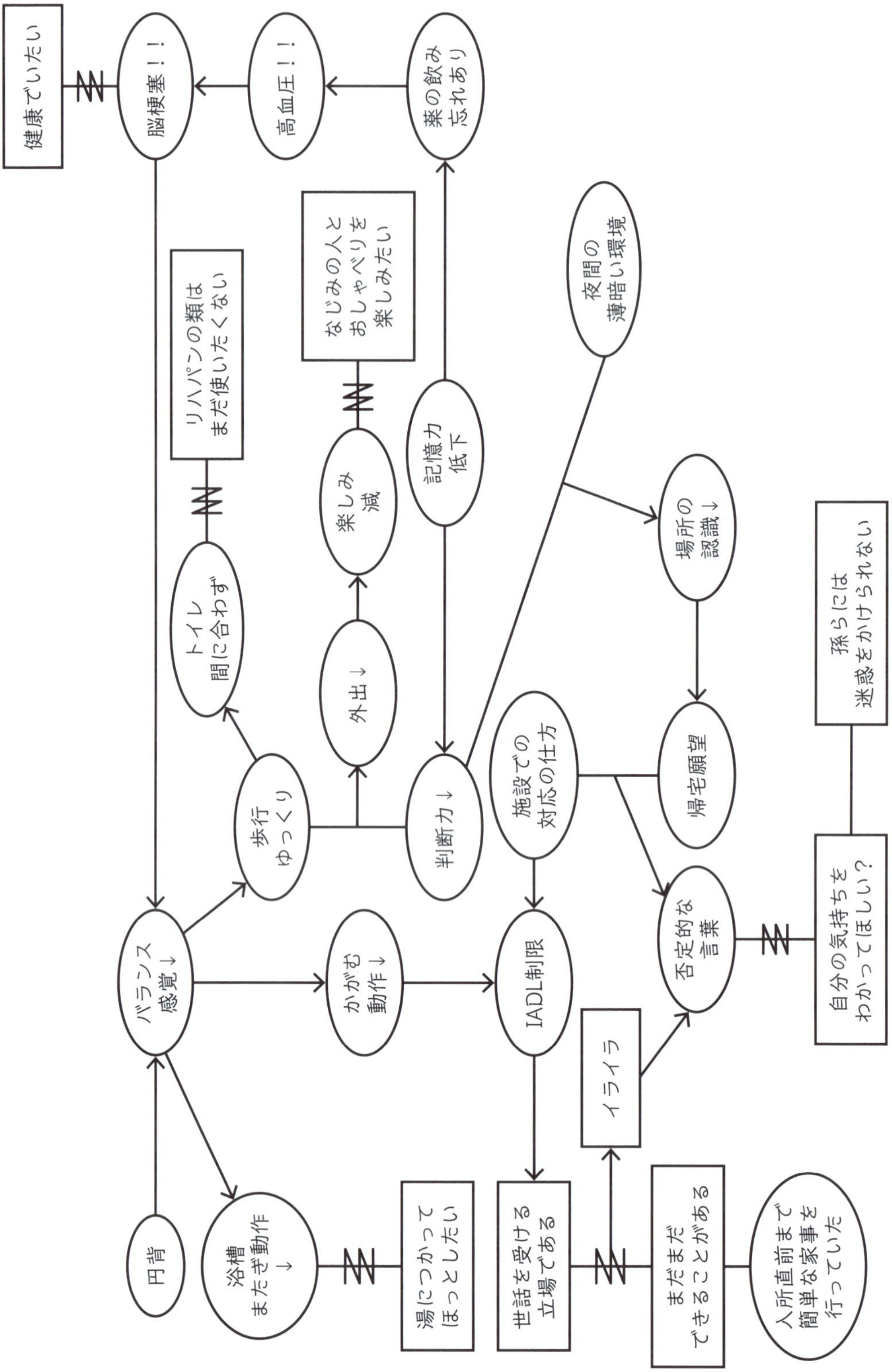

課題整理総括表

利用者名　坂部里美　殿　　　　　　作成日　　／　／

自立した日常生活の阻害要因（心身の状態、環境等）	①薬の飲み忘れ	②場所の認識力の低下	③判断力低下
	④施設での対応の仕方	⑤バランス感覚の低下	⑥

利用者及び家族の生活に対する意向	本人：自分でできることを行いながらここ（施設）で生活を続けます。 家族（孫）：ここで楽しく暮らしてほしい。

状況の事実　※1		現在　※2	要因※3	改善/維持の可能性※4	備考（状況・支援内容等）
移動	室内移動	**自立**　見守り　一部介助　全介助		改善　維持　悪化	
	屋外移動	自立　見守り　**一部介助**　全介助	③④	改善　**維持**　悪化	外出時は施設職員が付き添う。
食事	食事内容	**支障なし**　支障あり		改善　維持　悪化	
	食事摂取	**自立**　見守り　一部介助　全介助		改善　維持　悪化	
	調理	自立　見守り　一部介助　**全介助**	③⑤	**改善**　維持　悪化	
排泄	排尿・排便	支障なし　**支障あり**	③	改善　**維持**　悪化	夜間は3～4回、トイレに行く。
	排泄動作	自立　**見守り**　一部介助　全介助	③	改善　**維持**　悪化	
口腔	口腔衛生	**支障なし**　支障あり		改善　維持　悪化	
	口腔ケア	自立　見守り　**一部介助**　全介助	③	改善　**維持**　悪化	
服薬		自立　見守り　**一部介助**　全介助	①	改善　**維持**　悪化	
入浴		自立　見守り　**一部介助**　全介助	①	改善　**維持**　悪化	入所前まで、簡単な家事は行っていた。「まだできる」と発言あり。
更衣		**自立**　見守り　一部介助　全介助		改善　維持　悪化	
掃除		自立　見守り　一部介助　**全介助**	③④⑤	**改善**　維持　悪化	職員より「年齢からIADLができない」と思い込んでいるだけかもと意見があった。
洗濯		自立　見守り　一部介助　**全介助**	③④⑤	**改善**　維持　悪化	
整理・物品の管理		自立　見守り　一部介助　**全介助**	③④⑤	**改善**　維持　悪化	
金銭管理		自立　見守り　**一部介助**　全介助	③④⑤	改善　**維持**　悪化	通帳からの出納は孫が行う。
買物		自立　見守り　**一部介助**　全介助	③④⑤	改善　**維持**　悪化	
コミュニケーション能力		支障なし　**支障あり**	③	**改善**　維持　悪化	少額の金銭管理は自分でできる。
認知		支障なし　**支障あり**	③	**改善**　維持　悪化	
社会との関わり		支障なし　**支障あり**	③④	改善　**維持**　悪化	
褥瘡・皮膚の問題		**支障なし**　支障あり		改善　維持　悪化	
行動・心理症状（BPSD）		支障なし　**支障あり**	②③	**改善**　維持　悪化	他利用者に批判的な発言あり。
介護力（家族関係含む）		**支障なし**　支障あり		改善　維持　悪化	
居住環境		**支障なし**　支障あり		改善　維持　悪化	
				改善　維持　悪化	

見通し　※5	生活全般の解決すべき課題（ニーズ）【案】	※6
①記憶力の低下に伴い、薬の飲み忘れがある。服薬を確実に行えるよう薬は手渡しとし、血圧のコントロールを図る。	健康でいたい。	5
②ゆっくりと本人の訴えを聞くことができるよう場と時間を提供し、安心できる場であることを伝えるようにすることで、安心して過ごしてもらえるようにする。	まだまだ自分でできることは自分で行いたい。	2
③④入所前まで行われていた調理や掃除、洗濯などを、介助者と一緒に行うことで、生活に対する意欲を保つことができる。介助者は、どうすれば本人が作業を行いやすくなるかについて、検討・評価し、支援を行う。	なじみの人とおしゃべりを楽しみたい。	3
	湯につかってほっとしたい。	4
⑤移動や入浴といった場面では介助者がかかわり、転倒などの事故を予防する。またよい姿勢を保てるよう声かけをしたり、姿勢を保つための筋力や体の柔軟性を保つ練習を行い、円背の進行を予防する。	自分の気持ちをわかってもらったうえで、ここで暮らしていきたい。	1
	リハビリパンツ等を使うのは嫌。	－

第 1 表

居宅サービス計画書（1）

作成年月日　　年　月　日

初回・紹介・継続　　認定済・申請中

利用者名　坂部　里美　殿　　生年月日　　年　月　日　　住所

居宅サービス計画作成者氏名

居宅介護支援事業者・事業所名及び所在地

居宅サービス計画作成（変更）日　　年　月　日　　初回居宅サービス計画作成日　　年　月　日

認定日　　年　月　日　　認定の有効期間　　年　月　日 ～　　年　月　日

要介護状態区分	要介護１ ・ 要介護２ ・ 要介護３ ・ 要介護４ ・ 要介護５
利用者及び家族の生活に対する意向	（利用者）孫らに迷惑をかけるわけにはいかないので、ここで生活していくしかない。まだまだ色々なことが自分でも行えると思っているし、行っていきたい。 （家族：孫）施設で安心して暮らしてほしい。
介護認定審査会の意見及びサービスの種類の指定	なし
総合的な援助の方針	自宅と施設という環境の違いからの不安を少しでも軽減でき、施設でもご自身のしたいことができるよう工夫して身の回りのことをお手伝いしていきます。 ご自宅にいらしたときのお知り合いの方ともお会いしたりするなどして、外出の機会をもち、楽しく過ごしていただけるよう配慮していきます。 ご家族様にも安心していただけるよう、ご本人の様子について、適時、状況をお伝えさせていただきます。
生活援助中心型の算定理由	1．一人暮らし　2．家族等が障害、疾病等　3．その他（　　）

第 2 表

居宅サービス計画書（2）

利用者名　坂部　里美　殿　　　　作成年月日　　年　　月　　日

生活全般の解決すべき課題（ニーズ）	目標				援助内容					
	長期目標	（期間）	短期目標	（期間）	サービス内容	※1	サービス種別	※2	頻度	期間
自分の気持ちをわかってもらったうえで、ここで暮らしていきたい。	納得して自分の生活を送ることができる。		不満や心配なことを言葉にして訴えることができる。		・ご本人が話をしやすい環境をつくり、相談にのる	○	生活相談員 介護支援専門員			
まだまだ自分でできることは自分で行いたい。	毎日を活動的に過ごすことができる。		身の回りのことを自分で行い、満足できる。		・洗濯物をたたんだり片づけたりを一緒に行う ・一緒に掃除や片づけを行う ・買物に同行し、品物の選択を相談したり支払いの手伝いを行う ・活動をねぎらう言葉かけを行う		訪問介護 有料老人ホーム職員			
なじみの人とおしゃべりを楽しみたい。	多くの人と交流することで楽しみをもつことができる。		親しい人とおしゃべりして過ごすことができる。		・他利用者とのサークル活動などに参加する ・サークル活動中に利用者同士が交流を図れるよう働きかけを行う ・レクリエーションや機能訓練などをしながら、楽しめる場をつくる		本人 有料老人ホーム職員 通所介護			
湯につかってほっとしたい。	気持ちよく入浴ができる。		介助を受け、湯につかることができる。		・入浴の介助 ・またぎ動作を行いやすくするためのリハビリの実施		有料老人ホーム職員 通所介護			
健康でいたい。	脳梗塞などの再発がなく過ごすことができる。		服薬を確実に行い、体調を崩さずに生活できる。		・受診同行 ・施設内での生活の様子などを医師に報告し、薬剤等の必要性の是非を相談する ・服薬管理・服薬介助		有料老人ホーム職員			

※1　「保険給付の対象になるかどうかの区分」について、保険給付対象内サービスについては○印を付す。
※2　「当該サービス提供を行う事業所」について記入する。

情報分析の手順の解説

本文の情報に該当する「坂部さんの情報」の項目（180～181頁）

心理面からの分析

主訴

今回は、再アセスメントを行うきっかけとなった坂部さんの「**まだまだ自分でできることがある**」という言葉から分析を始めます。

これまでの生活歴

課題分析（アセスメント）の理由

この言葉が発せられたのは、それまでは**自宅で簡単な家事を行っていた**にもかかわらず、施設に入所し、**IADLに関する様々なことを、施設職員から支援を受ける立場になってしまったこと**に対し抗《あらが》う感情からだと考えました（図１）。

図１

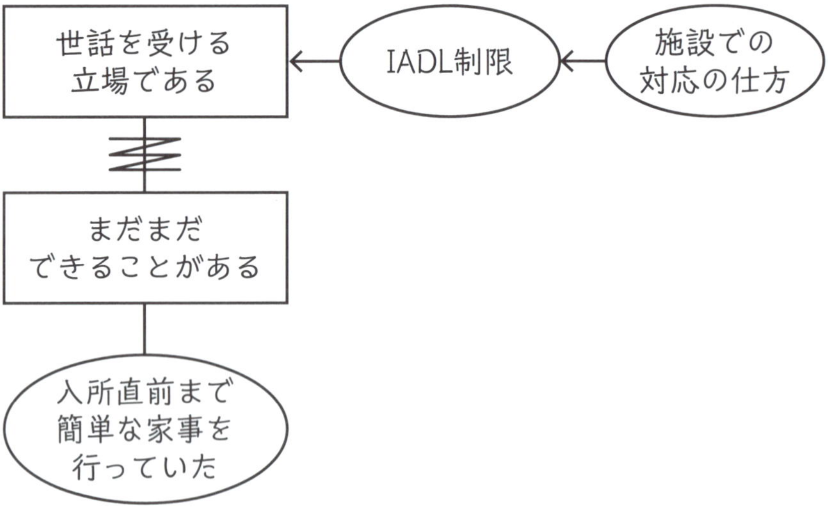

この主観的事実同士に―W―がついている構造をA構造といいます。ある主観的事実と他の主観的事実が抗《あらが》っている（どちらかを立てるとどちらかが立たない）アンビバレントな状況であることを表します。

ADL

さて、IADLが制限されてしまっている理由としては、**円背**があり、**バランスを崩しやすく、かがむ動作が行いにくい**という身体状況も考えておく必要があります（図２）。

図2

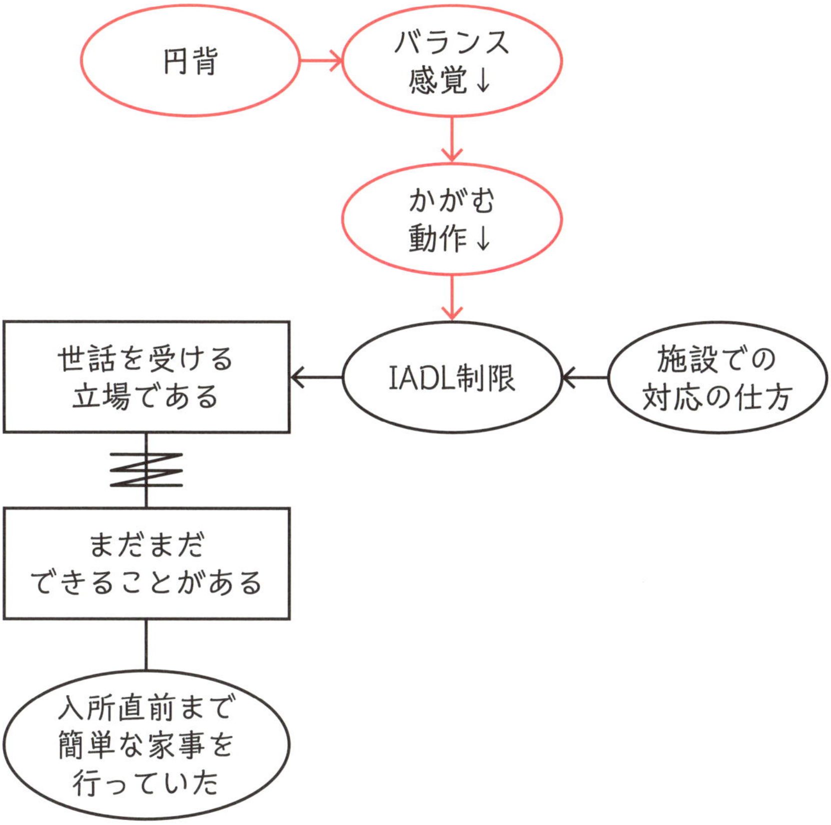

入所者や施設職員とのトラブルの影響

次に、今回の再アセスメントを行うきっかけとなった入所者や施設職員とのトラブルについて考えてみます。

坂部さんは、図1や図2にある「まだまだできることがある」というポジティブ（またはプラス）な気持ちと、「世話を受ける立場になった」というネガティブ（またはマイナス）な気持ちとが抗った状況におかれています。このように同時にポジティブ/プラスとネガティブ/マイナスという2つの感情を抱くとき、人は、不安になったり、イライラしたり、落ち着きを失ったりといった状態になるといわれています。

そこで、坂部さんが他の利用者に対して**否定的な言葉**を発するのも、この2つの感情からイライラしてのことではないかと考えます（図3）。

問題行動

図3

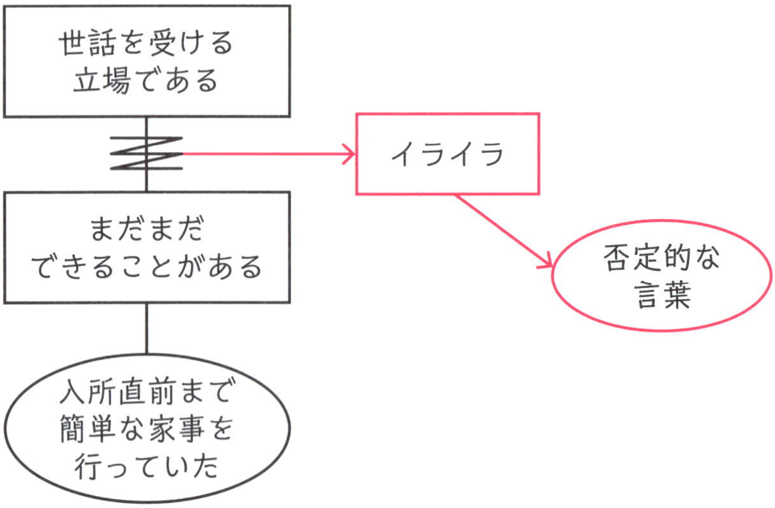

また、否定的な言葉は、夜間に職員に向けても発しています。

認知

問題行動

年相応に記憶力や判断力が低下しているところに、夜間、周囲が薄暗い状況から、場所の認識が低下し、**「自宅へ帰る」**と声を荒げることがあります（図４）。

図４

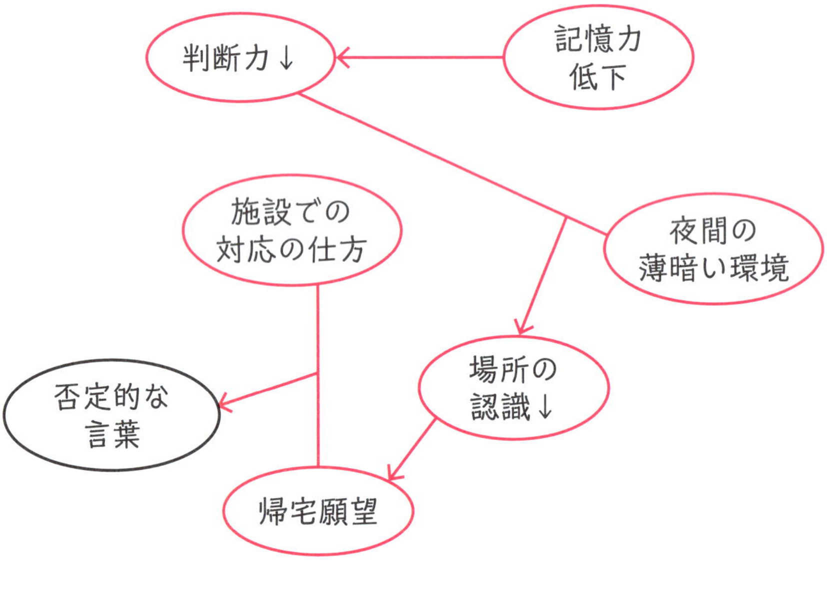

身体面の分析

ここからは、身体面の分析に進んでみます。

図２で見たように、円背からバランス感覚が低下していることで、かがむ動作が行いにくいこと以外にも、浴槽のまたぎ動作や歩行に支障をきたしているようです。また、バランス感覚が悪いことには、**脳梗塞の既往**があることも影響しているとも考えられます（図５）。

既往歴／現病歴

図５

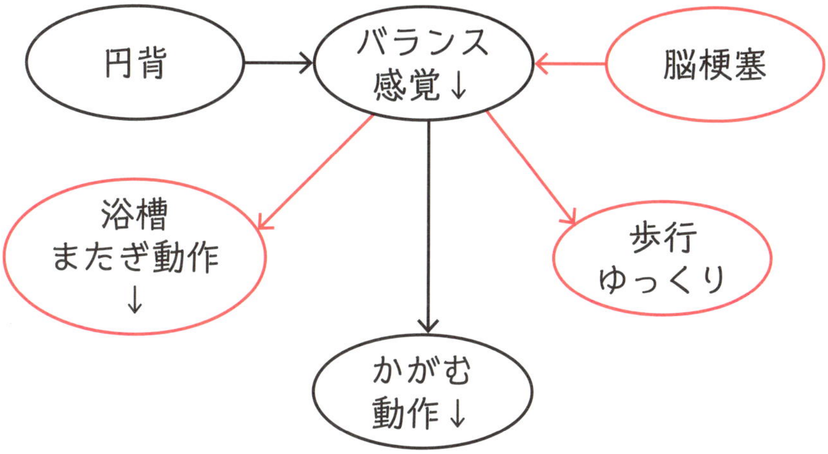

そして、**歩行がゆっくり**なことで**トイレに間に合わなかったり**、周囲への状況の判断力の低下とあわせて、外出の機会が少なくなり、楽しみが減ってしまっているという状況が生じています（図６）。

排尿・排便

ADL

図６

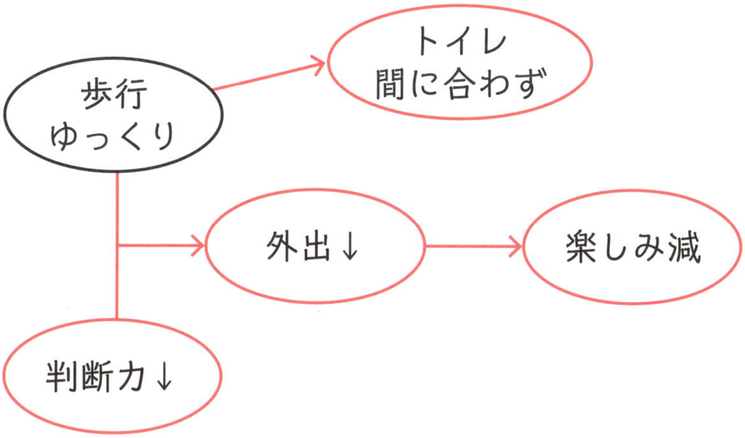

健康面の分析

IADL

記憶力の低下から**服薬の自己管理ができなかった**ということがありました。

服薬はすでに施設職員からの援助が行われています。しかしここでは、「もし援助が行われていなかったら」ということを考え、**高血圧症の悪化**や**脳梗塞の再発リスク**があることを考慮します（リスクを表す「！！」をつける）（図７）。

図７

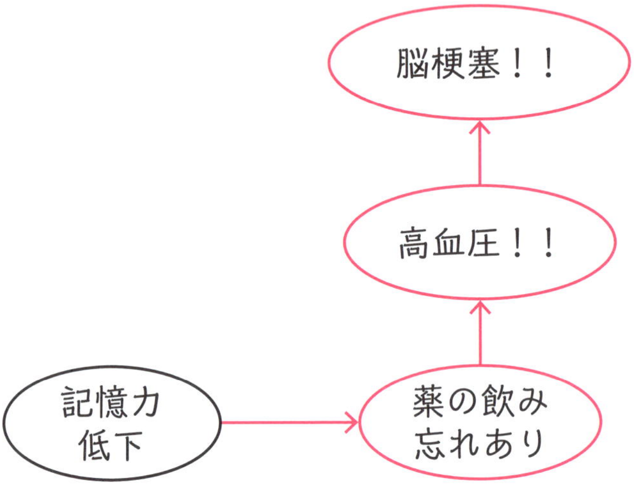

これまで部分で描いてきたものをすべてつなげて、客観的事実の分析を終えます（図８）。

図８

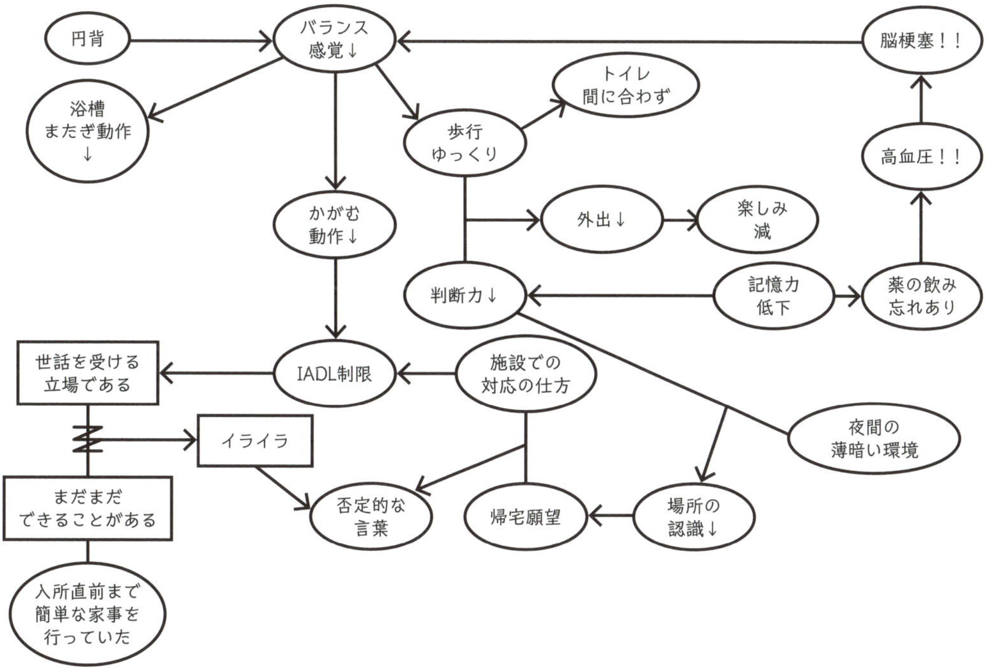

主観的事実の分析

最初の客観的事実の分析でも行ったように、今回のアセスメントのきっかけとなった、坂部さんの施設入所に対しての思いについて考えます。

主訴

課題分析（アセスメント）理由

坂部さんは、**「まだまだ自分でできることがある」**と思っているにもかかわらず、**「孫には迷惑をかけるわけにはいかない」**と、施設での生活に対し、自分で自分の気持ちに折り合いをつけようとしているようです。

それをうまく言葉にできず、「施設で暮らすことは受け入れているが、そんな自分の気持ちをわかってほしい」と思っているのではないかと推測します。そして、それを「否定的な言葉」に抗う気持ちではないかとして描き入れます（図９）。

図９

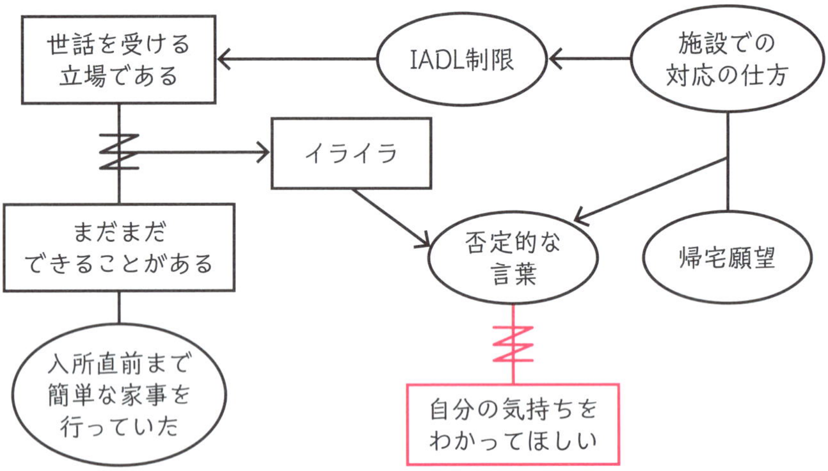

入浴についての思い

入浴について、湯につかると「**ほっとするね**」と、通所介護に行くことについて「**おしゃべりしたり体を動かすことを楽しみに**」と言っています。アローチャートを見て、この思いを妨げている情報を探し、これを、それぞれに関連した下流につなげます（図10）。

ADL

社会との関わり

図10

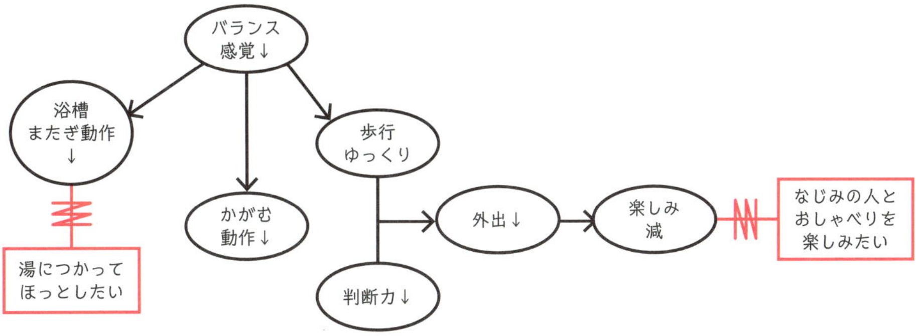

健康面については、服薬の拒否もなく、きちんと飲んでいることから、健康でいたい気持ちがあることを確認します（図11）。

図11

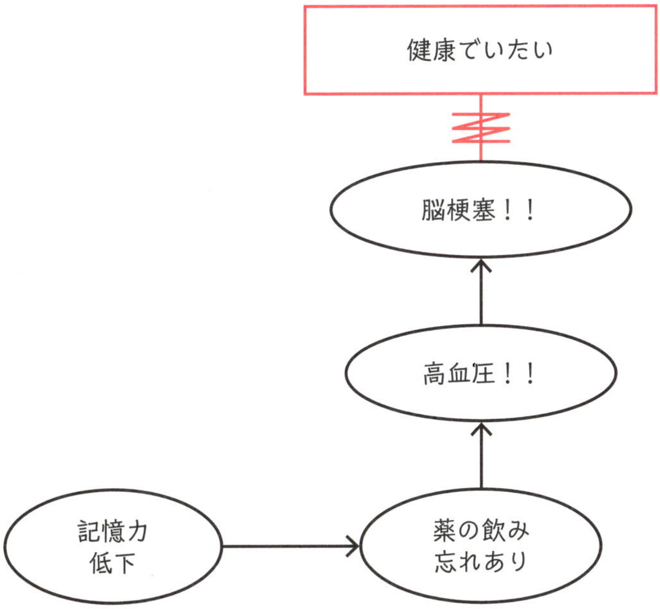

排泄についての思い

排尿・排便

排泄面では、坂部さんは、リハビリパンツやパッドの使用について「**こんなのは使いたくない。私はそんな物を使うような年寄りではない**」と言っています。

この発言は、職員の提案に対し拒否しているため、一見、マイナスな発言にもとらえられます。しかし、これは、本人の排泄に対する尊厳を守る発言としてプラスにとらえ、「トイレに間に合わない」に抗う感情として描き入れます（図12）。

図12

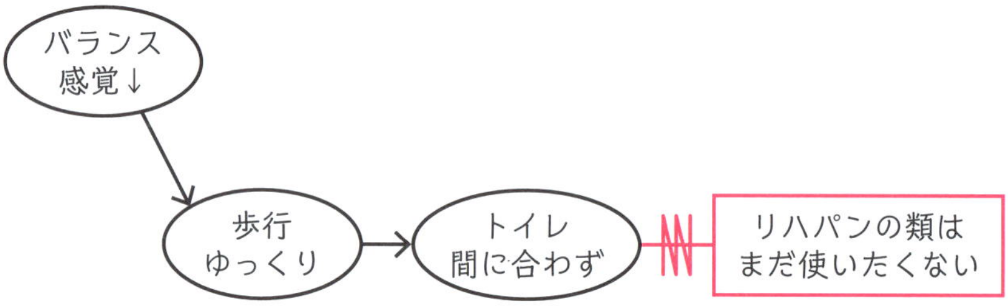

ケアプランに展開する

※N構造
I部（14頁）参照

N構造※になっている坂部さんのニーズは５つ確認できました。

加えて、アンビバレントにある２つの主観的事実のうち、プラスの主観的事実をニーズと考え、全体としては６つのニーズがあるとしました。

しかし、排泄面のニーズについては、職員がリハビリパンツ等の使用を勧めているのに対し、本人からの同意を得られていないため、今回のプランでは扱わないこととします（図13）。

ニーズ１）自分の気持ちをわかってもらったうえで、ここで暮らしていきたい

坂部さんは、施設に入所することを自分で決めたとはいえ、何かができなくなってしまってということではなく、孫らの生活への負担を考えての、不本意な入所であったようです。

今回のサービスの見直しは、「本人にとって生活環境の一部である施設側の職員の対応が不適切ではないか」という気づきに基づくものでした。

そのため、このニーズに対する長期目標を「納得して自分の生活を送ることができる」とし、そのためにも、施設での生活に対し、不満や心配事を心に溜めてしまうのではなく、むしろ口に出し、施設職員とともに生活をつくっていけるよう**不満や心配なことを言葉にして訴えることができる**ということを短期目標に据え、坂部さんがいつでも施設職員と話し合いができる環境を提供するということをサービス内容としました。

ニーズ2）まだまだ自分でできることは自分で行いたい

今回は、本人の気持ちを聞くことで、施設に入る前の生活についても改めて確認できました。そして、年齢だけで「大変だろう」と家事代行をしていた施設側のサービスの提供の仕方を見直すこととしました。

そのため、坂部さんが入所直前まで家事活動などを行っていたことから、入所後も活動的に過ごせるようにすることを長期目標に、「まだまだ自分でできることがある」という本人の言葉から、**身の回りのことを自分で行い、満足できる**ということを短期目標にしました。

そして、家事を支援するときは「どうすれば坂部さんがもっと楽にできるだろうか？」ということを、坂部さん自身と一緒に確認しながら行うことで、個別援助計画につながるよう、サービス内容を検討しました。

ニーズ3）なじみの人とおしゃべりを楽しみたい

生活の場を施設に移した坂部さんですが、入所前から利用していた通所介護での仲間との語らいは、生活上の楽しみであり、モチベーションにもつながると考えられます。

そこで交流の場が施設という限られた範囲とならないよう、「多くの人と交流することで楽しみをもつことができる」ということを長期目標とし、本人が現に楽しみとしている**親しい人とおしゃべりして過ごすことができる**ということを短期目標としました。

ニーズ4）湯につかってほっとしたい

入浴は、生理的な基本的欲求として満たされるべきものとして、長期目標を「気持ちよく入浴ができる」としました。そして、湯船につかりたいという願いがかなえられるよう、短期目標を設定します。具体的には、浴槽に入るには、バランス感覚が低下しており、そこに介助が必要なことから、**介助を受け、湯につかることができる**としました。

入浴という行為そのものを介助することはもちろんですが、入浴動作につながる行為動作訓練をサービス内容に加えることで、より安全な入浴支援をします。

ニーズ5）健康でいたい

健康面については、入所前には不確実だった服薬管理を施設で担うことで、血圧の安定が図られています。そのため、**服薬を確実に行い、体調を崩さずに生活できる**ということを短期目標としました。

図13

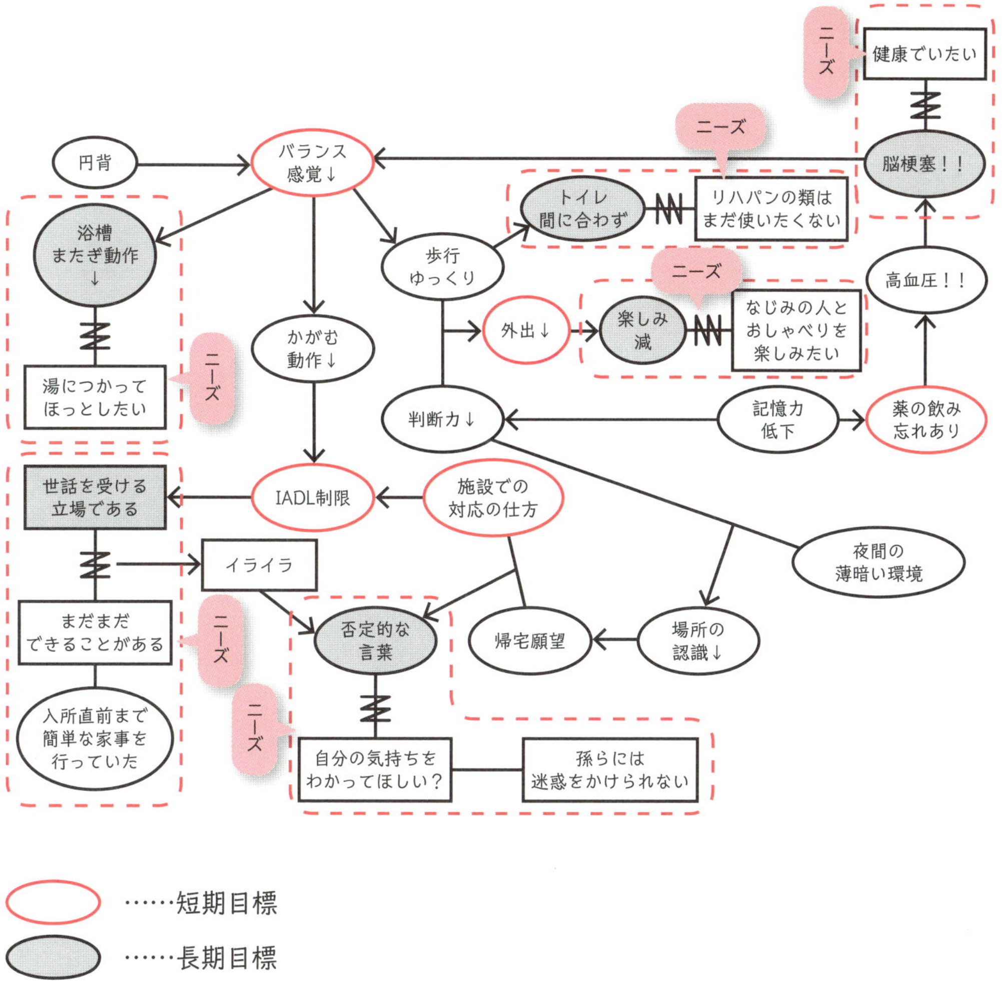

健康でいたい
ニーズ
脳梗塞！！
ニーズ
円背
バランス感覚↓
リハパンの類はまだ使いたくない
トイレ間に合わず
浴槽またぎ動作↓
歩行ゆっくり
高血圧！！
ニーズ
外出↓
楽しみ減
なじみの人とおしゃべりを楽しみたい
かがむ動作↓
湯につかってほっとしたい
ニーズ
判断力↓
記憶力低下
薬の飲み忘れあり
世話を受ける立場である
IADL制限
施設での対応の仕方
イライラ
夜間の薄暗い環境
まだまだできることがある
ニーズ
否定的な言葉
帰宅願望
場所の認識↓
入所直前まで簡単な家事を行っていた
ニーズ
自分の気持ちをわかってほしい？
孫らには迷惑をかけられない
……短期目標
……長期目標

事例 11

いったんは崩れた家族との関係を再構築した利用者の事例

橋尻さんの情報

基本情報に関する項目			
氏名 （年齢・性別）	橋尻信子 （95歳・女性）	要介護度等	要介護２
障害高齢者の日常生活自立度	Ａ１	認知症高齢者の日常生活自立度	Ⅱｂ
利用しているサービスの状況	認知症対応型共同生活介護（グループホーム）	既往歴／現病歴	白内障術後、尿路感染症 高血圧、レビー小体型認知症
受診・通院の状況	神経内科（月１回） 歯科（週１回）	入院歴	白内障手術、尿路感染症
世帯状況（介護の状況）	次男夫婦と孫（次女）と同居	経済状況	国民年金、夫の遺族年金
これまでの生活歴	中部地方生まれ。兄弟が多く、中学校卒業後は土木作業の仕事をしていた。その後、出稼ぎ先で、夫と出会い結婚。夫の地元である九州に住まいを移した。方言や風習の違いから近所との付き合いの少ない生活を送っていた。 ４人の子どもに恵まれたが、長男は戦後の食糧難で亡くなった。夫は単身赴任であったため、専業主婦で３人の子どもを育てた。子どもが巣立った後は、同居の孫の世話と、畑や家事、また、近所に嫁いだ長女の子どもの世話をしていた。76歳のときに夫が他界。82歳頃から物忘れが出始めた。86歳のとき畑からの帰り道がわからなくなった。この頃、病院を受診し、レビー小体型認知症の診断を受け、内服開始となる。 88歳で介護保険の申請をし、要介護１の認定。デイサービスやショートステイ、住宅改修等を活用し、在宅で過ごしていた。認知症症状進行に伴い、「食事を食べさせてもらえていない」「お金を盗られた」という被害妄想が激しくなり、グループホームの入居となった（現在入居６か月）。		
現在の生活状況	日中の様子：入居当時は帰宅願望がみられ、グループホームでの生活になじもうとしなかった。最近では、職員と一緒にできる家事や畑作業を行ったり、居間で他の利用者と一緒にいる時間をもつように試みているが、会話は続かない。編み物が好きで、よくしている。また、自室で歌番組を見て歌っている。 夜間の様子：20時頃には、入眠する。夜間は２回程トイレに起きる。間に合わず汚染があり、更衣をしている。夜間は良眠しているが、時々「ネズミが出た」と言うことや「あれがない」と探し物をしていることがある。話をすると落ち着く。		
主訴	本人希望：ここは畑もあるし、自分の自由にできる。人もいるから寂しくもない。だけど、自分の家があるんだから、家に帰りたい。家族がよくしてくれるから、家で面倒みてほしい。		

	家族希望：徐々に慣れてきてくれて助かっています。入居に関して色々と思うことはありましたが、毎月数日家に帰れているので、今の状態を維持していけたらと思っています。
課題分析（アセスメント）理由	要介護認定の更新のため。
課題分析（アセスメント）に関する項目	
健康状態	自宅にいるときは服薬が不確実であったため血圧が高めだった。入居後は確実に内服できており、血圧は安定。 認知症症状は徐々に進行。140㎝50kgの肥満体型から、労作開始時や10分程度の歩行をすると、膝・腰痛が出現するため、外出がままならなくなっている。医師から体重を減らすことで、血圧の薬を減らしたり、膝・腰痛の改善の見込みがあると助言を受けている。
ADL	概ね自立しているが、高齢であり、動くことが億劫になっている。排泄の失敗を気にしている。
IADL	掃除は好きで、箒で掃き掃除をする。洗濯物のたたみ方がわからなくなった。調理はもともとしていない。
認知	自分の思いを一方的に伝えることがある。1日に何度も「ご飯はまだ」と訴えがあり、「食べた」と伝えても思い出せない。
コミュニケーション能力	難聴があり、大きな声なら聞こえる。人の顔を見てあいづちは打つ。他者の前ではおとなしい。
社会との関わり	友人は他界し、ほぼいない。通所介護（デイサービス）や短期入所（ショートステイ）には行っていたが、好きではなかった。
排尿・排便	布パンツにパッドを使用。排尿は動作が間に合わず、失敗し更衣する。更衣を介助するたびに「失敗したくない。トイレと部屋が近いといいのに」と希望がある。排便は2～3日に1回、パッドに便の付着がある。
じょく瘡・皮膚の問題	良好。
口腔衛生	声かけして口腔ケアは可能。最近は歯茎が痛み、義歯が合わない。
食事摂取	義歯が合わず、歯科受診中。医師からは、「軟らかい食事を提供し歯茎への負担を減らすように」との指示があるため、主食は2度炊き、副食は刻み食にしている。 自分に出されたものはほぼ完食。食事をしたことを忘れ、何度も食事を要求することから、間食もよくする。
問題行動	「大きなネズミが出た」「そこに子どもがいて、こっちを見ている」「食事の提供を受けていない」など強く訴えがある。
介護力	息子夫婦と孫の3人で介護していたが、息子夫婦が身体・精神面で疲労困憊となった。月に1～2回、2泊3日程度は自宅に帰り、買い物などを一緒にしている。
居住環境	自宅から、グループホームに移行。自室では特に問題なし。グループホーム内は段差なし。廊下やトイレ、浴室には手すりの設置がある。
特別な状況	なし。
その他	なし。

橋尻さんのアローチャート

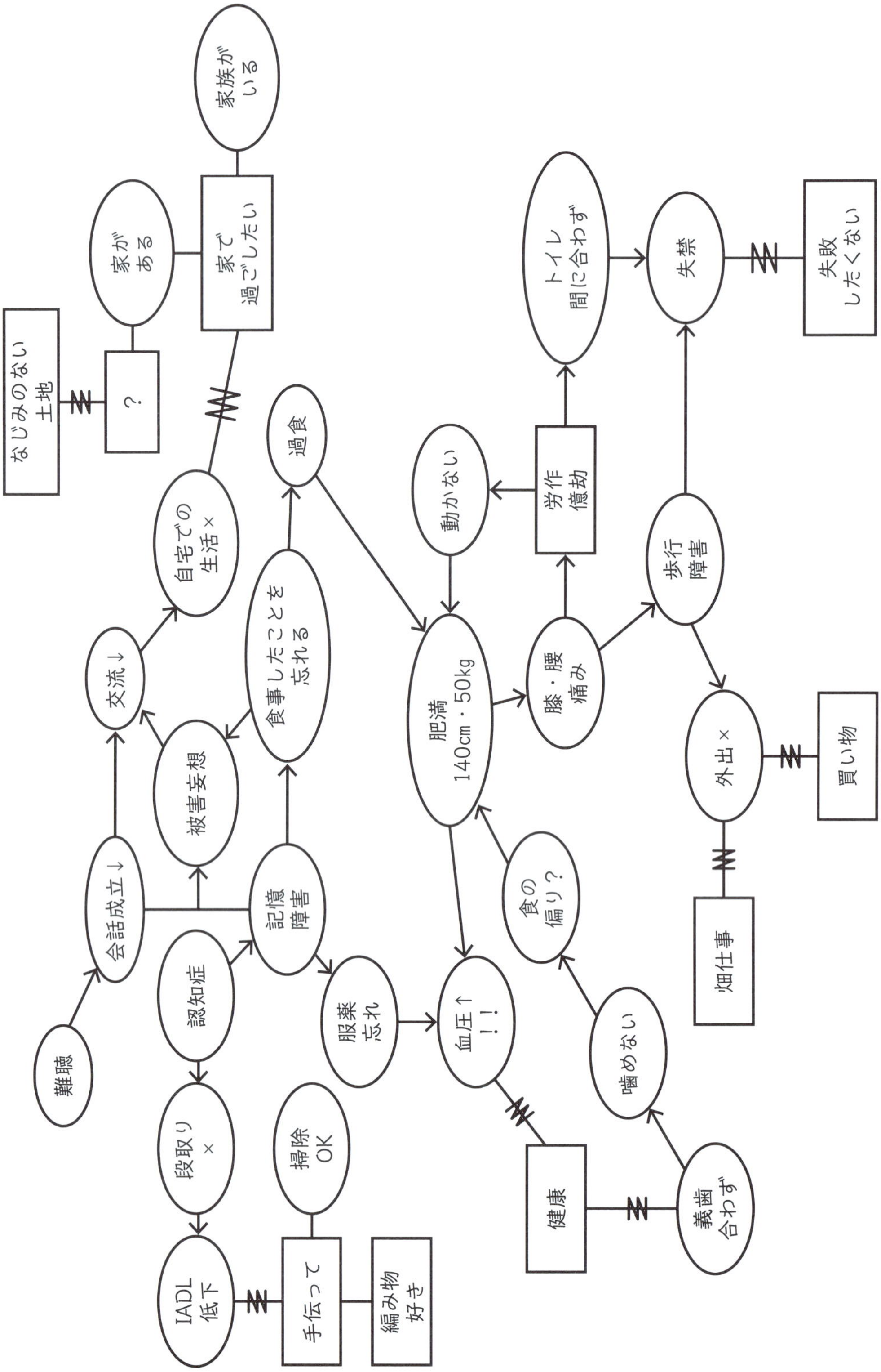
家族がいる
家で過ごしたい
家がある
なじみのない土地
?
自宅での生活×
過食
交流↓
食事したことを忘れる
被害妄想
会話成立↓
記憶障害
認知症
難聴
段取り×
掃除OK
IADL低下
手伝って
編み物好き
服薬忘れ
血圧↑!!
健康
義歯合わず
噛めない
食の偏り?
肥満 140cm・50kg
動かない
労作億劫
膝・腰痛み
トイレ間に合わず
失禁
失敗したくない
歩行障害
外出×
買い物
畑仕事

課題整理総括表

利用者名　橋尻　信子　殿　　　　　　　　　　作成日　　／　／

自立した日常生活の阻害要因（心身の状態、環境等）	①難聴	②記憶力の低下	③義歯が合わない
	④段取りがわからない	⑤	⑥

利用者及び家族の生活に対する意向	本人：家で暮らしたい。 家族：GHにいてくれることで距離をとって接することができてよい。

状況の事実　※1		現在　※2	要因※3	改善/維持の可能性※4	備考（状況・支援内容等）
移動	室内移動	**自立**　見守り　一部介助　全介助		改善　維持　悪化	刻み食や軟らかいものを多く食べる。医師より、体重を減らせれば、膝・腰の痛みも改善し、血圧の薬も減らせると意見あり。
	屋外移動	**自立**　見守り　一部介助　全介助		改善　維持　悪化	
食事	食事内容	支障なし　**支障あり**	③	**改善**　維持　悪化	
	食事摂取	**自立**　見守り　一部介助　全介助		改善　維持　悪化	
	調理	自立　見守り　**一部介助**　全介助	④	改善　**維持**　悪化	
排泄	排尿・排便	**支障なし**　支障あり		改善　維持　悪化	トイレまでの道順を迷う。
	排泄動作	自立　**見守り**　一部介助　全介助	④	**改善**　維持　悪化	
口腔	口腔衛生	**支障なし**　支障あり		改善　維持　悪化	
	口腔ケア	**自立**　見守り　一部介助　全介助	④	改善　維持　悪化	
服薬		自立　見守り　**一部介助**　全介助	②	改善　**維持**　悪化	薬を渡すと飲める。
入浴		自立　**見守り**　一部介助　全介助	④	改善　**維持**　悪化	
更衣		自立　見守り　**一部介助**　全介助	④	改善　**維持**　悪化	
掃除		**自立**　見守り　一部介助　全介助		改善　維持　悪化	
洗濯		自立　見守り　**一部介助**　全介助	④	改善　**維持**　悪化	
整理・物品の管理		自立　見守り　**一部介助**　全介助	④	改善　**維持**　悪化	
金銭管理		自立　見守り　**一部介助**　全介助	②	改善　**維持**　悪化	施設で管理。買い物時は財布を渡し、自分でレジをしてもらう。
買物		自立　見守り　**一部介助**　全介助	②	改善　**維持**　悪化	
コミュニケーション能力		支障なし　**支障あり**	①	改善　**維持**　悪化	ゆっくりと、大きめの声で対応。
認知		支障なし　**支障あり**	②	**改善**　維持　悪化	
社会との関わり		支障なし　**支障あり**	①②	**改善**　維持　悪化	
褥瘡・皮膚の問題		**支障なし**　支障あり		改善　維持　悪化	
行動・心理症状（BPSD）		支障なし　**支障あり**	①②	**改善**　維持　悪化	子どもや小動物が見えると言ったり、財布を盗られたと言うことがある。
介護力（家族関係含む）		**支障なし**　支障あり		改善　維持　悪化	
居住環境		**支障なし**　支障あり		改善　維持　悪化	
				改善　維持　悪化	

見通し　※5	生活全般の解決すべき課題（ニーズ）【案】	※6
①本人が聞き取りやすいよう声の調子や内容を工夫し、他利用者やスタッフと交流が図れるようにすることで、グループホームも本人にとっての居場所とすることができる。	買い物や畑仕事を続けられるようにしたい。	3
②(1)トイレまでの動線をテープで示したり、移動の距離を短くする。(2)空腹感を紛らわす。(3)薬は口に含むまでを見守る。(4)整理整頓を本人と一緒に行うことなどにより物忘れに対応していくことで、安心して生活を送れるよう環境を整えていく。	排泄はトイレでしたい。	4
	自宅で生活がしたい。	2
③歯科受診をし、義歯の調整を行うとともに、食事形態などを工夫し、食生活を整えることで、体重の増加を予防・軽減を図る。	健康でいたい。	1
④本人が自分で家事動作や歯みがきなどの動作ができるよう、物品の準備や言葉かけを行うことで、安全をサポートしながら生活を行えるようにする。	できない生活動作を一緒に手伝ってほしい。	5

第 1 表

居宅サービス計画書（1）

作成年月日　　年　月　日

初回・紹介・継続　　認定済・申請中

利用者名　橋尻 信子　殿　　生年月日　　年　月　日　　住所

居宅サービス計画作成者氏名　　居宅介護支援事業者・事業所名及び所在地

居宅サービス計画作成（変更）日　　年　月　日　　初回居宅サービス計画作成日　　年　月　日

認定日　　年　月　日　　認定の有効期間　　年　月　日 ～　　年　月　日

要介護状態区分	要介護1　・　要介護2　・　要介護3　・　要介護4　・　要介護5
利用者及び家族の生活に対する意向	（利用者）ここ（ホーム）は、畑もあるし、自由にできる。人もいるから寂しくもない。だけど、家があるんだから、帰りたい。家族がよくしてくれるから、家で面倒みてほしい。 （家族：息子）徐々に慣れてきて助かっています。入居に関して思うことはありますが、毎月数日は、家で過ごせているので、今の状態を維持できたらと思っています。 （家族：息子の妻）一緒に住んでいるときは、1人置いておくこともできず、精神的にきつかったです。ホームに入居したことで、負担が軽くなり、本人に対して少し余裕ができました。今の状態で自宅とホームで生活できればと思っています。
介護認定審査会の意見及びサービスの種類の指定	なし
総合的な援助の方針	①体調の管理を医療機関と協力しながら整えていきます。 ②グループホーム内でも安心して過ごせるようご本人の不安等の訴えがあったときは、丁寧にお話を伺い対処していきます。 ③ご家族にグループホーム内での様子を伝え、安心してご一緒に過ごす時間を持ってもらえるように支援していきます。
生活援助中心型の算定理由	1．一人暮らし　2．家族等が障害、疾病等　3．その他（　　　　）

第 2 表

居宅サービス計画書（2）

利用者名　橋尻　信子　殿　　　　　　　　　　作成年月日　　　年　　月　　日

生活全般の解決すべき課題（ニーズ）	目標				援助内容					
	長期目標	（期間）	短期目標	（期間）	サービス内容	※1	サービス種別	※2	頻度	期間
健康でいたい。	血圧の変動が少なく体調を維持できる。		最高血圧を150前後でコントロールできる。		・定期的な診察・処方 ・療養上の留意事項への相談や指導 ・診察時に同行し生活状況を伝える ・服薬の介助		医療機関 介護スタッフ 介護スタッフ			
	義歯が合って、おいしく食事を摂ることができる。		痛みがなく食事ができる。		・歯科診療 ・歯科へ受診同行し、義歯の具合や食事の摂取状況などについて伝える ・食事の摂取状況を確認し、食形態を食べやすいものに工夫する		医療機関 介護スタッフ 介護スタッフ			
自宅で生活がしたい。	グループホーム内でも安心して過ごすことができる。		安心できる環境が整えられた場で生活できる。		・好きな編み物などをゆっくりとした環境のなかで行う ・物が見つからないというときは、一緒になくなったものを探す		介護スタッフ 編み物ボランティア 介護スタッフ			
	家族とのかかわりをもち、安心することができる。		家族と一緒に過ごし楽しむことができる。		・月に1～2回は家族と一緒に過ごし、買い物などに出かける ・家族に施設での様子を伝える		家族 介護スタッフ			
買い物や畑仕事を続けられるようにしたい。	自分の好きな作業を継続して行うことができる。		膝や腰の痛みを感じることなく動くことができる。		・膝や腰の痛みの訴えの確認（＊） ・処方されている薬の服薬や貼付剤等の介助（＊） ・畑仕事の付き添い ＊かがまなくても作業ができる工夫 ＊座ってできるよう椅子などを準備する ・買物の付き添い		介護スタッフ 介護スタッフ 介護スタッフ 家族			
排泄はトイレでしたい。	排泄はトイレに行き、行うことができる。		膝や腰の痛みを感じることなく動くことができる。		・（＊）と同 ・居室をトイレに近い部屋にする ・排尿間隔を記録し、トイレに行くことを適時促す		介護スタッフ			
できない生活動作を一緒に手伝ってほしい。	一部でもできている家事動作を続けていくことができる。		手順を追って作業を行うことができる。		・苦手となってきている作業を行うときは、その作業を一緒に行う ・作業を指示するときは、動作を1つずつ伝える		介護スタッフ			

※1 「保険給付の対象になるかどうかの区分」について、保険給付対象内サービスについては○印を付す。
※2 「当該サービス提供を行う事業所」について記入する。

情報分析の手順の解説

本文の情報に該当する「橋尻さんの情報」の項目（198～199頁）

健康状態

血圧と肥満についての分析

まず、グループホームに入居することにより改善された「**自宅にいるときは服薬が不確実であったため血圧が高めだったが、入居後は確実に内服できており血圧は安定**」しているということに着目してアローチャートを描き始めてみます。

今は、グループホームに入居したことにより、服薬が定期的に行われ、血圧は安定しているようです。しかし、もし支援が提供されていなければどうなっているかを考えてみます。橋尻さんは、認知機能の低下から、医師に指示されたとおりに服薬を行うことは難しく、そうすると血圧が上昇するリスクがあるとも考えられます。これは再発のリスクと考えられます（血圧↑に「！！」をつける）（図１）。

図１

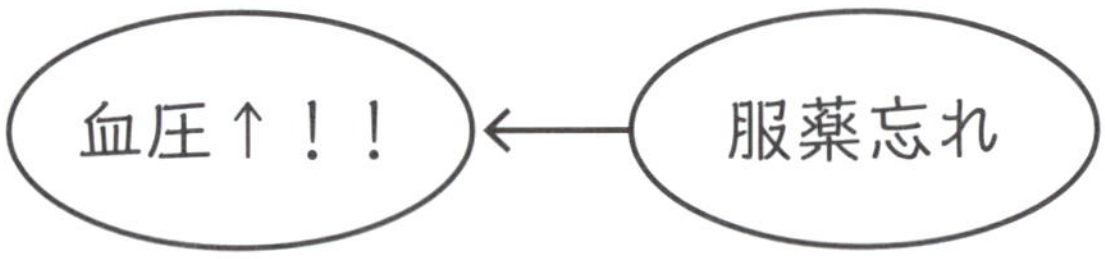

健康状態

また、医師からは、「**体重を減らせば血圧の薬を減らすことができる**」と助言があることから、**肥満傾向**にあることも、血圧を上昇させる原因となっていると考えられます（図２）。

図２

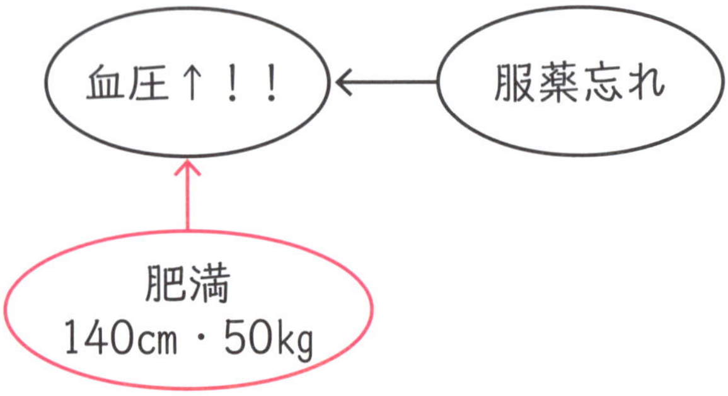

次に、肥満となっている原因や、その結果について考えます。

肥満の原因として考えられることの１つには、**食事をしたことを忘れる**ことから、３食以外にも間食をすることが多く、**過食傾向**にあることがあげられます。

食事摂取

もう１つは、**義歯が合わず、固いものを食べにくい**ことから、軟らかいもの、食べやすいものが中心となり、食事内容に**偏り**がでているかもしれないことがあげられます（図３）。

口腔衛生

食事摂取

図３

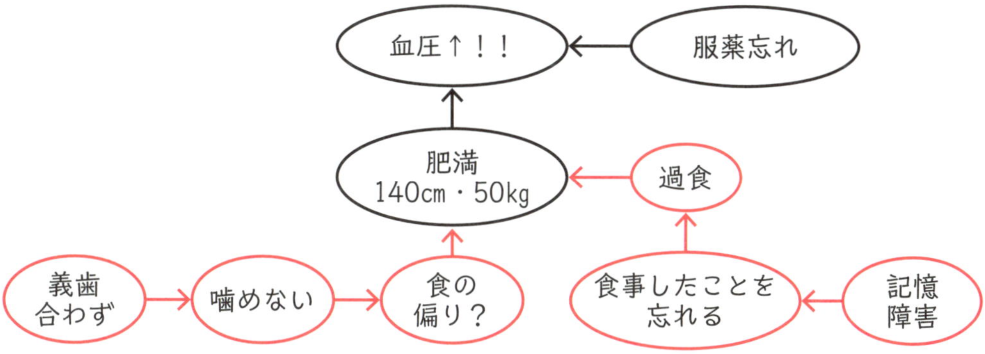

また、肥満は**膝や腰の痛み**の原因になっています。そして、それらにより、**動作を行うことが億劫**になり、トイレに間に合わず**失禁**してしまったり、**外出が思うようにしにくく**なっています。

健康状態

ADL

排尿・排便

そうして活動性が低下していることで、肥満が解消されないという悪循環が生じていると考えられます（図４）。

健康状態

図４

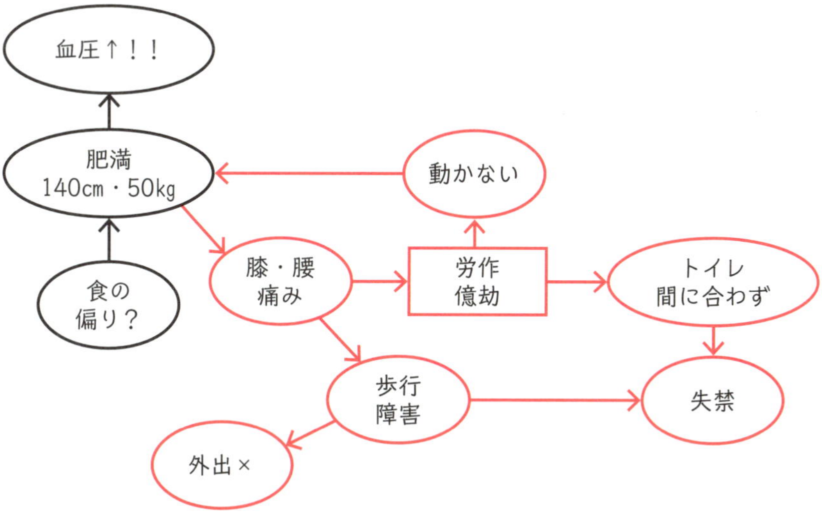

被害妄想について

ここで身体的な側面の分析はいったんおき、グループホームに入居するきっかけとなった事柄について考えてみます。

これまでの生活歴

まず、入居のきっかけとなった**被害妄想**について考えてみます。

コミュニケーション能力

問題行動

被害妄想については、**難聴**により会話が聞き取りにくく、しかし十分にわからなくてもなんとなく会話してしまうことと、記憶力の低下から食事を忘れてしまうことで「**まだ、食事を食べさせてもらえない**」となることが重なり合い、被害的に取られてしまったのではないでしょうか（図５）。

図5

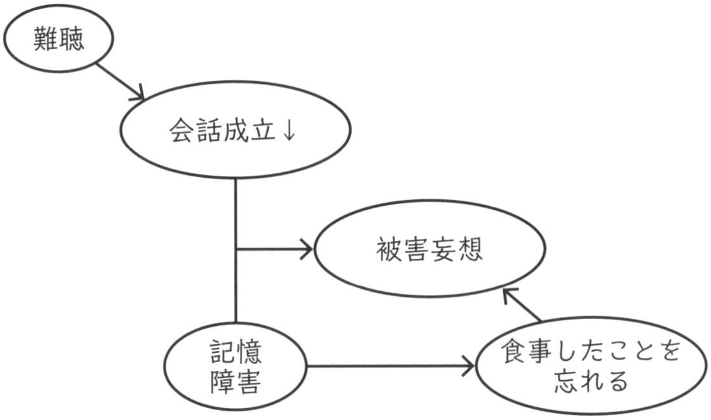

これまでの生活歴

そして、被害妄想が生じることで、家族との交流がギクシャクしたものとなり、**自宅での生活が困難**な状況になりました（図６）。

図6

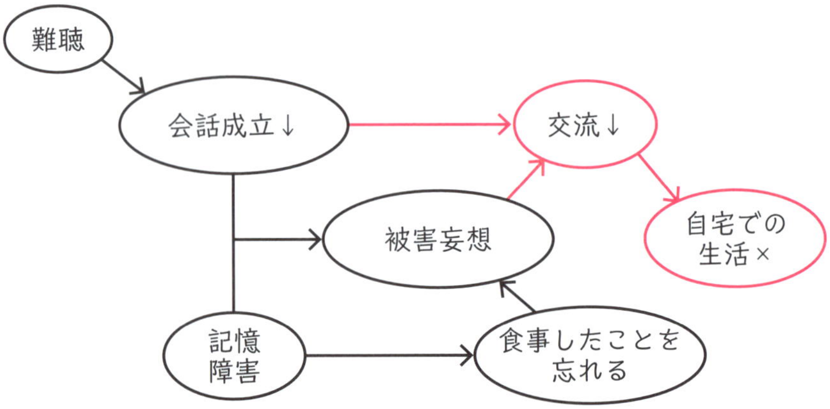

そのほか、**洗濯物をたたんだり、調理をしたりといったことができない**ことに対しては、グループホームのスタッフから支援を受けています。これらも、支援が行われなければ、生活に支障をきたすと考えられるため、分析に加えます（図７）。

IADL

図７

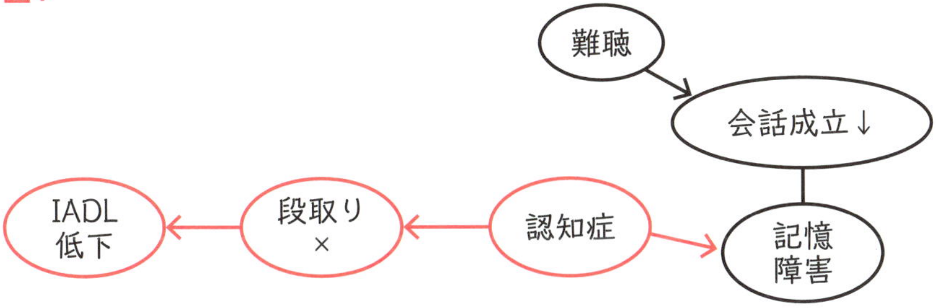

このそれぞれのアローチャートを合体させ、客観的事実を中心とした分析は終了です（図８）。

図８

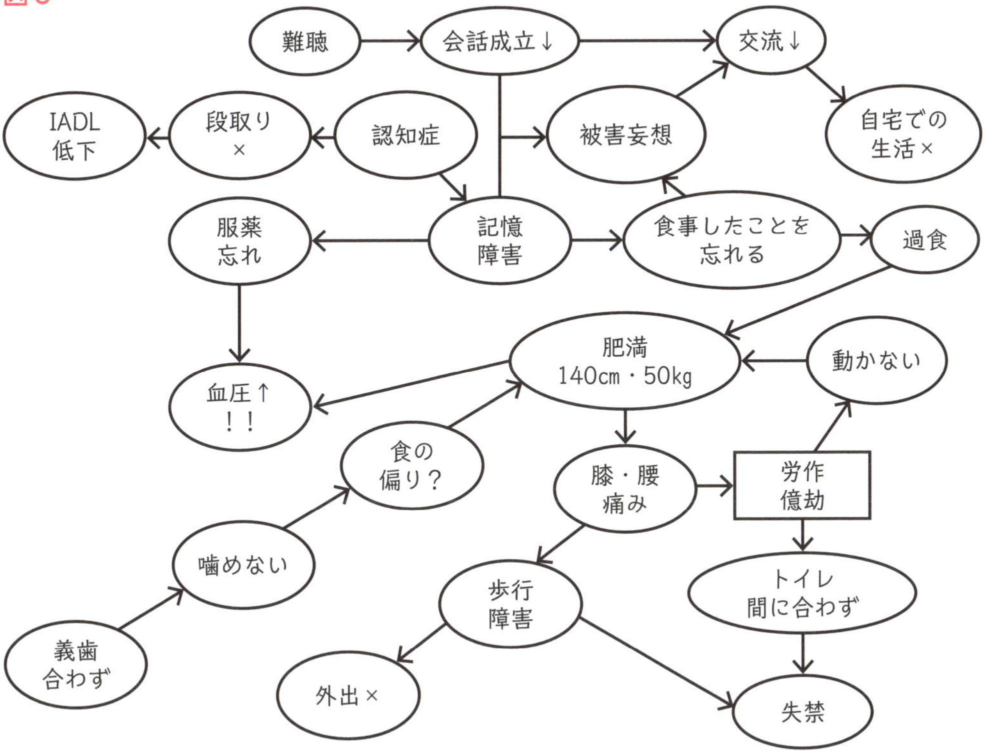

主観的事実とのつながりを確認する

ニーズにつながる主観的事実について考えていきます。客観的事実を分析したときと同じように、身体的側面からのことに対し、橋尻さんがどのようなことを思ったり、願ったりしているかを確認していきます。

グループホームでの生活面での思い

排尿・排便

現在の生活状況

橋尻さんは、膝・腰の痛みから、動くことが億劫だとトイレに行きにくくなっていますが、**失敗はしたくない**と言っています。また長距離の歩行ができなくなってきていますが、**畑仕事や買い物などはしたい**という希望があります（図９）。

図９

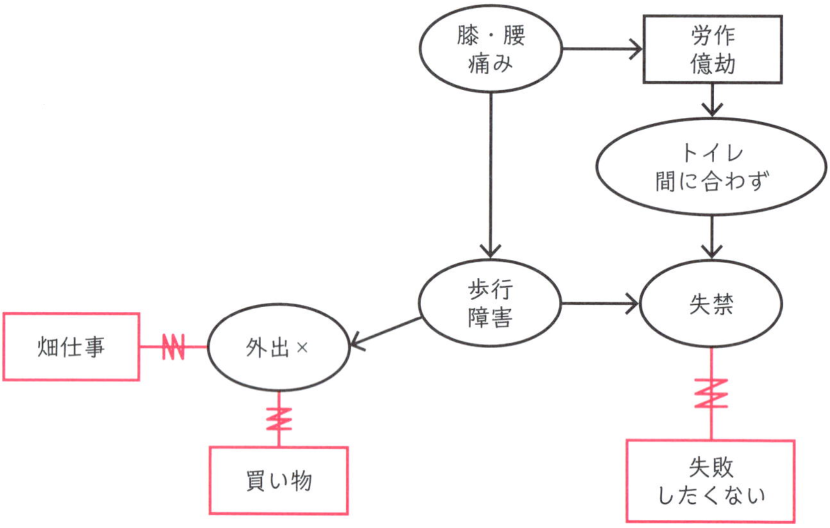

在宅生活についての思い

主訴

さらに、橋尻さんはグループホームに入居しつつ、**自宅に帰りたい**という希望を言っています。そして、その理由として「**自分の家がある**」ことや「**家族がよくしてくれる**」ということをあげています。

これまでの生活歴

橋尻さんは、結婚により慣れない土地に来て、**近所との付き合いも少なく**、家にいることが多かったのではないでしょうか。そして、その家で、妻や母としての役割を一生懸命に果たしてきたのでしょう。橋尻さんの言う「家がある」ということは、単に家という建物を指しているのではなく、もっと精神的な支えのことを言っているのかもしれません。

しかし、現在の情報ではそこまでは確認できていません。言葉として発せられる、その背景にどのような思いが隠れているのかを今後の支援で把握することで、橋尻さんにより寄り添うことができるのでは、と想像し、「？」を入れておきます（図10）。

図10

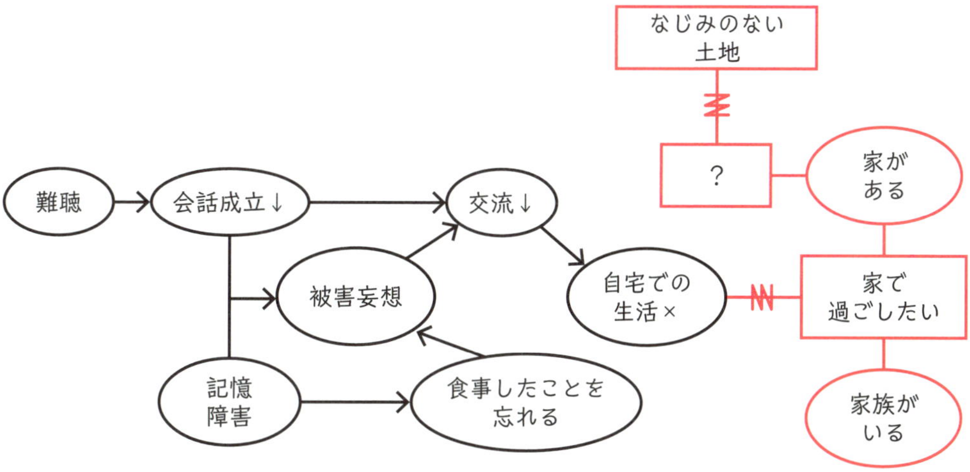

そのほか、橋尻さんから明確に「～したい」という言葉はありませんが、健康管理についてや、グループホームに入居しているからこそのIADLの低下に対する必要な支援があることについて、ニーズを確認していく必要があります（図11）。

図11

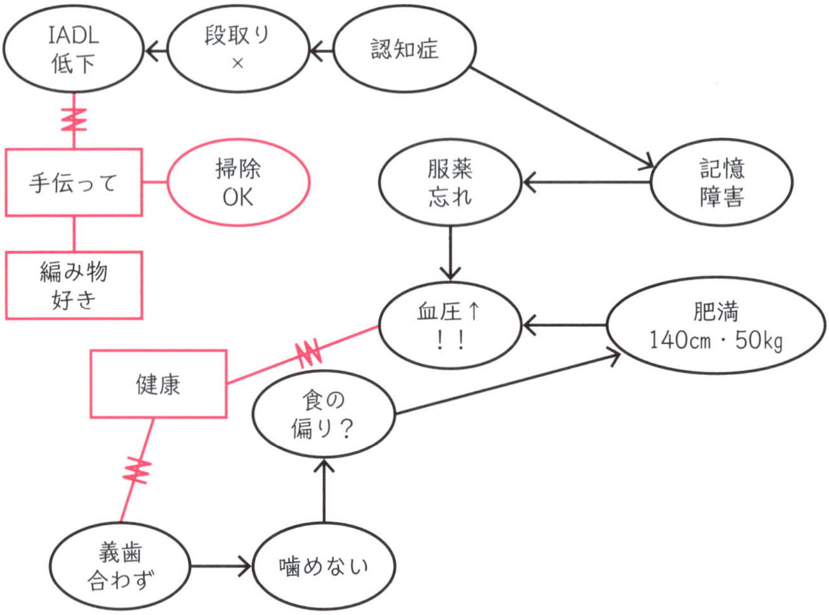

ケアプランに展開する

ニーズ１）健康でいたい

このニーズに対しては、健康面から、２つの長期目標を設定しました。

１つは、血圧の上昇を防ぐという長期目標です。これに対しては、医師から指示を受けている服薬の管理や体重を減少させるということを通して、**最高血圧を150前後でコントロールできる**ことを短期目標としました。

グループホームに入居してからはスタッフが服薬を管理していることもあり、確実に服薬の実施ができていますので、これを継続とします。また、主治医に対し、施設での生活の状況を伝えるということは、医師との連携においての必須のことですので、サービス内容に入れておきます。

もう１つの長期目標は、自分に合った義歯が作成され、おいしく食事が食べられるというものです。

現状では、歯茎に痛みがあり、義歯も合っていないことから、**痛みがなく食事ができる**ということを短期目標としました。

歯科医に義歯の調整や作成を相談するとともに、日々の食事面の工夫などを行うようサービス内容に記載します。

ニーズ２）自宅で生活がしたい

橋尻さんは、グループホームへの入居を「孫のため」と受け入れつつも、主訴にあるように、自宅での生活を希望しています。

そのため、グループホームを橋尻さんの第二の家のように思ってもらえるよう、「グループホーム内でも安心して過ごすことができる」ということを長期目標に、**安心できる環境が整えられた場で生活できる**ことを短期目標として掲げました。

「安心できる環境」ができていないということは、グループホーム入居のきっかけともなった、家族との交流がうまくいかなくなったということです。ですから、グループホームでは、本人の好きだった編み物を今までと同様に行ってもらったり、物がなくなるなどの訴えがあったときには、話をよく聞き、不安の解消につながるよう一緒に行動をするようにしました。

また、本人の自宅への思いに対し、家族とともに過ごせる時間を設けるということで、「家族とのかかわりをもち、安心することができる」ということを２つ目の長期目標としました。

短期目標は、**家族と一緒に過ごし楽しむことができる**ことです。

橋尻さんと家族とが安心して同じ時間を過ごせるために、家族との外出の日程調整を行ったり、施設内での様子を伝えたりすることを行っていくようにしました。

ニーズ３）買い物や畑仕事を続けられるようにしたい

橋尻さんの生活に対する障害の１つが、１人では自由に外出ができないということです。

それにより、買い物や畑仕事ができていませんでした。そのため、買い物や畑仕事が続けられるというニーズに対し、自分の好きな作業を続けられるということを長期目標としました。

この長期目標を達成するための短期目標は、歩行障害のもととなっている**膝や腰の痛みを感じることなく動くことができる**ということです。

痛みのコントロールは、主治医と相談し、服薬や貼付剤の使用の指示をもらったり、その支援を行うことです。そして、買い物や畑仕事などはスタッフが付き添い、好きな作業が継続できるよう支援することとしました。

ニーズ４）排泄はトイレでしたい

排尿・排便

排泄に対するニーズに対しては、基本情報に「失敗したくない。トイレと部屋が近いといいのに」とあります。その思いを尊重し、まだまだ排泄はトイレでしたいということを長期目標にしました。

そして、ニーズ３と同様に、**膝や腰の痛みを感じることなく動くことができる**ことにより、動作に対する億劫さを解消できるよう、居室とトイレまでの距離を短くできないかを検討することとしました。

ニーズ５）できない生活動作を一緒に手伝ってほしい

最後に、家事面です。

橋尻さんは、グループホームに入居したとはいえ、介護スタッフの見守りがあれば、好きな家事はできることもまだまだあるようです。

IADL

そのため、長期目標を「一部でもできている家事動作を続けていくことができる」とし、短期目標には、介護スタッフが動作や段取りを適切に伝えたり、一緒に作業を行うことで、**手順を追って作業を行うことができる**ようになることとしました。

図12

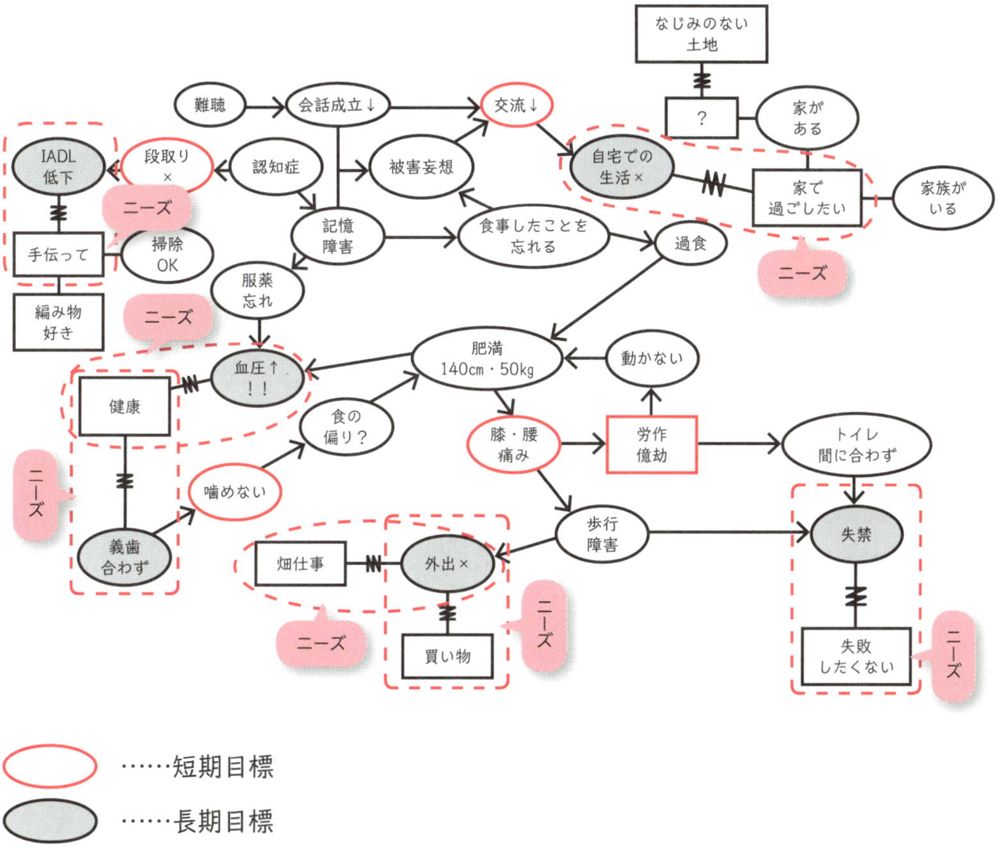

事例 12

認知機能が低下しても、主婦の役割を果たしたいと願う利用者の事例

稲葉さんの情報

基本情報に関する項目

氏名（年齢・性別）	稲葉理恵（85歳・女性）	要介護度等	要支援１
障害高齢者の日常生活自立度	Ｊ１	認知症高齢者の日常生活自立度	Ⅱａ
利用しているサービスの状況	未利用	既往歴／現病歴	脂質異常症
受診・通院の状況	なし。	入院歴	なし。
世帯状況（介護の状況）	夫（87歳・要介護１）と２人暮らし。２人の子らはそれぞれ結婚し独立。	経済状況	年金

これまでの生活歴	東北出身。保険の外交員として勤務。売り上げも上位にあったとのこと。55歳の定年まで勤務。その後は、町内会の婦人部に参加し、町会活動などを積極的に行ってきたが、それも80歳頃まででやめた。この頃まで車を運転し買い物に出かけていたが、子らに年齢を理由に免許を返納するよう勧められ、しぶしぶ返納。さらに要介護認定を申請することとした。
現在の生活状況	午前中に家事を済ませ、午後はゆっくりとテレビを見たりして過ごすことが多い。
主訴	本人：仕事しながらも家庭のことは誰にも頼らずに自分で果たしてきた。他の人には頼みたくない。しゃがんでの掃除が行いにくいので、そこさえ手伝ってもらえればよい。 夫：自分は体は思うように動かないが、頭はしっかりしているつもり。今まで妻には苦労をかけてきたので、少しでもできることは手伝っていきたい。
課題分析（アセスメント）理由	要支援認定が出たため、初回アセスメント。

課題分析（アセスメント）に関する項目

健康状態	これといった疾患がなくかかりつけ医はない。今回は要介護認定を受けるための意見書は、夫の通院先に依頼し受診した。
ＡＤＬ	起居動作、食事、排泄、入浴に支障なし。夫とともに和室で布団で寝起き。布団の上げ下ろしも自分で行う。膝の痛みのため、階段昇降時は手すりを使用。
ＩＡＤＬ	手に力が入らないため、固い野菜等を切りにくいが、「立っての動作は大丈夫」と調理は行っている。

	膝の痛みのため、しゃがむことができず、トイレや浴室の掃除が十分ではない。 洗濯機は1階浴室に設置。干場が2階にあり。 ごみを出しに行き、近所の人に「今日は○○のごみの日ではない」と指摘を受けることがあり、分別が細かくなり、億劫だと訴える。 膝が痛いため車で買い物に行っていたが、半年前に免許を返納。その後は行きはバスを、帰りはタクシーを使って買い物に出かけている。
認知	その場その場での会話に支障はない。最近、曜日を忘れがちになることがある。
コミュニケーション能力	視力・聴力に支障なし。
社会との関わり	町内会婦人部だったときの友人と月2、3回は会ったり、日帰りのバス旅行に出かけたりもしている。
排尿・排便	問題なし。
じょく瘡・皮膚の問題	問題なし。
口腔衛生	問題なし。
食事摂取	問題なし。
問題行動	問題なし。
介護力	夫（要介護1：脳梗塞の後遺症のため、屋内外とも杖で歩行。週2回、通所介護を利用している）と2人暮らし。2人の子らは、それぞれ他県に住み、電話では連絡を取り合っている。
居住環境	閑静な住宅街にある一軒家。スーパーまではバス停2つ。
特別な状況	なし。
その他	なし。

稲葉さんのアローチャート

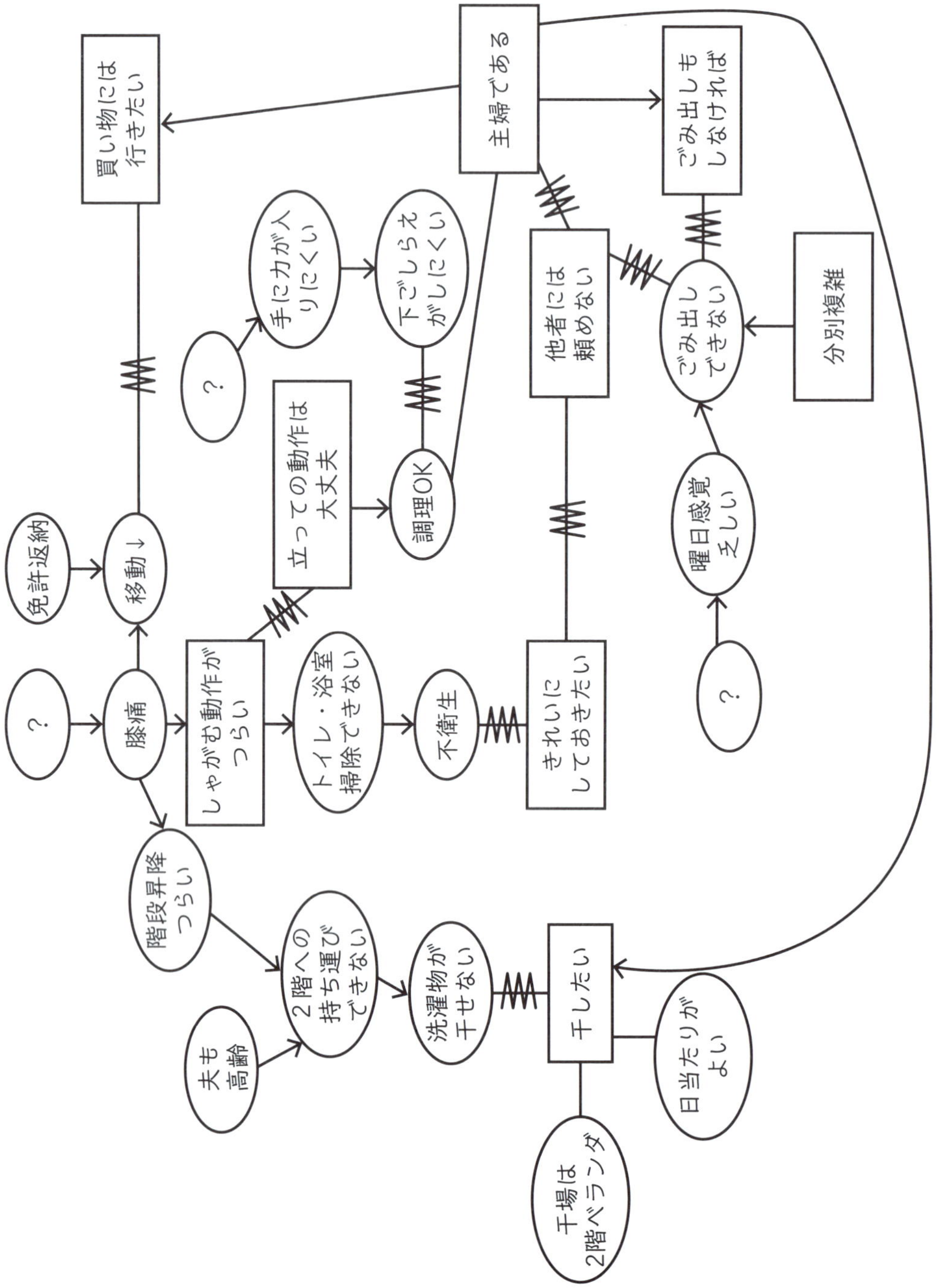

課題整理総括表

利用者名　稲葉　理恵　殿

作成日　　／　　／

自立した日常生活の阻害要因（心身の状態、環境等）	①膝痛	②分別のわかりにくさ	③曜日感覚の低下
	④	⑤	⑥

利用者及び家族の生活に対する意向	自分で行いにくいことだけを手伝ってもらい、夫婦で暮らしていきたい。

状況の事実　※1		現在　※2	要因※3	改善/維持の可能性※4	備考（状況・支援内容等）
移動	室内移動	**自立**　見守り　一部介助　全介助		改善　維持　悪化	
	屋外移動	**自立**　見守り　一部介助　全介助		改善　維持　悪化	
食事	食事内容	**支障なし**　支障あり		改善　維持　悪化	
	食事摂取	**自立**　見守り　一部介助　全介助		改善　維持　悪化	
	調理	**自立**　見守り　一部介助　全介助		改善　維持　悪化	固い野菜が切りにくくはある。
排泄	排尿・排便	**支障なし**　支障あり		改善　維持　悪化	
	排泄動作	**自立**　見守り　一部介助　全介助		改善　維持　悪化	
口腔	口腔衛生	**支障なし**　支障あり		改善　維持　悪化	
	口腔ケア	**自立**　見守り　一部介助　全介助		改善　維持　悪化	
服薬		**自立**　見守り　一部介助　全介助		改善　維持　悪化	
入浴		**自立**　見守り　一部介助　全介助		改善　維持　悪化	
更衣		**自立**　見守り　一部介助　全介助		改善　維持　悪化	
掃除		自立　見守り　**一部介助**　全介助	①	**改善**　維持　悪化	トイレや浴室といったしゃがむことが必要な掃除が行いにくい。
洗濯		自立　**見守り**　一部介助　全介助	①	改善　**維持**　悪化	洗濯物の干場は２階。
整理・物品の管理		自立　見守り　**一部介助**　全介助	②③	改善　維持　悪化	
金銭管理		**自立**　見守り　一部介助　全介助		改善　維持　悪化	
買物		**自立**　見守り　一部介助　全介助		改善　維持　悪化	
コミュニケーション能力		**支障なし**　支障あり		改善　維持　悪化	
認知		**支障なし**　支障あり		改善　維持　悪化	曜日がわかりにくいと訴えがあるが、まったくわからないわけではない。
社会との関わり		**支障なし**　支障あり		改善　維持　悪化	
褥瘡・皮膚の問題		**支障なし**　支障あり		改善　維持　悪化	
行動・心理症状（BPSD）		**支障なし**　支障あり		改善　維持　悪化	
介護力（家族関係含む）		**支障なし**　支障あり		改善　維持　悪化	
居住環境		**支障なし**　支障あり		改善　維持　悪化	
				改善　維持　悪化	

見通し　※5	生活全般の解決すべき課題（ニーズ）【案】	※6
①について、膝の痛みにより、起居動作や移動に支障をきたしている。 ・未受診であることから、診断を受け、治療の必要性の判断を受ける。 ・行えない家事を代行したり、一緒に行うなどして、日常生活を支援することで、在宅での生活の継続を図る。 ②③について、ごみの分別に対する習慣や曜日の確認方法を確認し、稲葉さんがわかりやすい方法を検討・実施することで、町内のルールに沿ってごみ出しができるようになる。	洗濯物は２階で干したい。	1
	トイレや浴室はきれいにしておきたい。	2
	町会のルールに沿って、ごみ出しをしたい。	3
	調理ができるようにしたい。	－
	買い物に行きたい。	－

介護予防サービス・支援計画書（ケアマネジメント結果等記録表）

初回・紹介・継続	認定済・申請中	要支援１・要支援２	事業対象者

No.

利用者名　稲葉　理恵　殿　認定年月日　年　月　日　認定の有効期間　年　月　日～　年　月　日

計画作成者氏名　　委託の場合：計画作成者事業者・事業所名及び所在地（連絡先）

計画作成（変更）日　年　月　日（初回作成日　年　月　日）　担当地域包括支援センター：

目標とする生活

1日	1日1回は外を歩くようにする	1年	膝の痛みが解消し、できる家事を増やしたい

アセスメント領域と現在の状況	本人・家族の意欲・意向	領域における課題（背景・原因）	総合的課題	課題に対する目標と具体策の提案	具体策についての意向 本人・家族
（運動・移動について） 室内は階段のみ手すりを使用。外出時はバスやタクシーを使い移動している。	バスやタクシーを使っての買い物は不便だが仕方ない。運動だと思って行っている。	□有　■無	【1】 膝痛や認知機能の低下から、 ①洗濯物を干す ②トイレや浴室の掃除 ③ごみ出し の一部にそれぞれ不自由が生じており、夫との2人暮らしに支障をきたしている。 【2】 膝痛や認知機能の低下について診断を受けていないため、適切な治療が行われず、症状を悪化させる可能性がある。	【1】 （目標） 1）洗濯物を2階に運んでもらい干すことができる 2）トイレや浴室を清潔に保つことができる 3）町内のルールに沿ってごみ出しができる （対策） 1）ヘルパーが来る時間に洗濯機を回し、洗濯が終わったものをヘルパーに2階に運んでもらい一緒に干す 2）トイレや浴室の掃除の代行を依頼 3）ごみの分別をヘルパーに手伝ってもらう。ごみを出す日は、夫に声をかけてもらいごみ出しをする 【2】 （目標） 4）病状について診断を受け、治療を受ける （対策） 4）物忘れ外来や整形外科へ受診し、診断と処方を受ける	【1】 行いにくい家事を手伝ってもらい、今の生活を続けていきたい。 【2】 一度に、色々な医者に行くのは気が引ける。膝の痛みがよくなれば家のなかの生活ももう少し楽になると思うので、まず整形外科に行こうと思う。
（日常生活（家庭生活）について） しゃがむ必要がある掃除が行いにくい。洗濯物の干場が2階なため不自由を感じている。ごみの分別が行いにくく困っている。	買い物や調理はまだ自分でできているので大丈夫。しゃがむ動作は行いにくい。洗濯物も運んでもらえれば自分で干せる。	■有　□無 膝痛により掃除の一部に不自由さがみられる。またごみ出しの不自由さについては、認知機能の低下による可能性があるのではと推測される。			
（社会参加、対人関係・コミュニケーションについて） 町内会婦人部だったときの友人と旅行に出かける。 介護保険は子らの勧めで申請。	ご近所の方たちも優しく接してくださるので、安心している。	□有　■無			
（健康管理について） 膝痛や曜日を忘れることがあるが、それぞれの専門医等へは受診していない。	大きな病気にかかったこともないので、医者にかかったことはない。	■有　□無 今までの生活歴から受診経験が乏しい。			

目標	支援計画					
	目標についての支援のポイント	本人等のセルフケアや家族の支援、インフォーマルサービス（民間サービス）	介護保険サービス又は地域支援事業（総合事業のサービス）	サービス種別	事業所（利用先）	期間
【1】 1）洗濯物を2階に運んでもらい干すことができる 2）トイレや浴室を清潔に保つことができる 3）町内のルールに沿ってごみ出しができる	1）洗濯物を干す際、体のバランスを崩しがちです。転倒に留意してください。	本人：ヘルパーが訪問する時間に合わせ洗濯機を作動させる。	洗濯物を2階に運び、干すのを介助する。			
	2）各場所での使用物品などを使いやすいよう、置く場所等の工夫をお願いします。		トイレ・浴室の掃除の代行。			
	3）本人1人でもごみの分別ができるよう、分別表示を一緒に確認するようにしてください。	夫：ごみ出しの声かけ	ごみを分別して保管しやすいよう環境を整える。 ごみを一緒に分別する。			
【2】 4）まずは整形外科に行って、膝の痛みについて相談したい。	4）定期的に通院を行い、症状の悪化を予防していきましょう。	通院する。	利用者と一緒に整形外科の受診先を検討し、診察を受けられるようにする（初診時は同行する）。			

健康状態について
□主治医意見書、健診結果、観察結果等を踏まえた留意点

【本来行うべき支援が実施できない場合】
妥当な支援の実施に向けた方針

総合的な方針：生活不活発病の改善予防のポイント

基本チェックリストの（該当した項目数）／（質問項目数）を記入して下さい
地域支援事業の場合は必要な事業プログラムの枠内の数字に○印をつけて下さい

	運動不足	栄養改善	口腔内ケア	閉じこもり予防	物忘れ予防	うつ予防
予防給付または地域支援事業	／5	／2	／3	／2	／3	／5

地域包括支援センター	【意見】
	【確認印】

計画に関する同意

上記計画について説明を受け、同意し、交付を受けました。

年　月　日　氏名　印

情報分析の手順の解説

本文の情報に該当する「稲葉さんの情報」の項目（214～215頁）

抗う感情（アンビバレント）から描き始める

IADL

稲葉さんは、膝は痛むけれど「**立っての動作は大丈夫**」と、膝が痛いので「**しゃがむ動作がつらい**」と言っています。まず、このことから分析を始めましょう（図1）。

図1

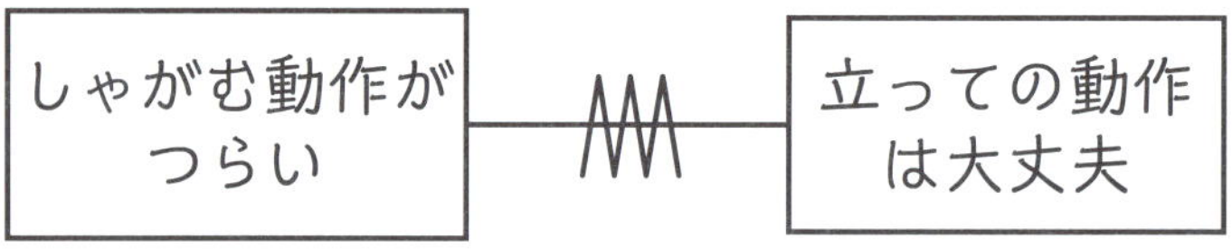

IADL

この「しゃがむ動作がつらい」ことで、**トイレ・浴室の掃除ができなく**なっています。

IADL

また、「立っての動作は大丈夫」であることから、**調理ができる**という状況になっています（図2）。

図2

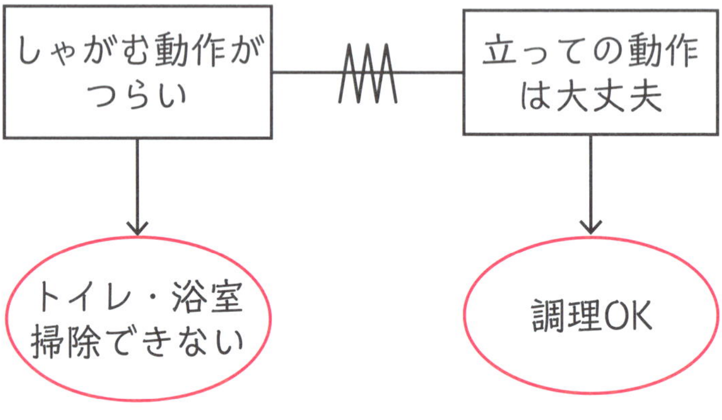

主訴

そして、これらの一連の家事に対しては、稲葉さんに**家庭のことは誰にも頼らずに自分で果たしてきた**という自負が感じられることや、主婦として行いたいことを確認し、「**きれいにしておきたい**」ことや「**買い物に行きたい**」ことをつなげていきます（図3）。

図3

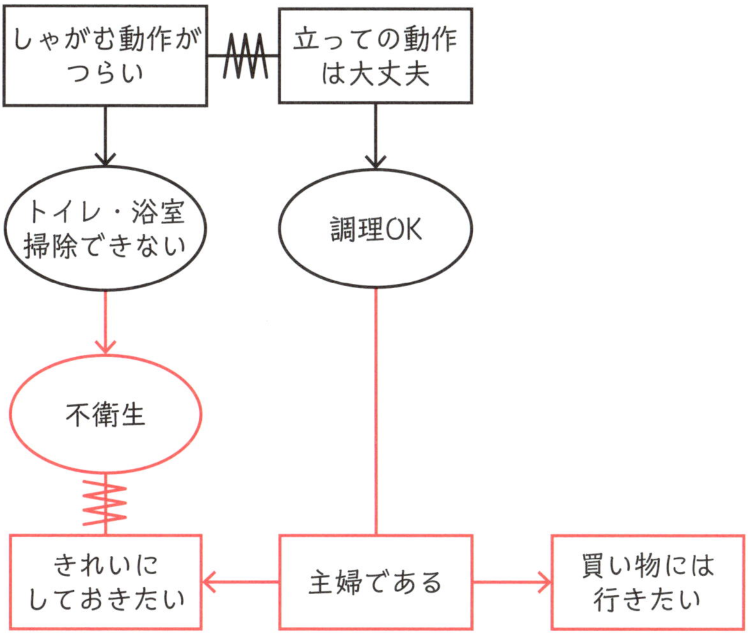

しかし、よく話を聞いてみると、**手に力が入りづらく**、固い野菜を切るなどの**下ごしらえに不自由を感じている**ことがあるようです（図4）。

IADL

図4

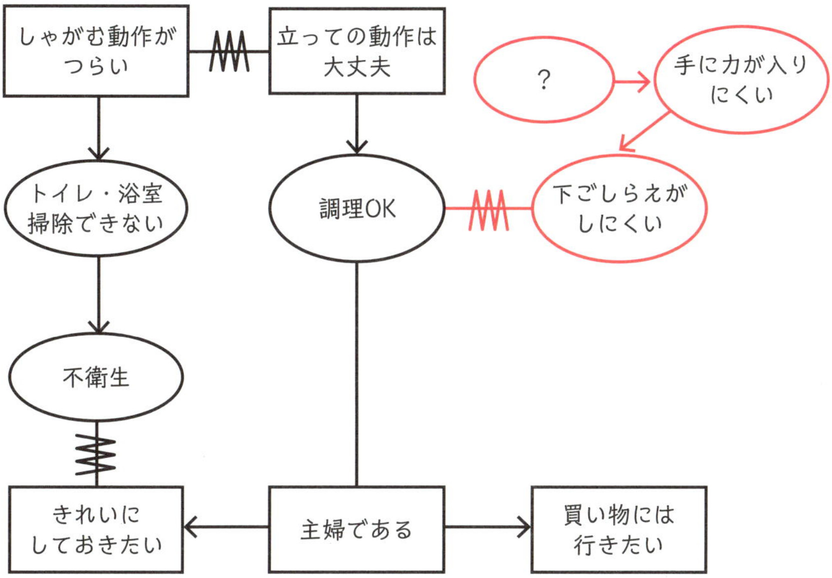

IADL

他にも、ごみ出しも主婦としての役割として担ってきたようです。しかし、それも**曜日の感覚がわからない**ことでできなくなったり、**分別収集のための仕分けが十分にはできていない**ことがあるようです。これらはごみ出しができない原因として描き込めます。

主訴

それにもかかわらず、稲葉さんは「**他人には頼りたくない**」という気持ちも強いようです。これは「けれども」という思いとして抗《あらが》う記号（-W-）でつなぎます（図５）。

図５

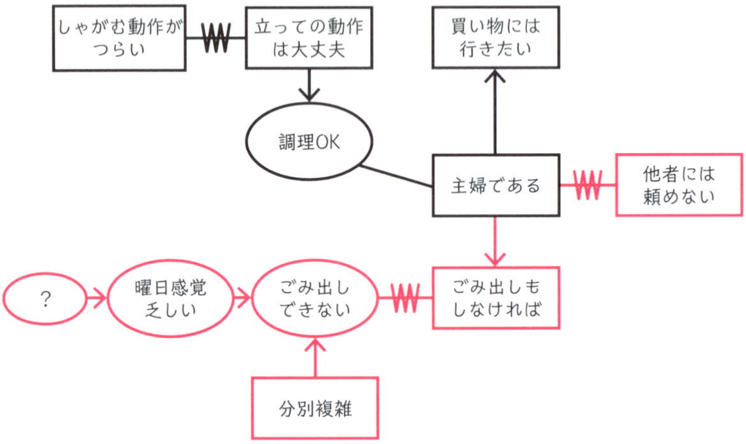

「しゃがむ動作がつらい」からの影響

この情報からは、膝の痛みが原因となっているようです（通院していないため診断名はわかりません）。

IADL

これまでの生活歴

また、**膝の痛み**から、**屋内外の移動にも支障**が出ています。ちなみに外出ができないことは、**車の免許証を返納**したことも一因となっているようです（図６）。

図6

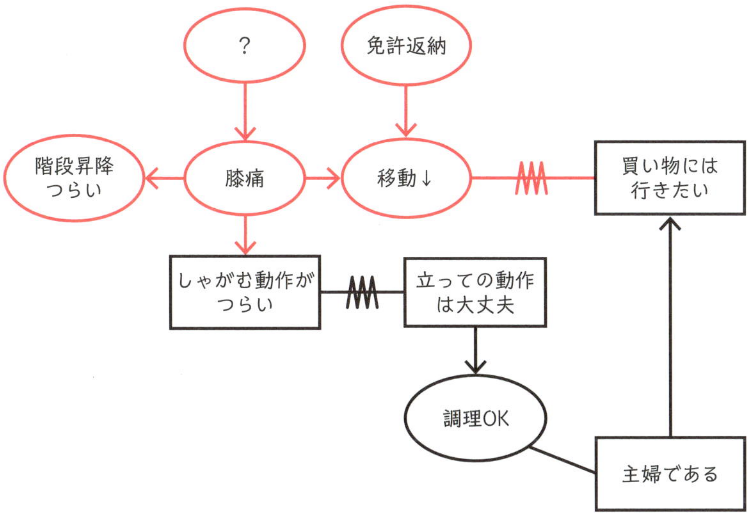

階段昇降ができないことで、**洗濯物を干すことができない**ことも、稲葉さんが担いたいと思っている主婦としての役割を十分に果たし切れていない原因の１つです（図７）。

IADL

図7

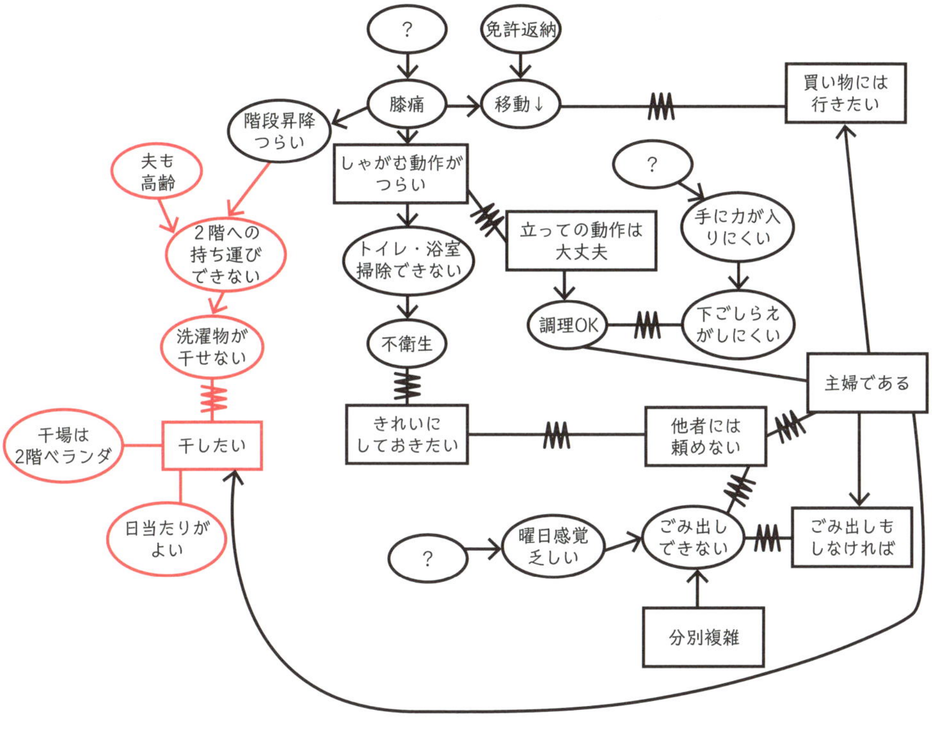

ケアプランに展開する

こうして描き上げたアローチャートからも、稲葉さんは、膝痛や認知機能の低下から、主に以下にあげたIADL面の生活機能に支障をきたしていることが確認できました。

① 洗濯物を２階に運ぶことができない
② トイレや浴室の掃除ができない
③ ごみの分別やごみ出しができない
④ 調理に不自由がある
⑤ 買い物の移動に不便を感じている

これらのうち、「④調理に不自由がある」と、「⑤買い物の移動に不便を感じている」については、本人から「自分で行いたい」と意向があるため、支援の対象からは外しました。

そこで、課題を２つ設定しました。

1）膝痛や認知機能の低下から、①洗濯物を干す、②トイレや浴室の掃除、③ごみ出し、の一部にそれぞれ不自由が生じており、夫との２人暮らしに支障をきたしている

①の洗濯物を干すことについては、洗濯機を操作することや干すという動作自体は稲葉さん自身が行えます。

稲葉さんができないのは、洗濯後に濡れて重たくなったものを２階に運ぶことです。そのため、「２階で洗濯物を干す」ということを目標に、洗濯物を２階に運ぶことと、干す際の転倒防止のための見守りや必要に応じた介助を行うようにしました。

②のトイレや浴室の掃除は、清潔を保てることを目標に、ヘルパーが行為を代行します。

③のごみ出しについては、きちんと町内会のルールに従ってごみ出しができることを目標に、分別を手伝ったり、当日の朝に何のごみを出すのかを稲葉さんに伝える役割を夫に依頼します。

2）膝痛や認知機能の低下について診断を受けていないため、適切な治療が行われず、症状を悪化させる可能性がある

まずは、適切な診断を受け、治療の必要性の判断を仰ぐことを目標に通院を促していきます。

図8

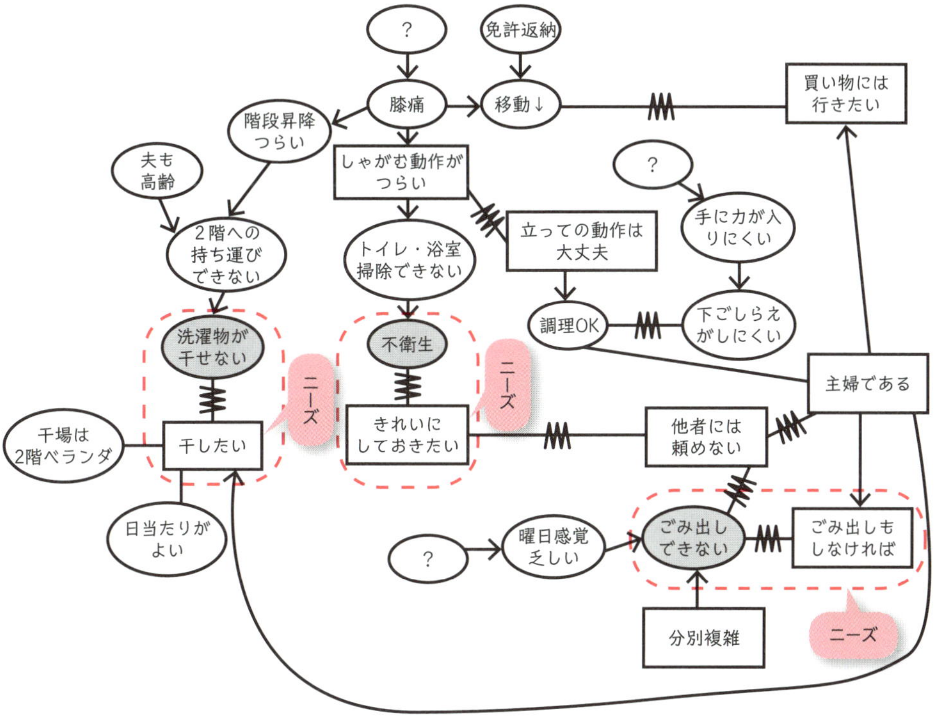

……目標

事例 13 サービスの利用をめぐり意見が食い違う利用者と家族の事例

中田さんの情報

基本情報に関する項目			
氏名 （年齢・性別）	中田祐子 （72歳・女性）	要介護度等	要介護１
障害高齢者の日常生活自立度	Ｊ２	認知症高齢者の日常生活自立度	Ⅱａ
利用しているサービスの状況	なし。	既往歴／現病歴	認知症、便秘症 （主治医意見書より転記）
受診・通院の状況	整形外科へはほぼ毎日、知人と一緒にリハビリテーションに通っている。内科は不定期。	入院歴	なし。
世帯状況（介護の状況）	長女（45歳）と２人暮らし	経済状況	問題なし。
これまでの生活歴	北陸出身。地元の高校を出た後、親戚を頼って上京。子どもが小学生の頃に夫側の都合で離婚。子どもが成人し、仕事を始めたことをきっかけに子どもと別々に暮らすことになった。 本人はスーパーのレジ打ちなどのパートをしながら暮らしていたと言うが、詳細は不明。65歳を過ぎ、仕事ができなくなってきたことをきっかけに、現住所である長女宅に身を寄せる。		
現在の生活状況	長女との２人暮らしだが、長女は仕事のため不在であることがほとんどである。本人は午前中に洗濯をして、午後から整形外科に通っていると言う。		
主訴	本人：特に困ったことはない。毎日、整形外科に行っているし、帰りにコーヒーを一緒に飲んでくれる友達もいるから大丈夫。掃除はしにくいので、それくらいは手伝ってもらってもよい。 長女：母が日中、何をしているのかわからない。このままでは認知症が進んでしまうのではないかと心配している。介護の専門の人から支援を受けてほしい。		
課題分析（アセスメント）理由	長女が要介護認定を申請し、要介護１と結果が出たことから、居宅介護支援の依頼を受けての初回アセスメント。		
課題分析（アセスメント）に関する項目			
健康状態	膝の痛みがあり、整形外科にほぼ毎日、電気をかけに出かけている。内科受診は不定期。本人に病名を聞いても「何も聞いていない」と言う。 膝の痛み止めや下剤をもらっていると言うが、薬そのものは見当たらない。薬手帳も確認できない。身長150㎝、体重45kg。		

ADL	布団で寝起きをしている。 歩行は屋内外とも独歩。片道30分程度のところにあるクリニックや商店街には行くことができる。階段昇降は手すりを使うこともなくできる。 食事、排泄動作にも支障なし。入浴は自宅で入っていると言うが、週に何回入っているかについてはあいまい。同居の長女も把握していない。
IADL	簡単な調理はできる。「長女が遅く帰ってきたときに困らないようにつくっている」と言うが、長女は外食で済ませてくることが多く、結局捨てることになっている。 「転んで歩けなくなるのは困るね」と意見あり。 買い物は通院の帰りにスーパーに行っているが、キッチンのテーブルの上や床に油や調味料類、洗剤、歯みがき粉等、同じものが十数個ずつ雑然と置いてある。本人からは「安売りのときに買いだめしている。家にたくさんあるって、つい忘れちゃってね」と説明を受ける。 掃除は、膝が痛いためにかがみにくく、行いづらいと自覚あり。洗濯は、雨の日以外は、朝に長女の分も含めて洗濯機で行っている。「娘のところにいるのだから、これっくらいはしてやらないと家を出されちゃうよ」と笑いながら話す。 現金はキャッシュカードを用い、ATMで引き出すことはできる。
認知	「通院した」と言うが、「何時頃に行ったか」と聞くと思い出せない。 日時も不確か。その場での受け答えはできるが、契約など判断行為はできない。
コミュニケーション能力	視力・聴力に支障なし。
社会との関わり	数年前までは電車やバスを乗り継いで、観劇などに出かけることもあったが、今は膝痛で遠くには行けず、本人は困っているようである。しかし、「行き慣れているところにしか行かないから、道に迷わずに帰ることができる」とも言う。 整形外科に行こうと誘いに来てくれる知人がいる。通院の帰りに一緒にコーヒーを飲む仲である。通所介護の利用は拒否。
排尿・排便	排尿は1日5～6回。排便は2～3日に1回。便秘薬を飲んでいると言うが、どのような間隔で服用しているかなどの質問にはあいまいな返事をする。
じょく瘡・皮膚の問題	問題なし。
口腔衛生	総入れ歯。口腔内の汚染なし。
食事摂取	総菜を買ってくることが多い。
問題行動	物忘れについては本人の自覚もあり、「3歩歩いたら忘れちゃう。どうなっちゃうんだろう」と不安に思うこともあると言う。
介護力	長女は仕事（詳細不明）のため、9時過ぎに出勤し、帰宅は22時前後になることが多い。 母親に対しては、「一応、血がつながっているから追い出すわけにもいかない。1人で家にいて、火事でも起こされたら大変。認知症が今以上に悪くならないよう、色々な人がいたり専門家がいるデイサービスに行ってもらいたいのだけれど、本人は頑として言うことを聞かない。家にいるとついけんかになってしまいイライラしてしまうため、できるだけ家にいないようにしているので、母親が日中、どのような生活をしているかはわからない。私が家に帰る頃は寝ていることが多い」と話す。
居住環境	住宅街にある2階建ての2DKアパート。専用居室あり。トイレ・風呂あり。
特別な状況	
その他	

中田さんのアローチャート

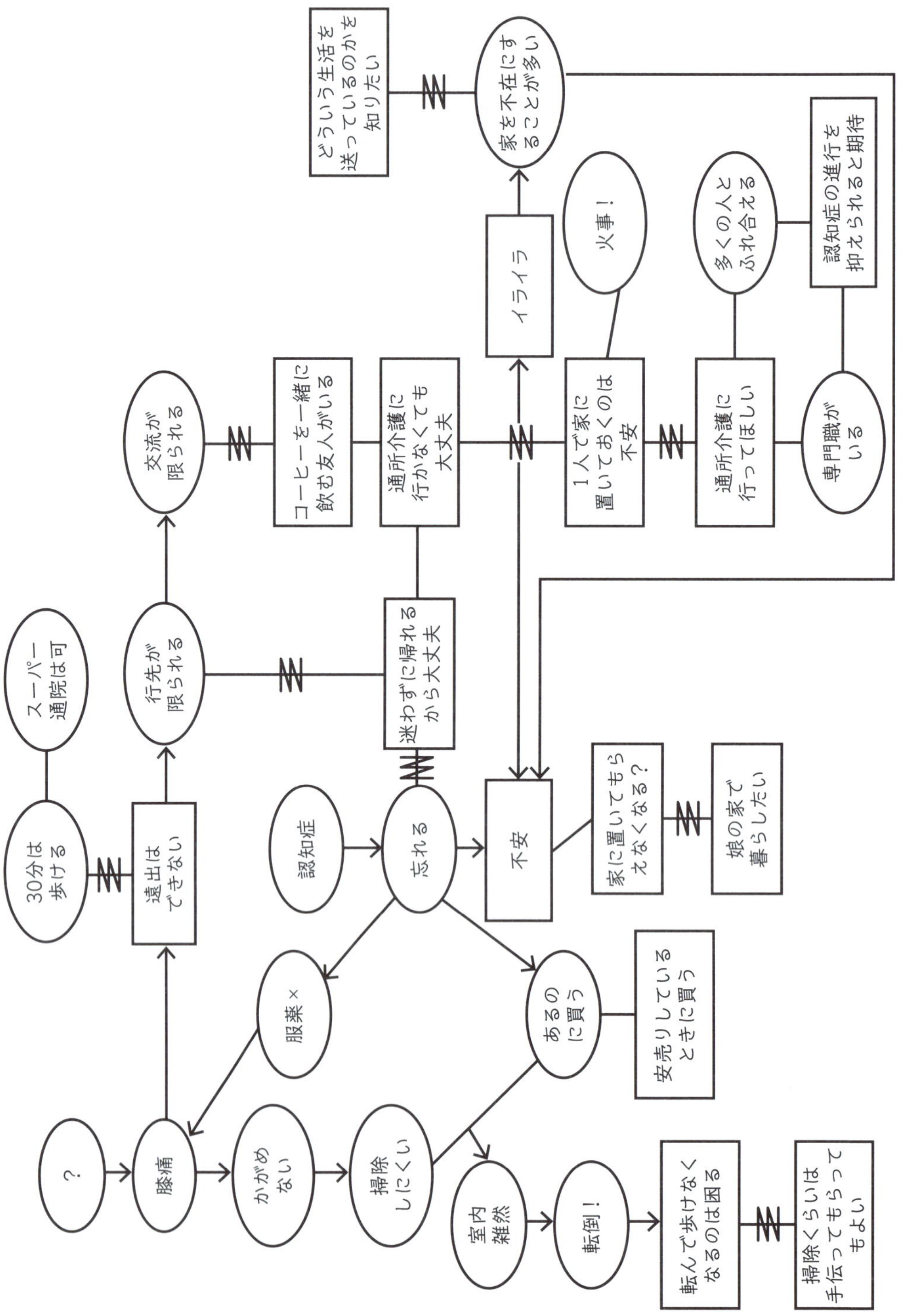

課題整理総括表

利用者名　中田　祐子　殿

作成日　　／　／

自立した日常生活の阻害要因（心身の状態、環境等）			
	①服薬管理ができない	②在庫の把握ができない	③不安
	④	⑤	⑥

利用者及び家族の生活に対する意向	
	本人：掃除ができずに困っている。 長女：認知症の進行を予防したい。

状況の事実　※1		現在　※2	要因※3	改善/維持の可能性※4	備考（状況・支援内容等）
移動	室内移動	**自立**　見守り　一部介助　全介助		改善　維持　悪化	
	屋外移動	**自立**　見守り　一部介助　全介助		改善　維持　悪化	
食事	食事内容	**支障なし**　支障あり		改善　維持　悪化	身長150cm、45kg
	食事摂取	**自立**　見守り　一部介助　全介助		改善　維持　悪化	
	調理	**自立**　見守り　一部介助　全介助		改善　維持　悪化	
排泄	排尿・排便	**支障なし**　支障あり		改善　維持　悪化	
	排泄動作	**自立**　見守り　一部介助　全介助		改善　維持　悪化	
口腔	口腔衛生	**支障なし**　支障あり		改善　維持　悪化	
	口腔ケア	**自立**　見守り　一部介助　全介助		改善　維持　悪化	
服薬		自立　**見守り**　一部介助　全介助	①	改善　**維持**　悪化	処方が出されているかどうかも不確かな状況にある。
入浴		**自立**　見守り　一部介助　全介助		改善　維持　悪化	
更衣		**自立**　見守り　一部介助　全介助		改善　維持　悪化	
掃除		自立　見守り　**一部介助**　全介助	①②	**改善**　維持　悪化	台所には所せましと物が置いてある。 洋服類が多くある。
洗濯		**自立**　見守り　一部介助　全介助		改善　維持　悪化	
整理・物品の管理		自立　**見守り**　一部介助　全介助	①②	**改善**　維持　悪化	
金銭管理		**自立**　見守り　一部介助　全介助		改善　維持　悪化	
買物		自立　**見守り**　一部介助　全介助	②	改善　**維持**　悪化	
コミュニケーション能力		**支障なし**　支障あり		改善　維持　悪化	
認知		支障なし　**支障あり**	①	改善　**維持**　悪化	
社会との関わり		支障なし　**支障あり**	①	改善　**維持**　悪化	
褥瘡・皮膚の問題		**支障なし**　支障あり		改善　維持　悪化	
行動・心理症状（BPSD）		**支障なし**　支障あり		改善　維持　悪化	
介護力（家族関係含む）		支障なし　**支障あり**	③	**改善**　維持　悪化	長女は家を不在にしていることが多い。
居住環境		**支障なし**　支障あり		改善　維持　悪化	
				改善　維持　悪化	

見通し　※5	生活全般の解決すべき課題（ニーズ）【案】	※6
①通院時に同行するなどして、医療機関と診療内容や家庭での生活の状況を共有し、服薬管理の方法を検討し、膝痛の改善を図る。 ②室内の整理整頓を行うことで、在庫があることの把握をしやすくする。 ③長女に対し、認知症についての理解を深めてもらい、中田さんの生活の支援を一緒に考えてもらえるように働きかける。	室内の整理整頓を行うことができ、転倒を予防したい。	1
	娘宅での生活を続けたい。	2

第 1 表

居宅サービス計画書（1）

作成年月日　　年　月　日

初回・紹介・継続　　認定済・申請中

利用者名 中田 祐子 殿　生年月日　　年　月　日　住所

居宅サービス計画作成者氏名　　居宅介護支援事業者・事業所名及び所在地

居宅サービス計画作成（変更）日　　年　月　日　初回居宅サービス計画作成日　　年　月　日

認定日　　年　月　日　認定の有効期間　　年　月　日 ～ 　年　月　日

要介護状態区分	要介護1（○）・ 要介護2 ・ 要介護3 ・ 要介護4 ・ 要介護5
利用者及び家族の生活に対する意向	（利用者）困っているのは掃除がしにくいことくらい。通院も買い物も行けるのでまだまだ大丈夫。 （家族：長女）通院や買い物には行っているようだが、はっきりとはわかりません。このままだとますます認知症が進行してしまうのではないかと心配しています。デイサービスに行ってくれれば安心なのですが、なかなか「うん」と言ってくれないので、困っています。
介護認定審査会の意見及びサービスの種類の指定	なし
総合的な援助の方針	早期に認知症や整形外科への受診を行い、現状の把握を行うとともに、病状の悪化の予防に努めていきます。 ご本人がご家庭で役割として担っていらっしゃる家事を続けていけるよう支援していきます。 長女様の介護のご負担をねぎらうとともに、安心して生活が送れるよう相談に応じていきます。
生活援助中心型の算定理由	1．一人暮らし　2．家族等が障害、疾病等　3．その他（　　　）

第 2 表

居宅サービス計画書（2）

利用者名　中田　祐子　殿　　　　作成年月日　　年　　月　　日

生活全般の解決すべき課題（ニーズ）	目標				援助内容					
	長期目標	（期間）	短期目標	（期間）	サービス内容	※1	サービス種別	※2	頻度	期間
室内で整理整頓を行うことができ、転倒を予防したい。	室内が整理整頓され、転倒を予防することができる。		定期的に受診・服薬ができ、膝痛を改善することができる。		・通院する ・通院同行し、医師と生活状況の把握を情報共有する ・服薬したり、その状況が把握できる方法を考える	○	本人 居宅介護支援			
			室内の整理整頓ができる。		・本人の困りごとについての話を聞き取り、関係を築く ・本人と一緒に、居室の整理整頓や掃除を行う	○	訪問介護			
娘の家で暮らしていきたい。	娘宅で暮らすことができる。		娘と一緒に、物忘れに対する対策を考えることができる。		・本人、長女とともに予測されるリスクを話し合い、共通の認識をもつ ・上記により対策を一緒に考える	○	本人・長女 居宅介護支援			

※1 「保険給付の対象になるかどうかの区分」について、保険給付対象内サービスについては○印を付す。
※2 「当該サービス提供を行う事業所」について記入する。

情報分析の手順の解説

本文の情報に該当する「中田さんの情報」の項目（226〜227頁）

膝痛による影響の分析

主訴をみると中田さん自身は、今の生活にさほど困っていることはなく、介護保険サービスの利用にも消極的なようです。

IADL

しかし、面接を重ねていくと**膝が痛くかがみにくいため、掃除が行いづらい**ことを自覚しているようでした。したがって、膝痛の影響から分析をしてみることとします（図１）。

図１

IADL

掃除ができないことで、**室内の整理整頓がされていない**ようですが、それは、**同じものがたくさんある**ことを**忘れて買ってくる**ということも原因にあるようです（図２）。

図２

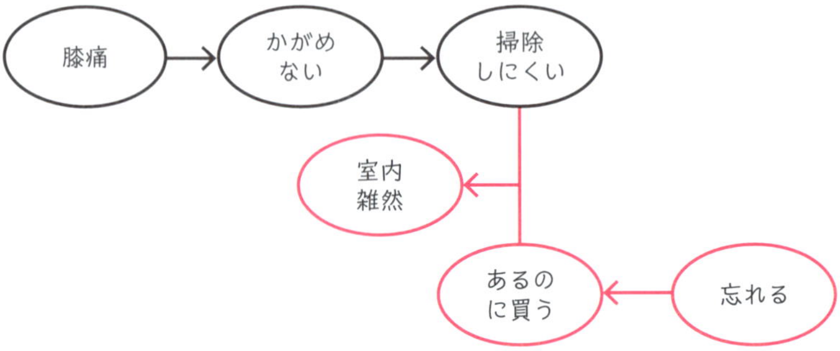

社会との関わり

中田さんは**遠出はできず外出先が限られる**ために**交流の機会が減少**しているようです。遠出ができないことについては、中田さん自身がそのように思っているようなので、この情報は主観的事実である□で囲みます。

逆に、膝痛の原因については、痛み止めなどの**服薬を忘れてしまうために適切に行えていない**ことが関係しているようです（図3）。

健康状態

図3

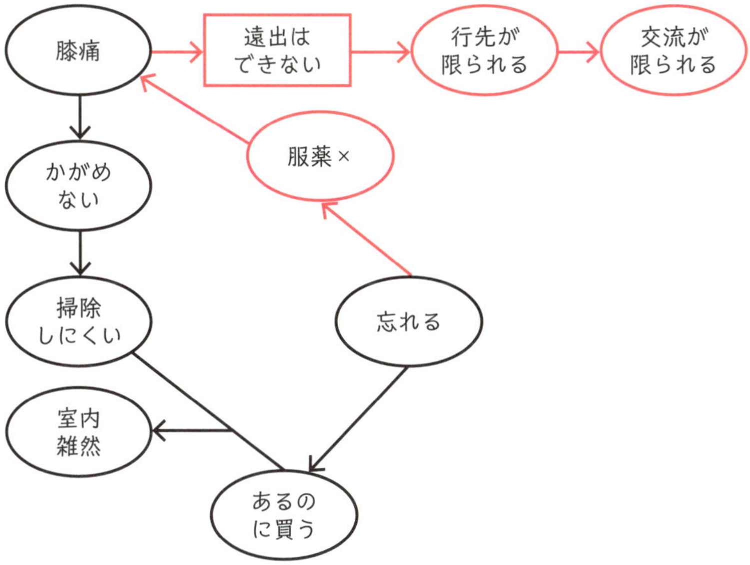

本人が自覚していない情報の分析

ここまでで、中田さん自身が感じていると思われる困りごとについて分析をし、それをアローチャートとして描くことができました。

ここで本人に自覚される形で表れてはいませんが、必要と思われる疾患についての情報や、ケアマネジャーとして推測されるリスクとしての「転倒」などの情報を検討します。

疾患名については、主治医意見書より**認知症**という病名は確認されますが、膝痛については本人や長女から病名を確認できないため「？」としておきます（図4）。

既往歴／現病歴

図４

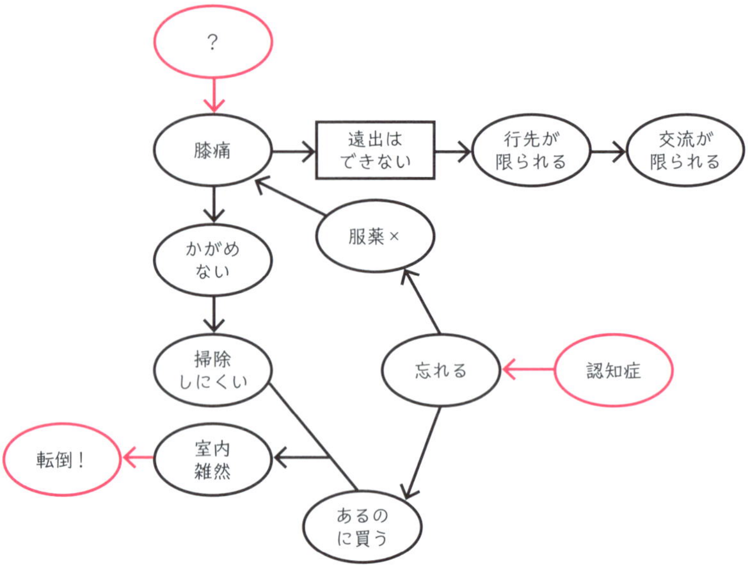

社会との関わり

ADL

さて、中田さんは「遠出はできない」と思っていますが、実際には**30分程は歩いて、通院や買い物に出かけています**。「30分は歩けるけれど、遠出はできない」ということです。このことは、中田さんにとっては「できること」の１つであり、生活を営むうえでのモチベーションにもなっていると考えられます。したがって、アローチャートをつなぐときは—W—（けれど）を用いてつなぎます（図５）。

図５

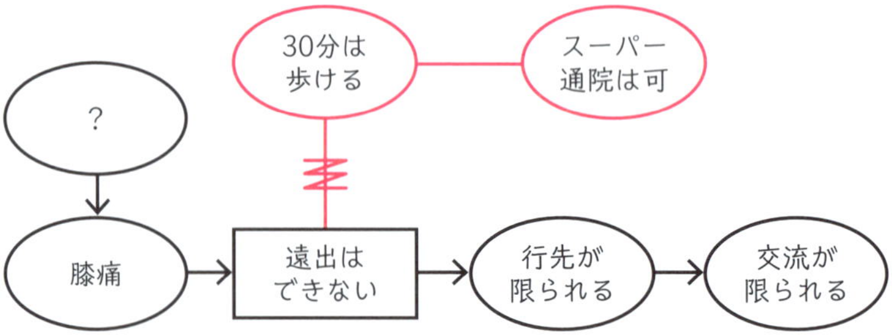

主観的事実とのつながりの確認

※下流

Ⅰ部（32頁）参照

※疾患

Ⅰ部（32頁）参照

※悪循環

Ⅰ部（31～32頁）参照

ニーズのあるチャートの「下流※」や「疾患※」「悪循環※」を確認します。

今回の分析からは、「転倒！」「交流が限られる」の２つが確認できます。そして、その２つの客観的事実に対し、中田さんは、転倒のリスクについては「**転んで歩けなくなるのは困る**」「**掃除くらいは手伝ってもらってもよい**」と伝えています（図６）。

IADL

主訴

図６

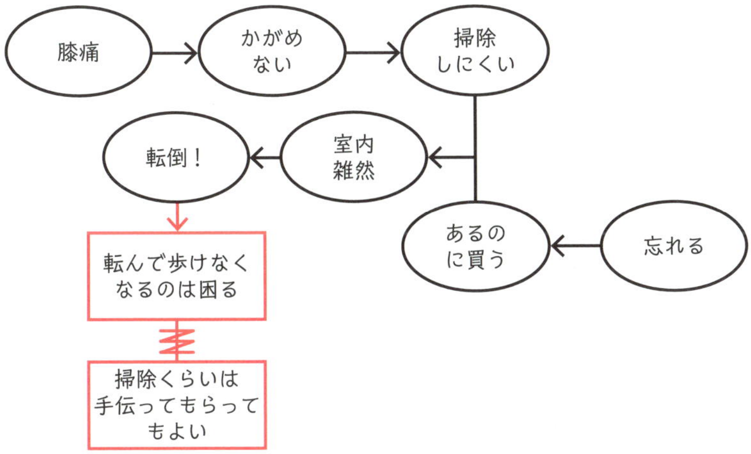

そして「交流が限られる」ということについては「**コーヒーを一緒に飲んでくれる友人がいる**」と語っています。つまり、中田さんは交流が限られていても、コーヒーを一緒に飲んでくれる友人がいることで、充足感はもてていると考えられます（図７）。

社会との関わり

図７

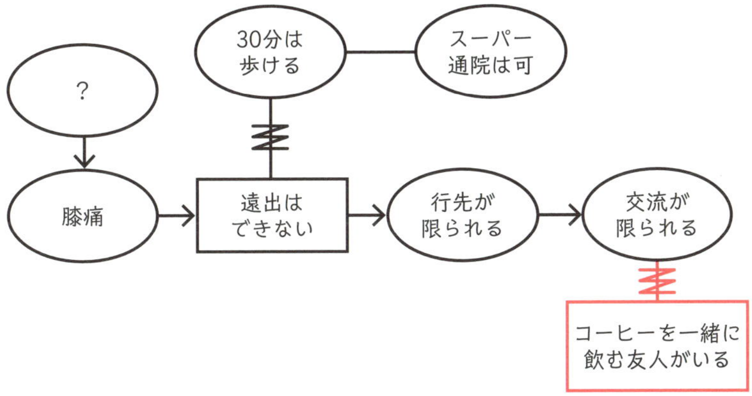

本人が不安を訴えている情報

収集した情報のなかには、中田さん自身が不安を訴えているものがあります。

問題行動

IADL

1つは中田さんが「忘れる」ということを自覚し、「**どうなっちゃうんだろう**」と言っていることです。そしてもう1つは、娘の自宅に身を寄せていることに対し「**これくらいはやらなきゃ家を出されてしまう**」と、笑いながら言っていることです。

この笑いは、ポジティブな意味での笑いではなく、不安をかき消すための笑いなのではないでしょうか。そうであれば、アローチャートには不安の背景にあるものとして描き入れます。

社会との関わり

一方、忘れることがあっても、外出先は「**行き慣れているところしか行かない**」ために迷わずに帰っています。これらは中田さんの外出に対してのモチベーションとなっているような発言です。そのため「忘れる」に対し、―WW―でつなぎます。

社会との関わり

また、外出もできているので、**通所介護を利用する必要はない**と中田さん自身の意思も伝えています（図8）。

図8

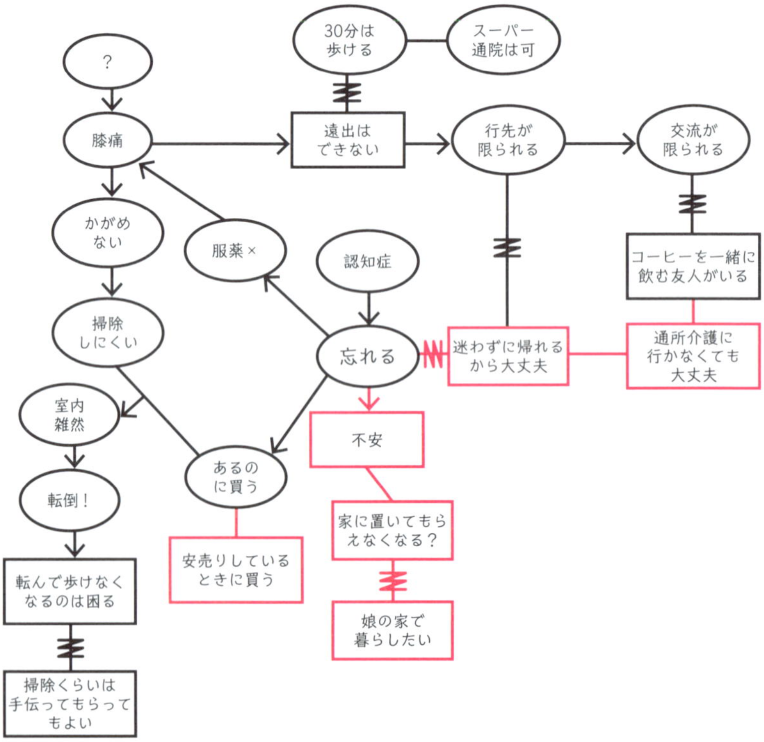

長女の思いも分析する

この中田さんのケースでは、通所介護の利用について、本人と長女の意向とが相反する状況にあります。そこで、長女の中田さんに対する思いや通所介護に対する期待もアローチャートを使って分析します（図９）。

介護力

図９

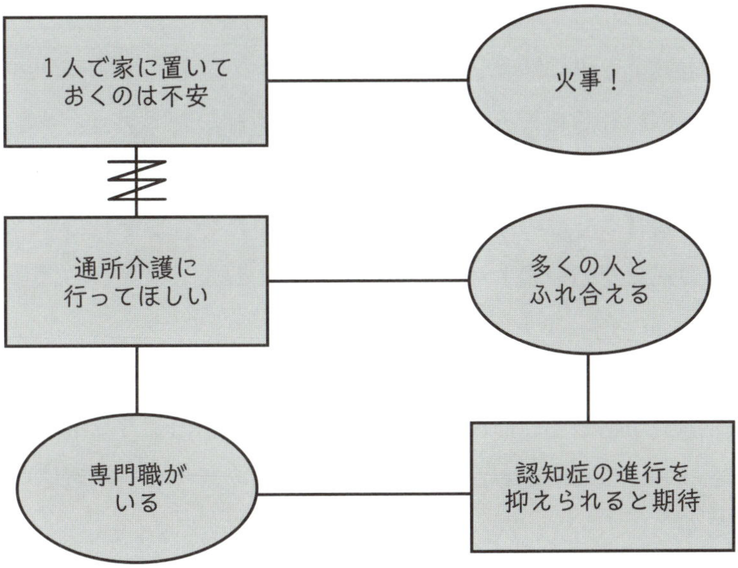

家族のアローチャート作成時の注意点

アセスメントする際、利用者以外に、家族のかかわりが大きかったり、家族自身が問題を抱えている場合は、家族１人ひとりについてもアローチャートに描いてみることが必要となる場合があります。

しかし、利用者とその家族のアローチャートを同時に作成するときは、注意が必要です。どうしてかというと、例えば図10をご覧ください。

図10

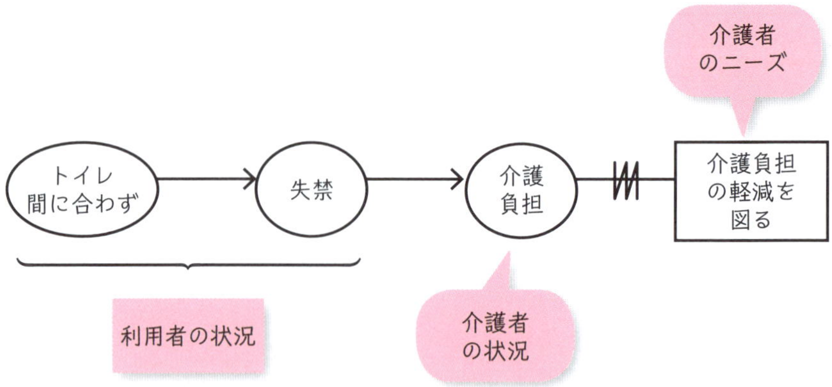

このように介護負担という介護者の情報を利用者のアローチャートに一度に描いてしまうと、介護者のニーズとなってしまいかねません。この場合なら「介護者の負担軽減を図りたい」がそれです。介護者からの主張が強い場合はこのように描いてしまうことがしばしばあります。

こうなると利用者のためのプランなのに、失禁によりどのような生活への影響が生じているのかや、利用者自身がどのような気持ちや意向をもっているのかがわからず、利用者不在のサービス調整になりかねません。

このように、利用者以外の人とのかかわりが多く、利用者の思いと相反するようなときは、「それは誰の問題なのか」ということを事前に吟味し、登場人物ごとに情報分析をして整理するようにしましょう。

家族へのアローチャートを描いた場合、利用者のアローチャートを見比べながら支援を検討する場合（事例５参照）と、当ケースのように、家族の思いが、利用者の思いのどこに影響を与えているかを考えながら１枚のアローチャートにする場合とがあります（図11）。

さて、通所介護の利用に関して、中田さんと長女との考えの違いが、中田さん、長女、それぞれの不安やイライラといった感情に影響していると考えられるため、その状況も描いていきます。

図11

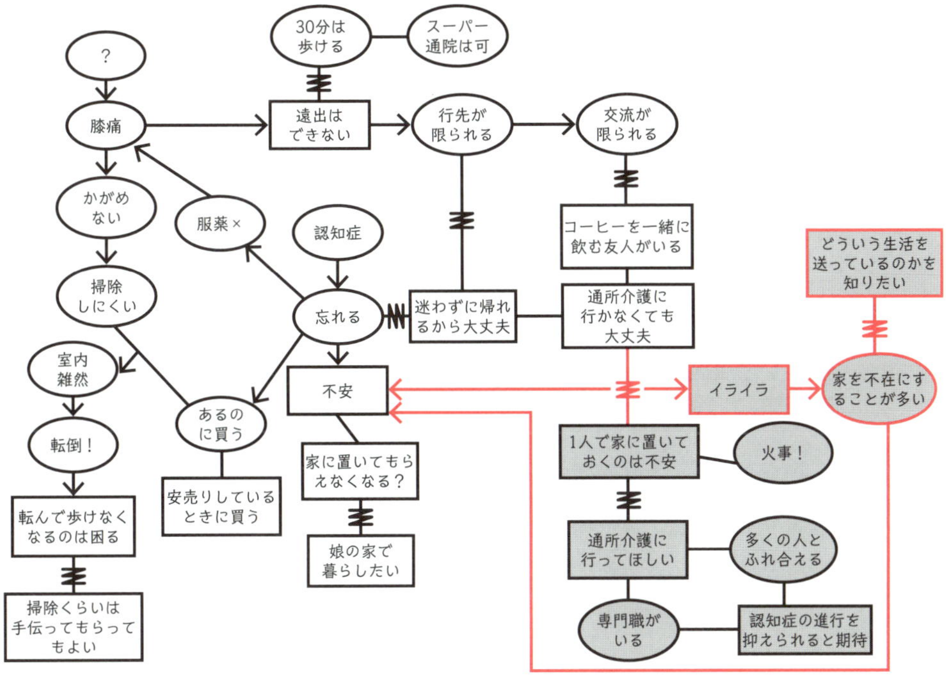

ケアプランに展開する

図11に見るように、N構造※は４つ確認できます。

そのうち、「迷わずに帰れるから大丈夫」「コーヒーを一緒に飲む友人がいる」ということについては、中田さんのストレングスが現在の暮らしに活かされているととらえました。

今回の初期プランでは、中田さんとの信頼関係を築いていくことを目的に、困っていると言っている屋内の整理整頓や掃除と、今後も長女宅で暮らしたいと思っていることをニーズととらえました。

※N構造
Ⅰ部（14頁）参照

ニーズ１）室内で整理整頓を行うことができ、転倒を予防したい

中田さんは、室内が雑然としていることに対し、転倒するのは困るし、さらにはそれに伴う歩行障害によって生活に支障が出ても困る、と考え、掃除くらいは手伝ってもらってもよいと、サービスの利用について同意しています。

この「掃除くらいは手伝ってもらってもよい」という言葉には「整理整頓ができる」という期待が込められていると考えました。そこ

で、「室内で整理整頓を行うことができ、転倒を予防したい」というニーズに、「室内が整理整頓され、転倒を予防することができる」ということを長期目標としました。

短期目標は、まずは膝痛の原因精査を行うため、**定期的に受診・服薬ができ、膝痛を改善することができる**ことをあげました。もし、膝痛の原因精査がなされ、適切な治療を受けることができれば、膝痛からのかがみにくさが解消されるかもしれないからです。

ほかに短期目標検討項目として、「室内雑然」と「あるのに買う」という項目があります。このうち「あるのに買う」ということについては、中田さんの主婦としての習慣からくる行動であり、すぐに買い物を制限したりすることは適切ではないかもしれません。そのため、まずは転倒しない環境づくりのために、**室内の整理整頓ができる**ということを、２つめの短期目標としました。

ニーズ2）娘の家で暮らしていきたい

中田さんが、今の暮らしを続けていくためには、長女の本人に対する理解が必要です。しかし、現状は、２人の関係は好ましい状況ではありません。

そのため、「娘の家で暮らしていきたい」というニーズに対し、長期目標を「娘宅で暮らすことができる」とし、短期目標を「忘れる」ことに対し生じる「不安」を少しでも解消できることを目的に、**娘と一緒に、物忘れに対する対策を考えることができる**という２人が一緒にこれからについてどうしていくかを話し合えるような働きかけを本人と長女それぞれに対して行っていくこととしました。

図12

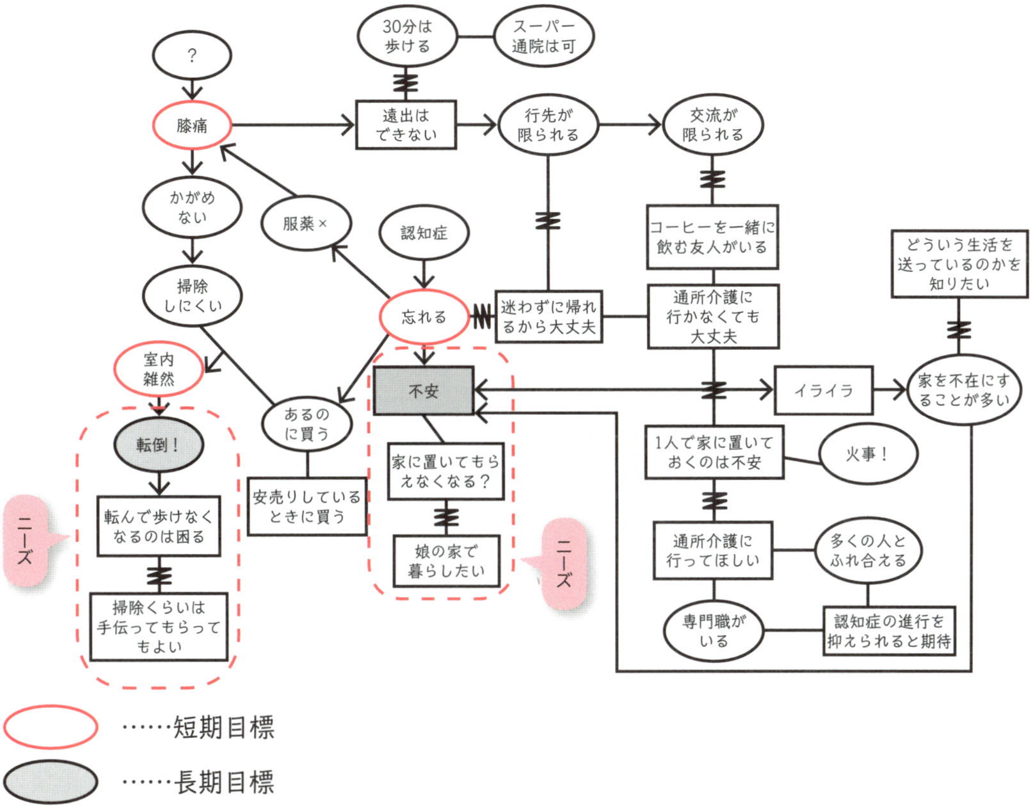
？
膝痛
30分は歩ける
スーパー通院は可
遠出はできない
行先が限られる
交流が限られる
かがめない
服薬×
認知症
コーヒーを一緒に飲む友人がいる
どういう生活を送っているのかを知りたい
掃除しにくい
忘れる
迷わずに帰れるから大丈夫
通所介護に行かなくても大丈夫
室内雑然
不安
イライラ
家を不在にすることが多い
あるのに買う
転倒！
家に置いてもらえなくなる？
1人で家に置いておくのは不安
火事！
安売りしているときに買う
転んで歩けなくなるのは困る
ニーズ
娘の家で暮らしたい
ニーズ
通所介護に行ってほしい
多くの人とふれ合える
掃除くらいは手伝ってもらってもよい
専門職がいる
認知症の進行を抑えられると期待
……短期目標
……長期目標

おわりに

本書を手に取り最後まで読んでいただき、ありがとうございました。

本書を執筆するきっかけは、ふだんアローチャートを描くときに、「どの情報から描いたらいいのかわからない」「慣れていないので難しい」という声が寄せられることでした。

だとすれば、描き慣れている人たちは、どのような手順でアローチャートを描き進めているのか。それを真似することで、アローチャート、すなわち分析の手法を学ぶことができるのではと考えました。そして、その手順を明らかにすることを一緒に検討してくれたのがアローチャート研究会で開催された「吉島ゼミ３期生（通称：カワセミ）」のメンバーでした。

Ⅱ部の事例では、できるだけ実践的に、ケアマネジャーが多く接することがあるだろうケースをイメージして、アローチャート研究会のメンバーに事例の提供をいただきました。Ⅱ部の情報分析の基本的な手順はⅠ部で示したことと同じ流れですが、描き始めはそれぞれの事例で異なっています。

また、「色々な描き方がある」ということを示しました。ケアプランや課題整理総括表の記載内容についても同様です。これらを「こうしなければならない」という決まりはありません。読んでいただいた方が、それぞれの事例を自分なりに分析し、よりよい支援というものを考えるきっかけにしていただければと思います。

ケアマネジャーがアセスメントをするときの道具は、自分自身の思考です。その思考を磨くには、自分の考えたことを、話したり、文章化したり、アローチャートに描いたりして、自分自身がそれを知ることから始まります。そうして、自分の仕事を説明できるようになることは、ケアマネジャーとしての仕事を誇りをもって行うことにつながっていくことと信じています。

最後になりましたが、本書を執筆するにあたり、ご指導をいただいた梅光学院大学・アローチャート研究会会長の吉島豊録先生、吉島ゼミ３期生の皆様、事例を提供してくださった皆様、そして遅々として進まない執筆作業とその編集にご尽力いただきました中央法規出版の鈴木涼太様に、感謝を申し上げます。

2019年８月

執筆者一覧

編著

石田英一郎　　life design village　FLAT　管理者　主任介護支援専門員

色部　恭子　　さいわい福祉ケアマネジメントセンター　主任介護支援専門員

大羽　孝児　　特別養護老人ホーム 逗子ホームせせらぎ　主任介護支援専門員

坂本　文典　　さくら貝サービス事業所　管理者　主任介護支援専門員

事例提供者（掲載順）

佐野　恵子（彩雲苑居宅介護支援事業所）……………………………… 事例1

三澤　弥生（横浜市緑区医師会緑区在宅医療相談室）………………… 事例2

畦地　都（緑が丘地域包括支援センター）…………………………… 事例3

辻　広美（吉島ゼミ４期生（通称：ビワゼミ））…………………… 事例4

岡田　美明（ケアマネジメントMusubi）……………………………… 事例5

石田英一郎（life design village FLAT）……………………………… 事例6

手塚　恵（居宅介護支援事業所あさひ）……………………………… 事例7

畑岡　直喜（合同会社描喜）…………………………………………… 事例8

木村　秋子（おげんきハグニティ 看護小規模多機能型居宅介護）…… 事例9

真鍋　幸子（居宅支援事業所青い鳥）………………………………… 事例10

田中　瞳（グループホームゆうゆう）………………………………… 事例11

色部　恭子（さいわい福祉ケアマネジメントセンター）……………… 事例12・13

作成手順がよくわかる　ケアプラン事例集

アローチャートで見えるアセスメントの思考過程

2019年９月１日　初　版　発　行
2024年７月25日　初版第４刷発行

編　著　　石田英一郎、色部恭子、大羽孝児、坂本文典
発行者　　荘村明彦
発行所　　中央法規出版株式会社
〒110-0016　東京都台東区台東3-29-1　中央法規ビル
Tel. 03-6387-3196
https://www.chuohoki.co.jp/

装幀・本文デザイン　澤田かおり（トシキ・ファーブル）
本文イラスト　　　　TOFU
印刷・製本　　　　　株式会社アルキャスト

ISBN 978-4-8058-5930-8

定価はカバーに表示してあります。

落丁本・乱丁本はお取り替えいたします。
本書の内容に関するご質問については、下記URLから「お問い合わせフォーム」にご入力いただきますようお願いいたします。
https://www.chuohoki.co.jp/contact/